서서히 나에게
독이 되는 사람들

IMMUN GEGEN TOXISCHE MENSCHEN by Lisa Irani and Anna Eckert

© GRÄFE UND UNZER VERLAG GMBH, Muenchen, 2024

Korean Translation © 2025 by DongYang Books Co., Ltd.

All rights reserved.

The Korean language edition is published by arrangement with
GRÄFE UND UNZER VERLAG GMBH through MOMO Agency, Seoul.

이 책의 한국어판 저작권은 모모 에이전시를 통해
GRÄFE UND UNZER VERLAG GMBH와의 독점 계약으로 동양북스에 있습니다.
저작권법에 의해 한국 내에서 보호를 받는 저작물이므로
무단전재와 무단복제를 금합니다.

서서히 나에게 독이 되는 사람들

리사 이라니, 안나 에케르트 지음 · 서유리 옮김

내 삶을 은밀히 착취하고 파괴하는
그들은 누구인가?

여는 글

왜 당신은 이 책을 집어들었을까? 어쩌면 지금 당신의 삶에 독이 되는 사람들이 엮여 있고, 이제는 그 관계에서 벗어나고 싶기 때문일지도 모른다. 혹은 당신의 에너지를 끊임없이 소진시키는 사람들 사이에서 무사히 살아남을 수 있을지 알고 싶어서일 수도 있다. 아니면 당신은 독이 되는 사람들로 가득한 환경에서 끊임없이 한계에 몰리고 있어, 당신의 심리적 회복탄력성을 강화할 방법을 찾아다니는 중일지도 모르겠다.

혹시 때때로 스스로가 충분히 잘하고 있지 않다는 생각이 드는가? 당신 자신이 충분히 아름답지 않다고, 충분히 똑똑하지 않다고 느끼는가? 그래서 사랑받을 자격이 없고 가치 있는 존재가 아니라는 생각이 드는가? 어쩌면 당신은 평생을 당신에게 해가 되는 사람들과 계속 엮여온 것은 아닐까? 그렇다면 이 사실을 알아야 한다. 이런 불안과 의문을 느끼는 건 당신 혼자만이 아니다.

독이 되는 사람들의 손아귀에 붙잡혀 인생의 여정에서 **자기 자신을 잃어버리는** 경우는 아주 흔하다. 독이 되는 관계는 서서히, 교묘하게 진행되기에 처음에는 잘 알아차리지 못하고, 스스로에게 '곧 괜찮아질 거라고' 주문을 걸게 된다. 우리는 어떤 누구도 당신을 정서적으로 피폐하게 만들거나 절망의 구렁텅이로 몰아넣지 못하도록 돕고자 한다. 당신과 아주 가까운 사람들인 부모, 형제자매, 배우자나 연인, 직장 상사 또는 교사 그 누구라도 말이다.

SNS, 상담 센터, 심리 치료가 이루어지는 현장에는 독이 되는 인간관계로 인한 고통이 얼마나 큰지를 보여주는 문의와 사연들이 계속해서 쌓이고 있다. 살다 보면 더 이상 이렇게 살아갈 수 없다는 것을 뼈저리게 깨닫는 순간이 찾아온다. 그러면 마침내 이 악순환에서 벗어나기로 결심하게 된다. 그것은 부모의 품을 떠나 독립하거나, 관계를 끝내거나, 직장을 옮기는 결정이 될 수 있다. 그리고 바로 그것이 이 책의 목적이다. 우리는 당신이 독이 되는 관계의 악순환에서 완전히 벗어날 수 있도록 도울 것이다.

여는 글

왜 자꾸만 특정 유형의 사람들이 당신의 삶에 들어오는지, 왜 당신이 상처를 입거나 피폐해지는 상황에 계속해서 놓이게 되는지 스스로에게 물어본 적이 있는가? 어쩌면 당신은 이미 당신을 교묘하게 조종하려는 사람들에게 둘러싸여 있다고 느끼지만, 그들로부터 스스로를 어떻게 방어해야 할지 모르겠다고 생각할 수 있다. 이처럼 복잡한 심리적 문제들에 답하고, 그에 관한 학문적인 배경 지식과 함께 구체적인 도움을 주기 위해 이 책을 세 부분으로 구성했다.

1부에서는 독이 되는 관계에 대한 일반적인 내용을 다룬다. 독이 되는 관계의 기본 지식과 패턴을 이해해 당신이 맺고 있는 관계와 역학을 파악할 수 있도록 알려준다. 교묘한 조종과 트라우마가 우리의 행동에 미치는 영향을 짚어보고, 장기적으로 이런 관계에서 벗어날 방법을 살펴본다. 2부에서는 심리학과 진단의 세계로 조금 더 깊이 들어간다. **독을 품은** 사람들의 특징, 인격장애에 대해 알아본다. 이때 어떤 행동이 아직 정상 범주에 속하는지, 어떤 경우에 병적인 양상을 띠며 질병으로 간주될 수 있는지도 정확히 다룬다. 인간의 감정과 행동의 미로 속에서 당신 혼자 헤매게 두지는 않을 테니 걱정하지 않아도 된다. 3부에서는 독이 되는 사람들에 대해 **면역력**을 키우는 방법과 심리적 회복탄력성을 강화하는 방법을 알려준다. 앞으로 그런 사람들을 마주하더라도 스스로를 잘 보호할 수 있도록 말이다. 우리가 이 책에서 소개하는 도구와 전략들은 당신을 힘들게 하는 사람들에게 잘 대처하고 당신의 회복력을 단단히 키워나가는 데 유용하다.

몇몇 부분에서는 어느 정도로 심리학을 깊이 파고들 것인지 당신이 직접 결정할 수 있게 해두었다. 조금 더 자세히 알고 싶은 내용이 있는 반면에 어떤 내용들은 그냥 간단하게 알아두는 것으로 충분하다고 느낄 수 있기 때문이다. 독이 되는 사람들을 대하는 데 꼭 필요하지는 않지만, 그들을 더 깊이 이해하게 해주는 흥미로운 이야기들은 별도로 구분해두었다.

당신의 내면을 들여다보고 한번 진지하게 생각해보자. 주변에 반복적으로 당신의 신경을 거스르는 사람이 있는가? 언제나 자신이 관심의 중심이 되어야 하고, 아무렇지 않게 당신의 경계를 넘어버리거나 다른 사람들 앞에서 당신을 망신 주거나 자신의 목적을 위해 당신을 이용하는 그런 사람이 있지 않은가? 혼자서 끊임없이 떠들면서 자신이 얼마나 특별하고 공감 능력이 뛰어난지 강조하는 사람이 있지 않은가? 이런 사람들은 당신의 삶을 상당히 피곤하고 복잡하게 만들 수 있다.

이 책은 다양한 의사소통 전략을 집중적으로 다루고, 자기애성 인격장애, 연극성 인격장애, 반사회성 인격장애, 경계성 인격장애가 있는 사람들과 어떻게 관계를 맺고 대처해야 하는지 알려준다. 이때 어떤 패턴이 결정적인 역할을 하게 되는 것일까? 어쩌면 당신의 내면에도 반복적으로 같은 유형의 사람을 선택하게 되는 이유가 있을지 모른다.

  우리는 임상 심리학자로서 이런 문제를 전문가적인 관점은 물론 실제 상담 사례들을 바탕으로 설명한다. 그리고 과학적인 근거가 있으면서도 실제 현장에서 검증된 구체적인 해결책을 제공한다. 여기에 있는 자가 진단 테스트들은 당신이 계속해서 노력해야 할 영역들을 파악하는 데 도움이 될 것이다.

  이 책은 더 강한 자아를 향한 당신의 여정에 함께하면서, 당신의 내면을 탐색할 방법을 알려주고 숨은 관계의 역학을 밝혀내며 의존적인 관계로부터 스스로 벗어나는 방법을 보여준다. 무엇보다 당신이 무언가를 바꿀 수 있도록 용기를 북돋으려 한다. 그리고 독이 되는 사람들과 그들이 사용하는 교묘한 조작 기술에 휘둘리지 않는 면역력을 기를 수 있게 도울 것이다. 쉬운 일은 아니지만 분명 해낼 수 있다. 당신의 성공을 기원한다.

안나와 리사

× 차례

여는 글 004

1부 독이 되는 관계

1장 당신을 망가뜨리는 관계는 어떻게 만들어질까?

독을 내뿜는 관계 015
역기능적 행동의 지표 020
독이 되는 사람들과 그들의 조작 기술 024
사랑의 거울: 나의 그림자 들여다보기 056
독이 되는 연애 패턴의 반복 076
트라우마 본딩: 중독적이고 파괴적인 유대와 호르몬의 여정 080
재외상화: 왜 우리는 상처 속으로 다시 들어갈까? 089

2장 보이지 않는 유대감의 끈: 관계의 역학

연인 관계에서 당신이 차지하는 부분 093

2부 정신적 독을 품은 사람들

1장 나르시시즘 파헤치기

독성의 원인은 인격장애일까? 107

나르시시즘의 정의와 특징 111

건강한 나르시시즘도 있다 116

자아의 경계: 나르시시즘은 언제 질병이 될까? 119

거울 속에 갇힌 나르시시스트 그리고 자존감을 위한 투쟁 124

자기애성 인격장애는 어떻게 발달할까? 131

나르시시즘이 관계에 미치는 영향 138

2장 누가 나르시시스트일까?

진단 대신 자기 성찰 145

혹시 나도 나르시시스트일까? 148

보이지 않는 동맹: 나르시시즘적 결탁 152

3장 나르시시즘에 대처하는 방법

나르시시스트와의 효과적인 의사소통 및 대처 방법 163

경계 설정과 자기 효능감 강화 173

부정적 관계의 경험 치유하기 180

나르시시스트의 행동에 대한 이해 187

4장 나르시시스트의 조작에 대처하기 위한 전략

나르시시스트의 의사소통 193
해독하기 203
통제에 대한 충동: 왜 그들은 다른 사람을 조작할까? 218

5장 어려운 성격을 가진 사람들과의 관계에서 유용한 전략

연극성 인격장애: 연극적 성향과 주목받고 싶은 욕구 223
반사회성 인격장애: 관계는 목적을 위한 수단 240
경계성 인격장애: 감정적 혼란과 충동성 250

3부 독이 되는 사람들에게 대항할 면역

1장 정신적 면역력 높이기

실수로부터 배우는 기술 267
심리적 저항력 271
회복탄력성의 측면 273
회복탄력성이 우리의 신체적, 정신적 건강에 미치는 영향 280
정신적 면역 체계를 강화하는 통합성 282

2장 자기 보호 강화하기: 심리적 저항력을 키우는 방법

내면적으로 강해지기: 우리가 저항력에 미치는 영향 287

헤어질 준비 296

3장 독이 되는 사람들을 대하는 전략, 도구 및 연습

명확한 기준 설정 313

긍정적으로 위기에서 벗어나기 315

철저한 수용: 어떤 사람들은 변하지 않는다 319

피해자 역할에서 벗어나 자기 효능감 키우기 322

책임감 갖기 328

미래 재구성하기 333

조금 더 긍정적인 일상을 위한 간단한 마음 챙김 335

우리 주위에 있는 사람들의 힘 345

일상에서 실천 가능한 습관 350

미래를 향한 시선 전환:
긍정적인 것은 붙잡고 독이 되는 것은 놓아주자 368

맺는 글 378

감사의 글 381

1부

독이 되는 관계

1장

**당신을 망가뜨리는 관계는
어떻게 만들어질까?**

독을 내뿜는 관계

우리 의식의 깊은 곳에서, 모든 기억과 경험을 통해 우리의 자아가 형성된다. 이때 우리의 인간관계는 결정적인 역할을 한다. 인간은 고도로 사회적 존재이기 때문이다. 우리는 살아가면서 많은 사람을 만나게 된다. 새로운 친구든 상사든 아니면 새로운 가족 구성원이든 처음에는 반짝이는 별처럼 느껴진다. 그리고 첫인상이 좋았던 사람들 중 대개는 그 느낌이 틀리지 않았던 것으로 판명되어, 우리의 삶을 풍요롭게 만들어주고 지지해준다.

하지만 우리에게 좋지 않은 영향을 끼치고 우리의 정신 건강을 해치는 사람들도 있다. 건강한 관계는 우리를 강하게 만들고 활짝 꽃피우게 해주는 반면, 독이 되는 관계는 우리의 정신에 오래도록 흔적을 남긴다. 때때로 우리는 미처 깨닫지 못한 채 우리가 받는 것보다 우리에게 더 많은 것을 요구하는 관계의 역학에 얽히게 된다. 처음에는 파라다이스처럼 여겨졌던 우정 또는 연인 관계가 결국은 자기 자신을 잃어버리고 헤매게 만드는 미궁으로 밝혀지기도 한다.

독이 되는 관계의 영향력은 치명적일 수 있다. 우리의 정신적 면역 체계(269쪽 참조)는 정신적 독의 공격을 받게 된다. 이 책에서 언급하는 **정신적 독을 품은 사람**이라는 표현은 다른 사람의 건강에 부정적인 영향을 미치는 행동을 하는 사람들을 은유적으로 지칭한다. **독성**을 지닌 사람들은 우리 삶에 조용히 스며들어 우리의 행복과 평안을 저해한다. 이따금 툭 내뱉는 무시하는 듯한 말투, 업신여기는 몸짓이 첫 징후이지만 우리는 이를 쉽게 넘겨버린다. 우리 곁에는 지속적으로 우리 삶에 악영향을 끼치고 내면의 균형을 깨뜨리는 사람들이 종종 있다.

이런 사람들은 우리의 정신적 면역 체계를 공격하고 서서히 저항력을 약화시키는 일종의 **감정의 독감**과 같은 존재다. 이들과의 관계에서 겪는 끊임없는 갈등과 지속적인 감정의 격동은 우리의 내면에 깊은 상처를 남긴다. 이런 상처는 미래에 맺게 될 관계를 신뢰하지 못하게 만들고 자존감을 약화시킬 수 있다. 처음에는 **감정의 콧물** 정도로 가볍게 시작되지만 해로운 영향이 장기적으로 서서히 스며들어 결국에는 우리를 완전히 소진시키고 무력감을 느끼게 만든다.

> **× 독이 되는 관계란 무엇인가? ×**
>
> 조작, 통제, 해결 불가능한 갈등, 지속적인 불안 또는 지지의 부재 등이 특징인 관계를 말한다. 이런 관계는 파괴적인 흔적을 남기고 우리의 감정 세계를 뒤흔들어 놓는다. 상대방이 독을 지니고 있다는 사실은 미묘한 징후를 통해 조금씩 드러나는데, 대개는 시간이 좀 지나야 명확해진다. 독이 되는 관계는 다양한 형태로 나타날 수 있다. 친구들 사이에서, 사랑하는 연인 사이에서, 직장 내에서, 심지어 가족 관계 안에서도 나타날 수 있다.

독이 되는 관계의 특징은 주로 조작과 역기능적인 행동 패턴으로 나타난다. 이러한 관계는 욕구와 바람을 소통하는 방식이 건강하지 않을 때 시작되는 경우가 많다. 해결되지 않은 갈등, 억압된 감정, 말하지 못하고 마음속에만 담아두었던 기대 등이 점점 더 긴장된 분위기를 조성하는 요인이 된다. 처음에는 조화롭게 보였던 것이 점차 불협화음으로 변해간다. 농담으로 위장한 말 한마디 또는 사소한 행동들이 신뢰를 무너뜨리며 관계 속에 서서히 자리를 잡는다.

역기능적 행동이란 타인의 행복과 평안을 저해하고 목표를 달성하지 못하게 방해하는 행동 방식을 의미한다. 지속해서

선을 넘는 행동, 지나치게 표출하는 질투, 정서적인 폭력이 여기에 속한다. 독을 품은 사람의 역기능적 행동은 일상이 되어 버리고 이들의 상대가 되는 파트너, 친구 또는 가족 구성원은 불안과 자기 의심의 소용돌이에 휩쓸리게 된다. 지속적인 비판, 정서적 착취, 노골적인 적대감은 독이 되는 관계에서 흔히 일어난다. 독성이 하루아침에 갑자기 나타나는 경우는 드물다. 독이 되는 요소들은 단독적인 사건이나 일시적인 위기로 가장해 서서히 침투하면서 나타난다.

독이 되는 관계를 알아차리고 끝내려면 용기가 필요하다. 다른 사람뿐만 아니라 자기 자신을 정확하게 들여다보는 용기가 있어야 한다. 치유로 향하는 길은 해로운 관계에 갇혀 지낼 운명을 타고난 사람은 아무도 없다는 사실을 깨닫는 것에서부터 시작된다. 노선을 바꾸고 독이 되는 관계의 그늘에서 빠져나오는 데 늦은 때란 결코 없다. 마치 오랫동안 숨어 지내던 방의 커튼을 활짝 열고 눈부시게 강렬한 진실의 빛을 방 안으로 들여오는 일과 같다.

치유의 첫걸음은 우리가 다른 사람들과 맺은 관계가 건강하지 않은 관계일 수도 있다는 사실을 스스로 인정하는 것이다. 그런 다음에 다시 숨을 쉴 수 있도록 관계의 역학에서 벗어날 방법을 찾아야 한다. 독이 되는 사람이나 관계에서 벗어난다는 것은 단순한 자기 보호를 넘어 자아 계발을 의미하기도 한다. 이것은 자기 자신을 사랑하는 행위로써 긍정적인 에너지를 생성할 새로운 여지를 만드는 것이다. 때로는 우리가 꽃을 피우고 발전하기 위해서 사람, 관계 또는 일을 반드시 놓아야만 하기도 한다. 놓아주기와 새롭게 시작하기의 과정에서 우리의 회복탄력성도 활짝 피어난다(271쪽 참조).

 독이 되는 관계에서 벗어나는 여정은 매우 힘든 도전일 수 있다. 하지만 그 길은 우리를 자유, 자기 존중, 진정한 유대감이 있는 곳으로 이끌어준다. 자기 성찰, 명확한 경계 설정, 해로운 영향력에서 기꺼이 벗어나려고 하는 의지는 다른 사람들과의 만족스러운 관계로 나아가는 길을 열어준다. 그 힘은 우리의 실행에서 나온다.

역기능적 행동의 지표

"내가 또다시 똑같은 유형의 사람한테 속아 넘어갔다는 사실이 믿기지 않아요."

"어찌 된 일인지 모든 사람이 결국에는 나를 실망시켜요."

"내가 무슨 일을 하든 나의 상사는 언제나 나르시시스트였어요."

"차라리 평생 혼자 지내는 게 낫겠어요. 나는 사람 보는 눈이 정말 없거든요."

"마치 내가 독이 되는 사람들을 끌어당기는 자석이라도 된 것 같아요."

이 중에 당신도 공감하는 말이 있다면, 이것이 순전히 우연이거나 그냥 운이 나쁜 것인지 궁금하지 않은가? **독성**은 화학적, 생물학적, 의학적 용어이지만, 사람들 사이의 건강하지 않은 사회적 관계를 의미하기도 한다. 극도의 나르시시즘적인 행동이 주된 특징인 이 관계에서는 같은 눈높이의 의사소통이 사실상 불가능하다. 독이 되는 관계와 역기능적인 행동은 연인 관계인 두 사람 사이에서만 나타나는 것이 아니다. 부모와 자녀, 친구, 세대 갈등을 겪는 사이를 비롯해 직장, 학교 또는 대학교에서 맺는 인간관계에서도 나타난다.

이러한 관계 패턴은 어느 날 갑자기 무에서 생겨나지 않는다. 고통스러운 어린 시절을 보낸 후, 스트레스와 부담이 많았던 부모 밑에서 자란 후, 이별 또는 폭력적인 관계를 겪은 후 우리는 무의식적으로 (적어도 처음에는) 우리에게 마음을 열고 호의를 보이며 친절하게 다가오는 사람에게 쉽게 매료된다. 보통 공감 능력이 좋고 이해심이 많고 순종적인 사람이 지배적이고 나르시시즘적인 성향이 있는 사람과 만나게 된다.

정신적으로 독이 되는 관계에서는 화기애애한 시간과 공격적이고 과격한 사건들이 순간순간 전환되어 나타난다. 그런데도 왜 이 관계에 머물러 있을까? 역기능적이고 조작적인 행동을 이미 어린 시절부터 경험해왔고, 금방 익숙해졌기 때문이다. 계속 반복되는 다툼과 갈등, 폭력적인 대립은 시간이 지날

수록 우리를 무뎌지게 만든다. 외롭고 무력하다고 느끼는 시간이 많을수록 우리는 그 상황에서 벗어날 방법을 찾으려는 노력조차 하지 못한다. 결국 우리는 그 상황에 갇힌 채로 고통스러운 경험을 반복하게 된다.

아직 탈출이 가능한 시점에는 대부분 스스로 알아차리지 못한다. 많은 사람이 자신이 스스로 만든 덫에 걸려 있다는 사실을 오랫동안 깨닫지 못해서, 벗어나는 데에도 큰 어려움을 겪는다. 정신적 독을 품은 사람은 조작 전술을 매우 능숙하게 사용하기 때문에 상대방은 이들의 그물망에 너무나 쉽게 걸려든다.

혹시 당신도 독을 품은 **그 사람**이 변하기를, 둘의 관계가 처음처럼 다시 좋아지기를 바라고 있는가? 아니면 두려움과 익숙함 때문에 스스로를 돕는 것을 망설이고 있는가? **독성적인** 행동과 **정상적인** 행동은 갈등이 있을 때 두 사람의 성장을 파괴적으로 방해하느냐 아니면 건설적으로 촉진하느냐에 따라 갈린다. 그러니 스스로 다음 질문들에 답해보자.

- 우리 두 사람은 갈등이 있을 때 어떻게 대처하는가?
- 우리의 다툼은 생산적일 수 있는가?
- 우리는 타협점을 찾을 수 있는가, 아니면 항상 둘 중 한 명이 일방적으로 양보해야 하는가?

- 우리 둘 다 알고 있고 적용할 수 있는 좋은 갈등 해결 전략이 있는가?

이 질문들을 통해 가끔 또는 자주 불편한 감정을 느꼈던 모든 관계를 점검해볼 수 있다.

독이 되는 사람들과
그들의 조작 기술

다양한 형태의 인간관계에서 정신적 독을 품은 사람들은 조작하는 능력을 통해 독이 되는 역학을 만들어낼 수 있다. 이들 행동의 이면에 있는 심리는 복잡하다. 정신적 독을 품은 사람들은 낮은 공감 능력, 높은 수준의 자기중심성, 책임감 부족 등의 특징을 보인다. 이들은 자신들의 목적을 달성하고자 주로 다른 사람들의 약점을 이용한 조작과 교묘한 전술로 그들에게 영향을 미치거나 통제한다. 조작의 심리학에는 가스라이팅, 책임 전가, 사회적 고립, 의존하게 만드는 것과 같은 다양한 기술이 포함된다. 정신적 독을 품은 사람들이 이러한 기술을 능숙하게 사용하면 피해자는 자신의 현실을 의심하고 점점 더 무력감을 느끼게 된다.

사랑의 달콤한 속임수
- 러브 바밍

'백설공주' 같은 옛 동화에서 우리는 종종 인간관계에 관한 숨은 메시지를 전달하는 상징들을 찾아볼 수 있다. 사악한 왕비가 백설공주에게 건네는 독이 든 사과를 떠올려보자. 이타적으로 보이는 행동 뒤에는 위험한 속임수가 숨어 있다. **러브 바밍**Love Bombing(과도한 애정 공세)에 대해 이야기할 때 낭만적인 연인 관계에서도 비슷한 원리를 발견할 수 있다. 독이 들었지만 겉으로 보기에는 아름다운 사과처럼, 누군가가 우리에게 주는 '애정'은 우리를 무조건적으로 사랑하고 존중해주는 것처럼 보인다.

러브 바밍의 핵심은 어떤 사람에게 압도적인 호의, 관심, 때로는 사랑까지도 퍼붓는 것이다. 정신적 독을 품은 사람은 칭찬과 선물을 퍼주고 무조건적인 헌신을 할 것처럼 다가가면서 마치 열정의 폭풍처럼 피해자의 삶을 휩쓸고 지나간다. 그래서 욕망의 대상이 되는 상대가 우쭐해지고 스스로 특별한 존재라고 느끼게 만든다. 하지만 이것은 깊은 정서적 의존성으로 이어질 수 있다.

러브 바밍의 실체는 쉽게 드러나지 않는다. 건강한 연인 관계에서도 처음에는 핑크빛 사랑의 단계가 있기 때문이다. 그 시기에는 두 사람 모두가 서로에게 아낌없이 관심을 쏟고, 많은 시간을 함께 보내며, 깊은 정서적 유대감을 형성한다. 내가 이 세상에서 가장 소중하고 매력적이라고 느끼게 해주는 사람에게 구애받는 것을 마다할 사람이 과연 있을까? 나를 떠받들어 주고 내가 말하지 않아도 내가 원하는 것을 알아차리며 항상 내 곁에 있어주는 파트너를 꿈꾸지 않는 사람이 있을까? 나를 무조건적으로 사랑해주는, 절대 놓치고 싶지 않은 그런 사람 말이다. 그 사람 곁에 있으면 우리는 스스로를 환영받는 존재이며 매력적인 사람으로 느끼기 때문에 자존감이 높아진다.

이러한 파트너에 대한 갈망은 우리 모두의 내면에 깊이 뿌리내리고 있으며, 위대한 사랑에 대한 희망은 누구나 품고 있다. 인간은 다른 사람과의 친밀함과 유대감을 필요로 하는 존재이기에, 이런 희망은 얼마든지 이해할 수 있다. 하지만 안타깝게도 사랑에 관한 생각은 종종 현실과는 완전히 다른, 잘못된 환상으로 가득한 경우가 많다. 어떤 희망들은 좀처럼 이루어지지 않는다.

러브 바밍이라는 매혹적인 가면 뒤에는 조작의 어둠이 도사리고 있다. 독이 되는 사람들이 의식적 혹은 무의식적으로 휘

두르는 러브 바밍은 여러 가지 기능을 수행한다. 우선 상대를 감정적으로 의존하게 만드는 것이 목적이다. 또한 정신적 독을 품은 사람이 앞으로 하게 될 문제 행동과 조작 시도를 별것 아닌 것으로 여기게 만든다. 우리에게 이렇게까지 애정을 쏟아부은 사람이라면 당연히 좋은 뜻으로 그랬을 것이라 생각하게 만드는 것이다. '나를 조종한다는 느낌은 그저 착각이지 않을까?' 이는 동시에 피해자가 조작하는 사람에게 빚을 지고 있다는 느낌이 들게 만든다.

따라서 러브 바밍의 피해자들은 상대의 진짜 실체는 물론이고 두 사람의 관계에 대해 체계적으로 혼란을 겪게 된다. 그 과정에서 피해자의 자존감, 자기 효능감, 자신감은 점점 더 떨어진다. 정신적 독을 품은 사람들이 일단 피해자의 감정을 통제할 수 있게 되면, 점차 관계 전반에 대한 권력과 통제력을 얻고 관계를 주도적으로 지배하게 된다.

30대 후반의 싱글 여성인 파울리네는 실망스러운 연애를 이미 수도 없이 겪었다. 사랑과 안정감을 갈망하던 파울리네는 어느 날 카페에서 우연히 알렉스를 만났다. 알렉스는 카리스마 있고 매력적이며 파울리네와 주파수가 잘 맞는 사람처럼 보였다. 처음부터 두 사람은 말이 잘 통했고, 알렉스는 파울리네에게 칭찬 세례를 퍼부으며 관심을 보였다. 그는 파울리네의 직장을 깜짝 방문하기도 하고, 커다란 꽃다발을 안겨주고 사랑의 메시지를 써주기도 하며 틈이 날 때마다 파울리네와 함께 시간을 보냈다.

파울리네는 너무나 행복해서 꿈을 꾸는 기분이었다. 이전에 만났던 남자들은 주로 만남 후에 갑자기 연락이 끊기거나 전 여자친구에게 미련을 두기 일쑤였다. 파울리네는 마침내 어떤 선입견이나 의심 없이 자신을 존중해주고 떠받들어 주는 사람을 찾았다고 생각했다. 그래서 친구들에게도 알렉스에 대해 이야기하고, 그와 점점 더 많은 시간을 보내게 되었다. 알렉스는 그때까지 파울리네의 모든 욕구를 충족시켜주어서, 파울리네는 알렉스에게 홀딱 빠져들 수밖에 없었다. 태어나서 처음으로 온전한 사랑과 포용을 경험했다. 그의 러브 바밍에 파울리네는 특별한 사람이 된 것만 같은 기분이 들었고 그만큼 알렉스에 대한 감정과 정서적 의존도가 높아졌다. 하지만 애정 표현과 선물이 이어질수록 자신은 알렉스가 해준 것만큼 돌려줄 수 없다는 생각에 죄책감을 느끼기도 했다.

그런데 시간이 지나면서 알렉스의 행동에 미묘한 변화가 생겼다. 그는 파울리네의 시간을 통제하기 시작했고, 파울리네가 알렉스 없이 친구들을 만나면 노골적으로 불만을 표출했다. 하지만 파울리네는 그의 과도한 애정 표현("자기는 내 영혼의 단짝이야", "나는 자기를 위해서라면 기꺼이 내 목숨도 바칠 수 있어",

"아무것도, 그리고 아무도 우리 사이를 갈라놓을 수 없어")에 눈이 멀어서 처음에는 이러한 변화를 제대로 알아차리지 못했다. 알렉스는 파울리네가 결핍을 느끼는 상황과, 조작을 통해 만들어낸 파울리네의 죄책감을 이용해서 그녀를 손아귀에 넣었다. 파울리네가 알렉스와의 관계에 더 깊이 얽힐수록 그의 통제와 조작이 점점 심해지는 것을 알아차리기가 더 어려워졌다.

알렉스는 파울리네의 결핍과 욕구를 즉시 알아차림으로써 러브 바밍을 능숙하게 진행했다. 그의 교묘한 유혹의 기술이 이 관계의 핵심이다. 이때 러브 바밍은 두 사람 사이에 친밀감을 형성하고 파울리네를 독차지하기 위한 수단일 뿐만 아니라 그녀를 지배하고 의존하게 만드는 동시에 알렉스 자신의 자율성을 유지하는 도구로 사용된다.

알렉스는 파울리네의 삶에 의미를 부여하고 자존감을 높여주고 자아상을 빛내줄 것 같은 꿈을 선사했다. 그녀는 동화 속 왕자님 혹은 낭만적인 한여름의 석양빛 같은 연애의 매혹을 뿌리칠 수 없었다. 파울리네는 확신에 차서 모든 것이 알렉스의 진심이라고 믿었다. 마침내 그녀를 이해하고 인정해주고 정말로 관심을 가져주는 사람을 만났다고 생각했다.

장밋빛 미래
- 퓨처 페이싱

퓨처 페이싱Future Pacing(미래 선취)은 정신적 독을 품은 사람이 의도된 행동, 말 또는 약속을 통해서 장밋빛 미래를 제시하며 상대를 조작하려 하는 시도를 의미한다. 여기에서도 핵심은 환상을 심어주는 기술이다. 특히 인간관계에서 화목과 행복이 있다는 착각을 일으키기 위해 의도적으로 미래에 대한 긍정적인 이미지를 사용한다. 그래서 피해자는 관계를 이어가는 동안 희망과 실망의 끝없는 순환에 갇히게 된다.

퓨처 페이싱은 상대방의 기대를 능숙하게 조작함으로써 관계의 감정적 역학에 깊이 개입한다. 이것은 변화, 개선 또는 헌신에 대한 희망을 불러일으키는 약속을 통해 이루어진다. 조작하는 사람은 관계에 대한 통제권을 유지하고 주도권을 잡기 위해서 왜곡된 형태의 현실(**긍정적 환상**)을 만들어낸다. 이 전략은 인간의 근본적인 욕구를 이용하기 때문에 실제로 잘 통한다. 누구나 친밀한 관계 내에서 안정과 사랑, 지속적인 유대를 갈망하기 마련이다. 가장 사랑하는 사람과 함께하는 미래보다 더 아름다운 것이 있을까? 이런 기대와 바람을 이용해 상대를 얽어매는 것이 바로 퓨처 페이싱이다.

파울은 작은 회사에서 2년째 근무 중이며, 아주 성실히 일하는 직원이다. 그의 상사인 안톤은 항상 승진이나 임금 인상의 가능성을 넌지시 흘리며 파울을 독려한다. 안톤은 늘 웃으며 **친구 같은 상사**처럼 행동하고 파울에게 팀의 중요한 일원이라는 느낌을 준다. 하지만 파울이 막상 임금 인상 시기에 관해 물어볼 때마다 이런저런 핑계를 대며 미룬다. 그런데도 파울은 자신의 노력이 결국 보상받을 거라는 기대를 안고 매일 야근도 마다하지 않으며 최고의 성과를 내기 위해 열심히 일했다. 그러나 기대했던 승진은 이루어지지 않았다. 파울은 안 좋은 직감을 애써 무시한 채 상사에게 따져 묻지 못했다. 회사에서 자신의 미래를 위태롭게 만들고 싶지 않았고, 한편으로는 상사와의 우호적인 관계가 깨질까 두려웠기 때문이다.

반면에 안톤은 계속해서 자신의 실적을 쌓고 헌신적인 직원을 거느리며 개인적인 욕구를 관철할 수 있어 매우 만족스러웠다. 그는 이런 상황이 오래 유지되도록 반복해서 퓨처 페이싱을 사용해 파울의 경제적, 정서적 의존성을 더욱 높아지게 만들었다. 그는 파울에게 **더 나은 미래**에 대한 희망을 주었지만 그것은 오직 파울의 끊임없는 노력으로만 달성할 수 있다고 주입시켰다.

파울은 자신의 욕구는 뒷전으로 미루고 점점 더 회사 일과 성과에 매달렸다. 퓨처 페이싱은 안톤에게 업무 관계에 대한 통제력을 유지하고 자신의 욕망과 비전을 이루기에 유용한 도구라는 사실이 입증되었다. 그는 이상적인 직장에 대한 환상을 제시하는데, 그 이상적인 직장은 어디까지나 미래에 있을 뿐이며 현재 파울의 직장생활은 착취와 지배 그리고 자율성에 대한 이견으로 점점 더 그늘이 드리워진다. 그 결과 감정적으로 더 얽매이게 되고, 이러한 상황은 점점 더 스트레스가 된다. 하지만 파울은 악순환에서 벗어날 방법을 찾지 못한다. '언제까지 상사의 공허한 약속을 믿어야 하는 걸까?' '상사와의 관계를 위태롭게 하지 않으면서 내 커리어를 지킬 방법이 있을까?' 의문이지만, 파울은 직장에서의 장밋빛 미래를 위해 현재의 고통을 감수하며 버텨내고 있다.

안톤은 퓨처 페이싱을 이용해 현재 직장에서 부하들이 겪는 어려움에 대한 자신의 책임을 은폐하는 동시에 파울과 자신의 관계를 미화하고 있다. 이러한 형태의 조작은 직장 내에서만 국한되지 않고 친구 사이, 연인 사이, 가족 관계 등 다양한 환경에서 나타날 수 있다. 장밋빛 미래에 대한 약속과 현실의 괴리는 피해자의 불안과 감정적 피로를 유발한다.

조작의 안개 속에서
- 가스라이팅

아나스타샤는 자신이 집에서 혼란과 자기 의심의 소용돌이 속에 빠져 있다는 사실을 점차 깨달았지만 원인을 찾지 못했다. 그래서 자신이 우울증이나 번아웃을 겪고 있는 건 아닌지 의심했다.

어느 날, 퇴근 후 집에 돌아온 그녀의 아버지 토마스는 매우 짜증스럽고 화가 나 있는 것 같아 보였다. 아버지는 무뚝뚝하고 다가가기 힘든 사람이었다. 아나스타샤는 걱정이 되어 무슨 일인지 물어보았다. 그런데 아버지의 대답은 아나스타샤가 예상했던 것과 달랐다. 그는 아나스타샤를 빤히 쳐다보며 불평을 쏟아냈다. "너는 역시나 내 말을 귓등으로도 안 듣는구나. 넌 내가 파스타를 좋아하지 않는다는 것을 잘 알고 있잖아." 아나스타샤는 깜짝 놀랐고 상처를 받았다.

아나스타샤는 매일 저녁 요리를 하면서 다음 날 아버지가 일터에 들고 갈 도시락을 항상 따로 준비했다. 아버지가 어머니와 헤어진 후 혼자서는 식사를 잘 챙기지 못했기 때문이다. 아버지가 독립성이 부족하고 끊임없이 잔소리와 비난을 늘어놓는 것도 어머니가 아버지와 헤어진 이유 중 하나였다. 아나스타샤는 일하러 가는 아버지에게 파스타를 싸준 것에 죄책감을 느꼈지만, 이전에 아버지가 파스타를 싫어한다는 얘기를 들은 기억은 전혀 없었다. 아버지는 계속해서 아나스타샤에게 비난을 퍼부었다. "넌 대체 제대로 하는 게 뭐니?" "넌 내 말을 귀담아듣지 않는구나!" "너를 믿느니 차라리 그냥 내가 하는 게 낫지." 아나스타샤는 방어적으로 항상 아버지의 말을 귀담아들었으며 모든 일을 제대로 잘 하려고 애쓰고 있다고 설명했다. 그녀가 울기 시작하자 곧바로 아버지의 비난이 이어졌다. "넌 너무 감정적이야. 바보같이 울긴 왜 울어." 그는 계속해서 아나스타샤가 잘못했다고 고집스럽게 주장했다. 그러면서 아나스타샤의 기억력과 정서적 안정에 큰 문제가 있다고 여러 번 지적했다. 마치 그녀의 어머니에게 그랬던 것처럼.

아나스타샤는 큰 충격을 받고 자기 자신을 의심하기 시작한다. 그녀는 다시 불안에 휩싸이고 무력감을 느끼며 딸로서 자신의 역할에 의문을 품게 되었다. 그리고 자신의 감정 기복이 우울감 때문에 나타난다는 생각을 떨칠 수 없다. 그녀의 아버지는 아나스타샤가 자신의 지각과 사고력에 의심을 품게 만드는 데 성공했다. 결국 가스라이팅은 그 파괴적인 효과를 발휘했다.

가스라이팅은 다양한 형태로 나타날 수 있는 매우 교묘한 조작 행위다. 상대방이 당신을 "미쳤어", "너무 감정적이야" 또는 "똑똑하지 못해"라고 비난한다고 상상해보자. 이런 말들은 당신의 자존감에 대한 직접적인 공격이다. 이때 당신의 행복과 평안 따위는 안중에도 없다. 이것은 가스라이팅, 즉 정신적 독을 품은 사람이 당신의 자신감과 관점을 뒤흔들어 버리려는 조작 기술이다.

이 수법은 특히 피해자를 체계적으로 지속적인 의심과 혼란과 불안에 빠뜨리고 의존성을 강화시키기 때문에 더 악랄하고 파괴적이다. 토마스는 아나스타샤의 행동에 대해 부정적인 언급을 하고, 아나스타샤가 이성적이고 현명하게 행동하지 못한다는 암시를 주는 상황을 반복함으로써 그녀가 자기 자신에게 의구심을 품게 만든다. 그리고 아나스타샤가 용기를 내어 아버지의 행동을 지적하면 곧바로 비난의 화살을 돌려버린다. 토마스가 또다시 대화의 주도권을 잡고 아나스타샤가 잘못된 행동을 했다고 느끼게 만든다.

가스라이팅은 서서히 퍼지는 안개와 같다고 할 수 있다. 어떤 사람의 명확한 사고와 현실에 서서히 베일을 씌워버리는 것 같기 때문이다. 교묘한 거짓말과 조작 기술로 아나스타샤의 현실 인식은 서서히 그렇지만 확실하게 흐려진다. 그녀가 명확한 사고를 되찾고 자기 내면의 나침반에 의지하려고 할 때마다 아버지로 인해 안개는 더욱 짙어진다. 그는 아나스타샤가 잘못 생각하고 있고 그녀의 생각, 원칙, 감정이 틀렸다고 설득하는 데 번번이 성공한다. 이러한 상황에서 아나스타샤는 실제로 자기 잘못이나 실수가 아닌 일들에 대해 계속해서 사과하게 된다. 그 모든 일들의 원인 제공자가 토마스임에도 말이다! 그런데도 그는 이미 드리워진 안개에 끊임없이 새로운 안개층을 덧붙여서 딸이 불확실성과 혼란의 소용돌이 속에서 길을 잃게 만들어버린다.

× 가스라이팅의 어두운 미로 ×

정신적 독을 품은 사람이 행하는 가스라이팅은 다른 사람의 명료한 정신과 자신감을 천천히 그러나 확실하게 약화시킬 수 있다. 피해자는 의심과 불안의 미로에 빠져버린 자기 자신을 발견하게 된다. 조작을 하는 사람이 현실을 왜곡하고 점점 더 비틀어버리기 때문이다. 가스라이팅이라는 용어는 '가스라이트Gas Light'라는 연극에서 유래했다. 이 작품은 1940년대 중반 잉그리드 버그먼 주연의 영화 덕분에 더욱 유명해졌다. 고의적인 거짓말과 속임수로 아내를 조종하는 한 남자의 이야기인데, 결국 아내는 점차 자신의 온전한 정신 상태를 의심하기에 이른다.

냉담한 태도
- 침묵 작전

의사소통은 모든 인간관계의 핵심이다. 사람들이 서로 말하고 소통하는 방식은 감정을 느끼고 상호작용하는 데 큰 영향을 미친다. 그런데 일부 관계, 특히 가스라이팅이 특징인 관계에서는 의사소통의 부재 자체가 중요한 역할을 하기도 한다. **냉담한 태도**Cold Shouldering 또는 **침묵 작전**Silent Treatment은 가스라이팅의 특별한 형태는 아니지만, 가스라이팅 못지않게 관계에 엄청난 악영향을 끼칠 수 있다. 피해자는 이것이 교묘한 조작 행위라는 것을 알아차리지 못하고 자기 행동에 의문을 품는 경향을 보인다.

침묵 작전은 흔히 무언의 무기가 되어 상대방을 위축시키고 지금 이 자리에서 환영받지 못하는 존재라는 느낌을 심어주는 데 이용된다. 이런 비언어적 의사소통은 피해자에게 벌을 주고 피해자를 통제하고 그들의 감정을 무시하기 위한 조작적 도구로 자주 사용된다. 침묵의 목적은 냉담한 감정을 표현함으로써 피해자를 고립시키고 무력하게 만드는 데 있다. 침묵을 통해서 상대방이 감정적 교류를 다시 회복하거나 전반적인 상황을 명료하게 인식할 기회를 박탈한다. 이러한 의사소통의 결핍은 좌절감으로 이어질 뿐만 아니라 서로의 관계에 대한 고통스러운 불안을 초래한다.

클라우디아와 15살 난 아들 니콜라스는 겉으로는 평범한 모자 사이처럼 보이지만 자세히 들여다보면 관계의 표면 아래로 어두운 무언가가 끓어오르며 니콜라스를 서서히 질식시키고 있다. 어느 날, 엄마 클라우디아는 니콜라스와의 약속을 또다시 어겼다. 그녀는 몇 주 전에 니콜라스와 그날 저녁에 함께 영화관에 가기로 약속했고, 니콜라스는 일주일 전부터 그날을 고대했다. 아무리 천성적으로 공감 능력이 뛰어나고 인내심과 포용력이 큰 니콜라스라도 엄마의 행동에 화가 나고 실망하게 되는 것은 어쩔 수 없었다. 그는 상처받고 무시당한 기분이 들었다. 하지만 그는 엄마에게 곧장 불만을 토로하고 감정적으로 반응하는 대신에 자신의 감정을 정리하고 상황을 파악할 시간을 갖기로 했다.

마침내 엄마와 대화할 준비가 되었을 때, 니콜라스는 무거운 공기에 짓눌리는 느낌을 받았다. 마음속으로 정리해둔 말들을 입 밖으로 내면서 손이 살짝 떨렸다. 그는 엄마가 반복해서 약속을 어긴 것에 대한 분노와 실망감을 이야기했다. 하지만 클라우디아의 반응은 니콜라스의 예상과는 달랐다. 그녀는 차갑고 감정 없는 눈빛으로 니콜라스를 바라보며 대답했다. "아까 얘기할 기회가 있었는데 그때는 아무 말 안 했잖니." 그러더니 등을 돌리고 냉담한 태도를 보이며 그날 저녁 내내 그를 무시했다. 두 사람 사이에 무거운 침묵이 흘렀다.

니콜라스는 굴욕감과 존중받지 못한 느낌 그리고 무력감을 느꼈다. 그는 자신의 감정을 건강한 방식으로 표현하려고 노력했지만, 엄마는 그의 말을 들어주기는커녕 그의 의사소통을 할 권리를 완전히 빼앗아버렸다. 클라우디아의 말과 무시하는 태도에는 니콜라스가 자신의 감정을 정리하고 상황을 파악할 시간을 가진 것은 잘못이라는 은근하지만 파괴적인 메시지가 담겨 있었다.

독이 되는 관계에서 교묘한 침묵으로 야기되는 고통은 다양한 양상으로 나타난다. 자신의 존재에 대한 인정과 존중은 인간에게 기본적인 욕구로, 특히 가장 친밀한 관계에서 매우 중요하다. 클라우디아는 침묵 작전을 통해 아들의 그 욕구를 외면하고 아들을 고통스러운 불안에 빠뜨린다. 감정적 반응의 부재는 상대방이 느끼고자 하는 안정적 유대감을 위협할 수 있다. 그렇게 되면 안 그래도 독이 되는 모자 관계에서 니콜라스는 파괴적인 악순환을 겪게 된다.

엄마의 침묵은 니콜라스를 통제하는 수단으로 작용할 뿐만 아니라 니콜라스를 혼란스럽게 만들고 자기 의심과 죄책감을 느끼게 한다. 그는 자신이 무엇을 잘못했는지 이해할 수 없다. 설령 잘못했다 할지라도 자기 행동을 되돌아볼 수 없다. 엄마가 니콜라스에게 명확한 설명을 해줄 대화조차 거부하기 때문이다.

> **✕ 냉담한 태도 ✕**
>
> 얼음장처럼 차가운 태도는 가스라이팅과 마찬가지로 인간관계의 전체적인 의사소통을 방해하고 상대방이 자신의 감정과 욕구를 표현하지 못하게 막는다. 이는 굴욕감을 주고 상대방을 불안과 침묵 속에 가두어 버리는 처벌의 한 형태라고 할 수 있다. 지속해서 상대방의 심리에 영향을 미친다. 이런 태도의 목적은 피해자의 행동을 통제하는 것이다.

네 잘못이야
- 책임 전가

당신이 맺고 있는 관계에서 무슨 일이든지 문제가 생기면 그 잘못은 항상 당신에게 있다. 가끔이 아니라 항상 당신이 잘못한 것이다. 당신이 수동적인 입장일 때도 결국 잘못은 당신에게 있다. 독을 품은 사람은 자기 행동을 되돌아보지 않고, 항상 책임을 당신에게 전가하고 당신이 무엇을 잘못했는지 지적한다. 그는 당신이 같은 일에 대해 이미 여러 번 이야기한 적이 없는 것처럼 행동한다. 통제 불능이 되어버린 다툼, 무너진 신뢰, 연락 두절, 과도한 음주…. 이러한 상황에서도 독이 되는 사람의 관점에서는 어쨌든 잘못은 전적으로 당신에게 있다.

사실 독이 되는 사람들은 자기 행동이 비합리적이고 용납할 수 없는 것이며, 당신에게 상처를 주고 매우 부적절하다는 것을 너무나 잘 알고 있다. 하지만 당신이 이런 점을 지적하면 그들은 이상하게도 자신이 가했던 엄청난 모욕, 끊임없는 비난, 외도 등을 기억하지 못한다. 이 중 어느 것도 대화의 주제가 되어서는 안 되며 그들은 자기 행동이나 부작위(마땅히 해야 할 일을 일부러 하지 않음)에 대한 책임을 절대 지지 않는다. 반성 따위는 없다. 대신 그들은 책임을 덮어씌운다. 자신의 행동이 잘못된 것이 아니라, 당신이 올바르게 처신하지 않은 것이다. 그들은 모든 잘못의 책임을 당신에게 전가한다.

"너는 뭔가 잘못됐어", "넌 제정신이 아닌 것 같아", "넌 내 말을 왜곡하고 있어" 또는 "너는 나 없이는 아무것도 아니야"와 같은 말로 교묘하게 책임이 넘겨씌워진다. 이것들은 정신적 독을 품은 사람들이 흔히 사용하는 전형적인 말이다. 이러한 말을 듣다 보면 진짜 내가 잘못했던 것은 아닌지 서서히 의문이 들기 시작하면서 결국 상대방이 옳았을 수도 있고, 내가 더 노력했어야 했다는 생각에 이른다. 당신은 자신을 의심하고 당신에게 끊임없이 주입되는 모든 부정적인 말을 그대로 받아들이게 된다. 당신이 하는 모든 일은 늘 충분하지 않으며, 당신 자체도 부족한 사람으로 여긴다.

그렇게 해서 당신은 비난을 받아들이고 죄책감을 느끼며 점점 더 깊은 수치심과 죄책감의 악순환에 빠진다. 독이 되는 관계에서는 필연적으로 본질을 보는 시각을 잃는다. 몇 시간, 며칠, 심지어 몇 년에 걸쳐서 평가절하당하며 당신의 인지 기능을 의심받는 상황에서 외부의 도움이 적거나 전혀 없을 때는, 수치심과 죄책감 같은 감정들을 당신이 자발적으로 느낀 게 아님에도 스스로가 그렇게 느끼고 있다고 착각하게 된다. 감히 당신의 관계에 개입하여 당신 편이 되어주는 사람이 거의 없기 때문이다. 그러면 당신이 경험하는 관계는 두 사람에게 한정되어, 당신이 겪은 것과 독이 되는 사람이 당신에게 말하는 내용으로만 이루어지게 된다.

22살 레나와 18살 팀은 남매로, 어릴 적부터 둘의 관계는 복잡했다. 레나는 누나로서 항상 보호자 역할을 자처하며 팀을 도와주려고 애썼다. 하지만 세월이 흐르면서 둘의 사이는 변했다. 팀은 자신의 삶을 꾸려나가며 책임지는 데 어려움을 겪었고, 충동적으로 행동하는 경향이 있어 레나와 점점 더 갈등을 빚게 되었다. 그는 무질서한 모습으로 하루하루를 대충 살아가고 있었다.

어느 날 팀은 레나의 방에서 덤벙거리며 충전 케이블을 찾다가 실수로 레나의 노트북을 망가뜨리고, 그 과정에서 넘어져서 발을 다친다. 그런데 팀은 레나의 사적인 영역을 침범하고 피해를 입힌 것에 대해 책임지고 사과하기는커녕 모든 잘못을 레나에게 돌려버렸다. 팀은 레나가 일부러 노트북을 걸려 넘어지기 쉬운 곳에 두어서 자신이 다쳤다고 비난했다. 그리고 레나가 항상 자신을 방해하며 자신의 느긋한 생활 방식을 질투한다고 주장했다. 레나는 팀의 터무니없는 비난에 충격과 상처를 받고 분노를 느꼈다. 그런데도 누나인 입장에서 상황을 명확히 하려고 노력한다. 레나는 이번 일은 단순한 사고였으며 어떤 식으로도 팀을 해치려 한 적이 없다고 강조했다. 하지만 팀은 자신의 주장을 고수하며 레나가 부모님과 자신의 사이를 이간질하고 자신의 행복을 못마땅해한다고 계속해서 비난했다.

 팀이 다른 가족을 자기편으로 끌어들이려 하면서 상황은 더욱 악화된다. 팀은 자기 발에 난 상처가 얼마나 아픈지 큰 소리로 반복해서 알렸다. 부모님은 팀을 불쌍히 여기고 레나의 망가진 노트북에는 관심도 두지 않았다. 팀은 계속해서 레나를 비난하며 동생을 일부러 해치려고 하는 나쁜 누나라고 모함했다. 그는 자신의 잘못된 행동으로부터 주의를 돌리고 자신의 책임을 회피하기 위해서 독이 되는 책임 전가 수법을 사용했다. 이러한 행동으로 남매 관계만 나빠지는 것이 아니라 가족 전체의 분위기까지도 해치게 된다.

독이 된 사랑
- 병적인 질투

건강한 관계에서도 때때로 질투심을 느낄 수 있다. 그럴 때 상대를 비난하는 대신에 상처받은 감정에 대해 솔직하게 이야기하고, 그 과정에서 관계에 대한 공통된 이해를 이끌어내면서 질투와 관련된 감정들을 합리적인 방식으로 극복할 수 있다.

그런데 질투란 과연 무엇일까? 우선 질투는 인간의 기본적인 욕구와 밀접하게 관련된 감정이다. 상실에 대한 불안은 우리의 자존감을 상처로부터 보호하는 역할을 한다. 이 '상실에 대한 불안'이 관계를 지키고 고통스러운 감정을 피하려는 본능적인 욕구와 맞물리며, 통제에 대한 욕구가 발동된다. 그리고 이러한 욕구의 근원을 짚어보면, 감정적 기억에 깊이 새겨진 예전의 부정적인 경험 때문인 경우가 많다. 만약 직장에서 상사가 항상 특정 동료 한 명에게만 관심과 감사를 표현한다면, 우리는 자존감에 상처를 입을 것이다. 어느 정도의 질투는 지극히 정상이다. 관심과 애정에 대한 욕구를 보여주는 것이기 때문이다.

그러나 어떤 사람들은 질투심을 평생 안고 살아간다. 이러한 감정은 어린 시절에 기인하는 경우가 많기 때문이다. 예를 들어 형제자매 간의 경쟁이 심했던 경우에 그렇다. 형제자매

중 한쪽만 편애하는 부모 밑에서는 관심과 인정에 대한 욕구가 충족되지 않았을 것이고 부모와 안정적인 애착 관계를 형성하지 못했을 것이다.

독이 되는 관계에서는 종종 편집증적인 행동이 나타난다. 정신적 독을 품고 있는 동시에 극도로 질투심이 심한 사람들은 타인을 감시하고 뒤를 밟거나 개인적인 물건을 뒤지고 이메일과 문자 메시지를 몰래 읽는다. 이들은 상대가 감출 것이 없으면 문제가 될 것이 없지 않냐는 논리로 자기 행동을 정당화한다.

야심이 많은 건축가인 마르쿠스는 쾌활하고 사교적인 반면, 매력적인 영업 관리자인 올리버는 세심한 성격의 소유자로 서로에게 끌렸다. 하지만 인스타그램 사진 속의 행복한 모습과 열정적인 사랑이 담긴 연애편지 뒤에는 마르쿠스가 미처 알아보지 못한 독이 되는 역학이 숨어 있었다.

조작의 달인인 올리버는 마르쿠스의 사랑을 교묘하게 이용해서 그를 위험한 질투의 덫으로 유인했다. 올리버의 질투는 처음에는 해로워 보이지 않았다. 그는 마르쿠스에게 자신이 얼마나 사랑하는지, 자신의 곁에 있어줘서 얼마나 고마운지 자주 말했다. 그런데 점점 마르쿠스의 마음을 은근히 불편하게 하는 말들이 더해졌다. 예를 들어 그는 "어제 파티에서 왜 그 남자하고 그렇게 오래 얘기했어?"와 같은 질문을 하고, 마르쿠스의 채팅 내용을 자꾸 확인하려고 했다. 마르쿠스는 이런 질문과 암시에 죄책감을 느꼈고, 자신의 눈에는 올리버밖에 안 보인다고 거듭 말하며 안심시키려고 노력했다. 그러면 올리버는 안심하고 마르쿠스에게 자신의 질투는 사랑의 표시이며 그 사랑을 다른 누구와도 나누고 싶지 않다고 말했다. 마르쿠스는 올리버가 자신을 진심으로 사랑한다고 믿으며 그 말을 그대로 받아들였다.

하지만 시간이 지나면서 올리버의 질투심은 다른 영역으로도 퍼져나갔다. 마르쿠스가 다른 사물이나 활동, 사람에 관심을 돌릴 때마다 올리버는 곧바로 분노를 터뜨렸다. 이제 마르쿠스는 올리버에게 새 일자리에 지원했다는 말조차 할 수 없었다. 그가 혼자서 어떤 결정을 내릴 때마다 올리버의 무자비한 분노가 기다리고 있기 때문이었다. 심지어 마르쿠스가 부모님이나 사촌들을 만나려고 할 때도 올리버는 큰 불만을 드러내며 그를 통제하고 조종하려고 했다.

마르쿠스는 점점 더 불행해지고 사회적 교류가 줄어들며 고립감을 느꼈다. 그러다가 그가 가장 좋아하는 드라마에 열정적으로 빠진 것에 대해 올리버가 과도하게 질투를 보이자 마침내 폭발해버렸다. 마르쿠스는 자신이 한계에 도달했음을 알아차렸다. 올리버는 마르쿠스의 모든 사회 활동과 관심사를 지배하며 자신의 힘을 과시하기 위해 끊임없이 그의 소망과 욕구를 억압하고 있었다.

특히 올리버의 이유 없는 과도한 질투가 두드러지게 나타났다. 때로는 근거 없는 의심만으로도 비방과 언어적 폭력이라는 부정적인 연쇄 반응이 일어났다. 마침내는 온갖 비합리적인 이유를 갖다 붙여서 극단적인 질투를 정당화시켰다.

올리버는 마르쿠스에게 행사하는 권력이 잠재적으로 위협받을 수도 있다는 생각만으로도 그 위협을 실제라고 인식하게 되었고, 그의 뇌를 **독성** 상태에 빠트려버렸다. 그의 질투는 주로 사랑하는 대상에 대한 통제를 잃어버리는 것을 두려워하는 마음에서 비롯되었다. 마르쿠스가 점점 독립적이 되어갈수록 올리버는 그를 잃을까 봐 더 불안해한다. 질투의 극단적인 형태는 사랑의 표현이 아니라 상실에 대한 두려움과 불안의 표현이다. 정신적 독을 품은 사람들의 깊은 불안이 과도한 질투로 위장되어 나타난다. 그들은 주변의 모든 것을 잠재적 경쟁자로 간주한다. 심지어 그것이 자신만의 상상에 기인한 것이라도 말이다.

극단적인 경우 인간관계와 상호작용뿐만 아니라 자신에게 집중하지 못하게 만드는 모든 행동과 관심에도 질투를 표출한다. 부모님 댁 방문, 친구 또는 자녀와의 만남, 심지어 취미 또는 TV 시리즈 시청조차도 경쟁 상대로 여길 수 있다. 이는 나르시시즘적인 분노와 상처로 이어지고, 상대방을 불안하게 만들어 자신에게 더 집중하도록 강요한다. 따라서 질투는 권력수단으로 사용된다. 하지만 장기적으로 보면, 이러한 행동은 인간관계를 서서히 파괴하는 결과를 초래한다.

✕ 병적인 질투의 10가지 징후 ✕

① 그 사람은 지속적으로 당신의 성격과 활동, 옷차림을 비판한다.
② 그 사람은 자신을 제외하고 당신이 다른 사람들과 교류하는 것을 달가워하지 않는다.
③ 그 사람 없이 시간을 보낼 때 그는 당신이 계속 연락하고 보고하기를 기대한다.
④ 당신의 독립성은 강하게 제한되고, 반드시 따라야 할 규칙들이 있다.
⑤ 그 사람은 자신의 규칙을 따르지 않으면 과도하게 반응하고 갈등을 심화시킨다.
⑥ 그 사람은 부정적이고 모욕적인 말로 당신을 끊임없이 불안하게 만든다.
⑦ 그 사람은 삶의 모든 영역에서 당신을 불신한다.
⑧ 당신의 모든 행동이 감시를 당하고 통제를 받는다.
⑨ 그 사람 앞에서 당신은 자기표현과 행동에 심각한 제약을 느낀다.
⑩ 당신은 감정적 협박을 당하고 죄책감을 느끼며 양자택일을 해야 하는 상황에 끊임없이 놓인다.

통제와 권력
- 사회적 고립

독이 있는 관계 구도에서는 관계에 지속적으로 악영향을 미치는 하나의 패턴이 빠르게 형성된다. 정신적 독을 품은 사람은 상대방이 따라야 하는 조건들을 논의 없이 설정한다. 동등한 눈높이에서 이루어지는 합의 따위는 존재하지 않는다. 두 사람의 관계에서는 우월한 위치와 종속적인 위치가 있을 뿐이다.

정신적 독을 품은 사람은 우월한 위치를 점하면서 통제를 유지하고 종속적 위치에 있는 사람 위에 군림하려고 한다. 이러한 상호작용 패턴은 특히 나르시시즘적인 관계에서 흔히 나타난다. 힘의 불균형이 특징이며, 이는 독을 품은 사람이 자신의 우월성을 강화하는 데 도움이 된다. 자신이 상대를 통제하고 권력을 쥐고 있다는 것에서 심리적 안정감을 얻기 때문이다. 상대가 그 기대에 부응해 복종함으로써 명백한 불균형이 발생한다. 그 뒤에는 무의식적인 조작 기술이 감춰져 있는 경우가 많은데, 우월한 위치에 있는 사람이 자아 확장을 위해서 종속되는 위치의 사람을 정신적으로 지배하는 것이다(152쪽 '보이지 않는 동맹: 나르시시즘적 결탁' 참조).

하지만 비록 당신의 경계가 모호해지더라도 아직 게임은 끝나지 않았다. 당신과 당신의 삶에 대한 통제권이 정신적 독을 품은 사람의 손에 완전히 들어가지 않은 이상, 당신은 아직 모든 것을 포기한 게 아니다.

당신에게 '결정할 자유'가 사라지면 당신은 더 이상 아무것도 결정할 수 없게 된다. 사회적 고립이 일상이 되어버린다. 정신적 독을 품은 사람의 질투는 따라야 하는 지침이 되어버리고, 두 사람의 관계가 가장 중요한 만큼 당신은 상대의 감정에 대해 눈치를 봐야 한다. 당신은 더 이상 친구들과 이런 관계에 대해 이야기할 용기도 나지 않는다. 주변 사람들은 당신의 심리적 저항력이 약해진 것을 느끼지만 더는 당신의 이야기를 들을 생각이 없고, 이해하지도 못한다. 왜 그냥 집에서 나가지 않을까? 왜 그냥 직장을 옮기지 않을까? 왜 그 사람과 헤어지지 않을까? 왜 형제자매와 연락을 끊어버리지 않을까? 당신은 수치심을 느낀다.

이러한 힘의 불균형 속에서 상대는 자기 뜻을 관철하려고 한다. 상대는 자신이 원하는 대로 당신이 행동할 때 사랑, 관심 그리고 애정으로 보답을 해준다. 하지만 당신이 그의 뜻을 거역하면 바로 다툼이 일어난다. 그의 목표는 장기적으로 당신의 의지를 꺾어버리고 자신에게 복종하게 만드는 것이다. 당신의 경계는 서서히 무너지다가, 곧 완전히 통제력을 잃게 된다. 고립된 상태에서는 자신이 대체 누구인지, 어떤 사람이 되고 싶은지 점점 더 알 수 없게 된다. 당신은 무기력하고 혼자

남겨졌다고 느낀다.

　30대 초반인 자라와 톰은 겉으로 보기에는 완벽한 부부처럼 보였다. 사업가인 톰은 직업적으로 성공 가도를 달리고 있을 뿐만 아니라 가정의 경제권까지 쥐고 있었다. 부부간의 합의로 내린 결정이었지만 얼마 지나지 않아 건강하지 않은 권력 불균형이 나타나기 시작했다. 자라는 전업주부이자 엄마로서 자신이 해야 할 일에 몰두하고 최선을 다했다. 그녀는 집안을 돌보고 매일 톰을 위해 요리하고 거의 혼자서 한 살짜리 딸의 양육을 도맡았다. 비록 톰이 혼자서 가족의 생계를 책임지고 있지만 자라는 톰이 조금 더 도와주기를 바랐다. 지금은 어찌어찌 혼자서 겨우 해내고 있지만 자신만의 시간을 가질 여유가 전혀 없었다.
　시간이 흐르면서 한때 활발하고 사교적이었던 자라는 점점 위축되어가는데 톰의 통제는 더 심해졌다. 경제권은 그에게 권력을 줄 뿐만 아니라 의존적인 분위기를 조성했다. 결혼 초기에만 해도 전도유망한 경력을 가지고 있던 자라는 점점 적은 돈도 일일이 이유를 설명하고 타내야 하는 상황에 놓였다. 톰은 경제권을 이용해 다른 영역에서도 자기 지배력을 더욱 공고히 했다. 자라는 경제적인 문제가 두려워서 애써 갈등을 피했다. 같은 이유로 톰과 헤어지는 것도 자라의 입장에서는 절대 있을 수 없는 일이었다. 어떻게 혼자서 딸을 양육할 수 있겠는가? 자라의 자존감은 낮아지는 반면에 톰의 통제는 점점 더 심해졌다.

삼각화
- 트라이앵귤레이션

독이 되는 사람들은 조작의 기술을 기가 막히게 잘 다룬다. 그들의 가장 위험한 전략 중 하나가 바로 트라이앵귤레이션 Triangulation이다. 이 방식은 머릿속으로 하는 체스 게임과 유사하다. 정신적 독을 품은 사람이 두 사람의 관계에 의도적으로 제삼자를 끌어들여 불안을 조성한다. 질투하고 경쟁하는 분위기를 만들어 자신의 통제력을 강화하는 것이 목표다. 트라이앵귤레이션은 관계 내에서 피해자를 끊임없는 긴장과 불안에 몰아넣는다. 조작하는 사람은 동료, 이웃, 친구 또는 심지어 가족 구성원까지도 **체스판의 말**로 움직인다. 모두 심리적 드라마를 연출하기 위해 전략적으로 배치되어 궁극적으로 조작하는 사람의 목표를 달성하는 데 이용된다. 무엇보다도 이들을 통해 부추긴 질투심은 가장 효과적인 도구가 된다.

엘리아스는 로펌의 대표로, 매력적이고 카리스마 넘치는 태도로 높은 지위까지 오를 수 있었다. 어느덧 그의 밑에는 그를 우러러보는 많은 직원이 생겼다. 엘리아스는 더 이상 직접 소송을 담당하지 않고 직원들에게 맡겼는데, 직원들은 그의 인정을 받기 위해 열심히 일했다. 엘리아스는 의도적으로 경쟁 상황을 만들어 직원들의 경쟁심을 부추겼다. 특별히 뛰어난 직원 중에 로펌에서 오랫동안 함께 일한 사미르라는 직원이 있었다. 현재 로펌이 재정적으로 좋지 않은 상황이기 때문에 엘리아스는 사미르가 조금 더 열심히 일해주기를 바랐다. 그는 새로 입사한 직원 요하네스를 사미르와 같은 팀으로 배정하고, 두 사람이 함께 사건을 맡도록 했다. 엘리아스는 장황한 말로 요하네스를 칭찬하고 훌륭한 성과를 강조하며 그에게만 관심을 주었다. 반면 사미르는 거들떠보지도 않았다.

엘리아스는 자기 마음대로 칭찬과 비판에 차등을 두어 직원들을 대하며 의도적으로 통제권을 행사했다. 그는 심리학적으로 봤을 때 트라이앵귤레이션을 사용하여 사미르의 자존감을 불안정하게 만들고, 러브 바밍으로 요하네스를 쥐락펴락했다. 사미르는 팀 내에서 자신의 위치에 불안을 느끼고 자신의 가치를 제대로 평가받지 못하자 인정 욕구가 커졌다. 엘리아스는 사미르와 요하네스의 (감정적) 반응을 교묘히 조작해 자신의 권력을 강화하고 목표를 달성했다.

겉으로는 그렇게 보이지 않지만 요하네스 역시 이 역학에서 하나의 말로 이용되었다. 삼각관계로 조성된 불안은 팀 전체를 악순환으로 몰고 갔다. 직원들은 서로를 불신하고 동료를 경쟁자로 바라보게 되었다. 모두가 사건을 성공적으로 처리해 엘리아스의 칭찬과 인정을 얻으려고 애썼다. 이러한 형태의 조작은 팀워크와 결속력을 약화시킬 뿐만 아니라 전체 업무 환경에 대한 엘리아스의 권력과 통제력을 강화시킨다.

엘리아스는 이 삼각관계에서 요하네스에게 의도적인 칭찬과 관심을 쏟아부어 사미르의 질투심에 불을 지핀다. '왜 요하네스는 저렇게 많은 관심을 받고 나는 그렇지 못할까?' 사미르는 의문이 생긴다. 여기에는 대표의 권력이 교묘히 작용하며, 트라이앵귤레이션은 두 직원을 피해자이자 경쟁자로 전락시킨다. 정신적 독을 품은 엘리아스는 관계의 역학이 변하는 모습을 관찰하고 즐긴다. 주도권을 쥐고 있는 그는 이제 마음대로 조작할 수 있다. 불안이 커질수록 그가 가지고 노는 '말'의 감정적 반응에 대한 통제력도 함께 증가한다.

트라이앵귤레이션을 이해하기 위해서는 인간 심리의 심연을 들여다볼 필요가 있다. 엘리아스가 불을 지핀 사미르의 질투심은 인정과 확인에 대한 인간의 근본적인 욕구에 기반한다. 조작하는 사람이 의도적으로 한 사람에게만 관심을 집중함으로써 다른 한 사람에게서 존중에 대한 갈망을 불러일으킨다. 그 결과, 눈에 띄고 인정받고자 하는 욕구가 엄청나게 강화된다. 동시에 트라이앵귤레이션의 두 피해자는 서로를 이기려는 경쟁 상황에 놓인다. 동료, 친구 또는 가족들조차 조작하는 사람의 호의를 얻기 위해 경쟁의 미궁에 빠지게 된다. 이러한 역학은 조작하는 사람의 통제력을 강화하는 동시에 자기 인식을 취약하게 만든다. 피해자는 외부의 찬사를 추구할 뿐만 아니라, 내적인 확인도 갈망한다.

조작하는 사람은 트라이앵귤레이션을 무엇보다 자기 조절의 수단으로 사용한다. 다른 사람들이 자신의 호의를 얻기 위해 경쟁하는 환경을 조성함으로써 자신의 자존감이 올라가는 경험을 하는 것이다. 그 과정에서 독이 퍼지듯 분위기는 엉망이 되어 협력 또는 단체 생활은 무너지고, 조작하는 사람은 자신이 직접 만든 혼돈 위에서 권력을 누리며 군림한다.

사랑의 거울:
나의 그림자 들여다보기

　　인간관계는 우리 성격의 가장 깊은 단면을 보여주는 경우가 많다. 우리는 무엇보다 다른 사람의 독이 있는 행동을 지적하는 데 집중한다. 하지만 우리 자신의 내면에 있는, 문제적인 인간관계를 유발하는 요인들을 알아차리는 것도 중요하다. 우리는 누구나 어떤 상황에서 독이 될 수 있는 학습된 행동 패턴과 특성을 내면에 감추고 있다. 심리학에서는 **반복되는 관계 패턴**이라는 개념을 자주 언급한다. 이에 따르면 사람들은 이전의 관계에서 경험했던 익숙한 패턴을 반복하는 경향이 있다. 특히 연인 관계에서 그렇다. 우리의 관계를 치유하고 개선하기 위한 첫 번째이자 가장 중요한 단계는 자기 성찰과 자기 인식이다. 우리는 자신을 들여다보고 그림자를 직시할 준비가 되어 있어야 한다.

사람은 누구나 어느 정도의 불안을 품고 살아간다. 어떤 부모든 어린아이였던 시절이 있으며, 다양한 주변 환경과 사람들의 영향을 받았다. 자신의 불안 때문에 인간관계에서 끊임없이 확인을 갈망하게 될 수 있다. 그것도 때로는 건강하지 않고 독이 되는 방식으로 말이다. 아직 해결하지 못한 트라우마, 고통스러운 기억, 이전의 경험들은 간접적으로 우리를 이전과 같이 건강하지 않은 관계에 빠지게 만들 수 있다. 또한 미숙한 의사소통 방식도 계속해서 오해와 갈등을 불러일으킬 수 있다.

그리고 그 이면에는 사람들이 흔히 자신과 비슷한 사람들을 자기 삶에 끌어당긴다는 흥미로운 심리적 역학이 존재한다. 여기에는 다양한 요인이 있다. 파트너를 선택할 때의 역학과 결정은 대개 무의식적으로 이루어진다. 하지만 우리가 왜 그 사람에게 끌리는지 알아차리게 되면 우리는 의식적인 결정을 내릴 수 있고, 아마도 더 건강한 관계를 발전시킬 수 있을 것이다. 그러기 위해서 다양한 애착 유형을 좀 더 살펴봐야 한다. 사람들이 서로 관계하고 행동하고 반응하는 방식에 대해 자세히 알아보자.

× × ×

사랑의 요람:
어린 시절의 애착 유형과 부모와 자녀 관계의 중요성

부모와 자녀의 관계는 한 사람이 고유한 개성을 가진 성인으로 성장하는 데 중요한 역할을 한다. 부모는 주 양육자로서 관계에서의 사랑, 갈등 해결, 지지를 어떻게 이해하고 실행해야 하는지 보여준다. 그래서 우리의 어린 시절에, 특히 주 양육자와 어떤 애착 관계를 형성했는지가 이후 우리의 관계 형성에 영향을 미친다. 파트너를 선택할 때 부모가 롤모델이 되고 파트너와의 관계 형성에도 핵심적인 역할을 하는 것이다. 전문가들은 이를 **작동 모델의 내재화**라고 부른다.

이에 따르면 사람들은 어린 시절에 경험했던 것과 유사한 관계 패턴을 무의식적으로 찾는 경향을 보인다. 예를 들어, 어린 시절에 안전하고 보호받았다고 느낀 사람들은 비슷하게 안정과 신뢰를 느끼게 해주는 파트너에게 끌릴 가능성이 더 높다. (그러나 항상 그렇지는 않다는 사실을 73쪽 '보이지 않는 실: 무의식적 과정과 각인'에서 확인할 수 있다.)

애착은 인간의 기본적인 욕구이며, 먹고 마시고 자는 것만큼이나 생존을 위해 중요하다. 우리의 애착 체계는 생물학적으로 고정된 메커니즘으로 진화 과정에서 발전해온 것이다. 영유아가 주 양육자(일반적으로는 부모)와 형성하는 친밀한 유대감은 아이에게 편안함, 보호와 영양을 제공하고 아이의 신체적, 심리적 안정을 보장한다. 영국 출신의 소아과 의사이자 정신과 의사, 정신분석가인 존 볼비John Bowlby의 애착 이론은 인간의 발달에서 유아기 애착의 근본적인 중요성을 강조한다. 그리고 이를 통해 다른 사람과의 관계에서 행동이 어떻게 형성되고 유지되는지 보여준다.

부모와 친밀하고 안정적인 애착을 형성한 아이들은 세상에 나갔을 때 신뢰와 안정감, 지지를 좀 더 잘 찾게 된다. 애착 이론에 따르면 우리는 살아가면서 우리 자신과 타인에 대한 특정한 생각들을 발전시키고, 이러한 생각들은 애착의 내적 작동 모델로 응축된다. 애착의 내적 작동 모델은 유아기에 이미 비교적 안정되며 나중에 다른 사람과 관계를 맺는 방식에 영향을 미친다. 우리의 첫 애착 경험은 살아가면서 맺게 될 다른 사람과의 관계에서 본보기가 된다. 즉 어린 시절의 경험은 이후의 모든 인간관계에서 우리의 행동에 영향을 미치고, 그 관계에서 우리 자신을 어떻게 바라보는지도 결정한다.

심리학에서 부모와 자녀 간 애착 관계의 다양한 특성에 관해 연구하고 측정해온 역사는 오래되었다. 이 분야의 선구적인 연구 중 하나는 1978년에 메릴랜드주 볼티모어에 있는 존

> ✕ **애착의 내적 작동 모델** ✕
>
> 애착의 내적 작동 모델은 자신에 대한 생각과 이 관계에서 타인의 역할에 대한 생각으로 구성된다. 애착 체계는 생애 초기에 발달한다. 신생아 시기 생후 몇 개월 동안 주 양육자와 긴밀한 유대감을 형성하고, 시간이 지남에 따라 어린아이들은 위로, 안전, 지지가 필요할 때 부모에게 다가가는 방법을 배운다.

스홉킨스대학교에서 메리 에인스워스Mary Ainsworth 교수와 그녀의 동료들이 발표한 연구다. 에인스워스는 획기적인 연구를 통해 애착 체계를 기반으로 하는 다양한 애착 유형이 존재한다는 사실을 발표했다. 어린아이가 생애 초기에 부모와 함께한 경험들은 아이의 기대를 만들어내고 미래의 관계에서 어떻게 행동할지를 결정짓는다. 따라서 이는 아이가 자신의 가치를 어떻게 인식하고 스스로를 사랑과 관심을 받을 자격이 있다고 여기는지에 대한 기초를 형성한다.

 에인스워스는 기본적으로 애착 유형을 세 가지로 구분한다. 안정형 애착, 회피형 애착 그리고 불안-양가형 애착이다. 1985년에 네 번째 애착 유형이 추가되었는데, 바로 혼란형 애착이다. 어린 시절의 애착 유형은 부모의 상호작용과 행동에 의해 크게 영향을 받는다.

- **안정형 애착**: 유년 시절 부모에게 사랑과 보살핌을 받으면 긍정적인 내적 작동 모델이 발달한다. 안정형 애착은 주 양육자가 영아의 요구에 일관되고 민감하게 반응할 때 형성된다. 아이는 자신이 가치 있고 사랑받고 소중하다고 느낀다. 아이는 자신의 개인적인 욕구들이 부모를 통해 충족될 수 있다는 것을 안다. 안전형 애착은 애착 체계를 적절하게 활성화한다. 즉, 아이들은 관계에서 건강한 수준의 친밀감과 독립성을 경험한다. 아이들은 자율적이면서도 동시에 연결되어 있다고 느낀다. 부모는 아이가 무서워하거나 불안해할 때 아이를 위로하고 지지한다. 부모는 신뢰와 정서적 친밀함이 바탕이 되는 따뜻하고 사랑이 가득한 환경을 조성한다.

- **회피형 애착**: 불안정하거나 문제가 있는 환경에서 자란 아이들은 덜 긍정적인 내적 작업 모델을 만드는 경우가 많다. 이들은 자신이 사랑과 지지를 받을 자격이 없으며 관계는 실망이나 고통으로 특징지어진다고 생각한다. 회피형 애착 유형의 경우에는 애착 체계가 충분히 활성화되어 있지 않다. 주 양육자가 신생아의 욕구에 감정적인 반응을 보이지 않으면 회피형 애착이 형성될 수 있다. 부모는 거리를 두고 아이의 감정에 무감각하게 반응한다.

이런 애착 유형에 속하는 아이들은 친밀감과 애착에 대한 욕구를 억누르는 경향이 있다. 이들은 스스로에게 의지해야 한다는 느낌을 받는다. 이들은 친밀한 연인 관계에서 감정적으로 마음을 열기가 어렵다고 느끼며 독립성을 강조하려고 애쓴다. 친밀감과 위안에 대한 아이의 욕구는 되도록 억누르거나 최소화되면서, 무의식적으로 자율성이 지나치게 강조된다. 부모도 정서적 친밀감에 어려움을 느끼고 갈등을 회피하는 경향이 있다.

- **불안-양가형 애착**: 불안-양가형 애착은 애착 체계의 과잉활성화와 관련이 있다. 주 양육자가 신생아의 욕구에 예측할 수 없게 반응할 때 나타난다. 부모가 때로는 아이를 매우 주의 깊고 세심하게 보살피다가 때로는 거리를 두거나 거부하는 태도를 보인다. 그래서 부모는 아이의 기본적인 욕구를 알아차리지 못하는 경우가 많아서 지속적인 정서적 지원을 어려워한다. 이러한 애착 유형에 속하는 아이들은 친밀감과 유대감을 갈망하지만, 거절이나 상실에 대한 불안을 가지고 있는 경우가 많다. 이들은 관계에서 큰 불안과 두려움을 경험한다.

- **혼란형 애착**: 이 유형은 애착과 친밀감과 관련해서 혼란

을 보이는 것이 특징이다. 특히 신생아가 극도로 불안정하거나 충격적인 환경에서 자랄 때 발생한다. 예측할 수 없거나 학대적으로 행동하는 부모 밑에서 아이는 어릴 때부터 모순된 신호와 행동 방식에 직면하게 된다. 대부분의 경우, 부모 자신도 트라우마 경험이 있어서 아이와 안정적이고 지속적인 유대감을 형성하는 데 어려움을 느낀다. 이런 아이들은 관계에서 당혹스러워하고 혼란스러워한다. 애착과 안전에 대한 명확한 기준점을 배우지 못했기 때문이다. 자신이 맺고 있는 관계에서 예측할 수 없는 행동을 보이는 경우가 많으며 명확한 패턴을 확립하는 데 어려움을 겪는다.

부모와의 관계가
파트너 선택에 미치는 영향

우리의 어린 시절에 형성되는 애착 유형은 일종의 **심리적 유산**으로 우리가 성인이 될 때까지 따라다닌다. 이후의 경험이 우리의 애착 행동에 변화를 불러올 수 있다고 하더라도 애착의 기본 작동 모델은 원형으로서 핵심을 유지한다. 우리는 성인이 되어서 맺는 관계에서도 어린 시절 부모로부터 경험했던 안전감, 안정감 그리고 친밀감과 같은 감정을 찾는다. 따라서 사람마다 애정, 친밀감, 자율성에 대한 욕구가 다르다.

심리학자 에바 노이만Eva Neumann 박사는 이 주제와 관련해서 많은 연구를 진행했는데, 부모의 애착과 애정이 성인기의 정서적 건강과 평안에 얼마나 중요한지를 강조했다. 어렸을 때 부모에게 받은 보살핌의 질과 어린 시절에 사랑과 지지를 경험한 방식은 나중에 애정 관계에서의 행동과 기대에 엄청난 영향을 미친다.

미국 심리학자이자 정신과 교수인 신디 하잔Cindy Hazan과 필립 R. 셰이버Phillip R. Shaver는 부모-자녀 애착 유형이 성인기의 연인 관계에 어떻게 전이되는지 보여줌으로써 애착 모델을 확장했다. 안정형, 불안형, 회피형이라는 세 가지 주요 애착 유형은 본질적으로 어린 시절에 형성된 패턴이다.

× × ×

- **성인기의 안정형 애착**: 안정형 애착에 속하는 성인들은 일반적으로 관계에 대해 긍정적이고 건강한 시각을 가지고 있다. 이들은 대체로 안정된 자존감을 가지고 있으며 자신과 타인을 신뢰할 수 있다. 연인 관계에서 거절이나 상실에 과도한 두려움을 느끼지 않는다. 이러한 안정감

은 갈등을 건설적으로 극복하고 친밀감을 즐길 수 있게 해준다. 전반적으로 관계에 대한 확신과 낙관주의적 견해를 가지고 있다.

- **성인기의 회피형 애착**: 회피형 애착에 속하는 사람들은 정서적으로 가까워지는 것, 의존도가 높아지거나 친밀해지는 것을 피하는 경향이 있다. 이들은 자신의 욕구를 혼자서 가장 잘 충족시킬 수 있다고 느낀다. 그래서 이들은 친밀한 정서적 유대로부터 거리를 두며, 관계 내에서의 갈등을 회피하려고 한다. 연인 관계에 대한 이들의 견해는 일반적으로 거리감과 독립성으로 나타난다. 이들은 정서적 유대를 약점으로 여기며 자율성을 가장 좋은 것이라고 생각한다. 이들은 연인 관계에서 상대의 욕구보다 자신의 욕구를 우선시하는 경우가 꽤 많다.

- **성인기의 불안형 애착**: 이 유형에 속하는 사람들은 친밀감과 유대감을 갈망하지만 동시에 상실이나 거절을 크게 두려워한다. 이들은 연인 관계에서 불안해하고 초조해하며 끊임없이 외부로부터의 확인과 관심을 갈구한다. 이들은 연인 관계에서 열정적이고 강렬한 사랑을 하지만 그럼에도 때때로 강한 의심을 품고 파트너를 압박하는

경향이 있다. 연인 관계에 대한 이들의 견해는 걱정과 불안이 특징이다. 이 유형에 속하는 사람들은 대개 자신이 충분하지 않거나 사랑받을 만한 자격이 없다고 생각한다. 그러므로 이들은 끊임없이 파트너의 사랑과 관심을 얻기 위해 싸워야 한다는 느낌을 받는다.

애착 유형이
사랑의 길잡이가 될까?

그렇다면 우리가 누구를 그리고 무엇을 끌어당기는지는 오로지 우리의 유년 시절이 결정하는 것일까? 우리의 애착 유형은 일찍이 고정되고 돌이킬 수 없는 것일까? 실제로는 변화와 적응의 여지가 있다. 어릴 때 각인된 것들은 필연적으로 흔적을 남기며 이후 관계에서 우리가 행동하고 유대감을 형성하는 방식에 영향을 미치지만, 우리의 애착 유형은 돌에 영원히 새겨져 있는 것이 아니다. 우리는 더 건강한 애착 모델을 만들어갈 수 있는 사회적 지능과 정서적 지능, 관계를 개선해나갈 능력을 갖추고 있다. 어린 시절에 회피 성향을 보였던 사람은 어느 정도 수준의 안정형 애착까지 변화할 수 있다. 이는 불안형 애착에도 마찬가지로 적용된다. 원래 불안형 애착에 속했던 사람은 의도적인 노력을 통해 안정형 애착으로 갈 수 있다.

그런데 애착 유형은 인생을 살아가면서 부정적인 방향으로 변할 수도 있다. 어린 시절에 안정형 애착을 형성한 사람이 나중에 안 좋은 경험으로 인해 회피형이나 불안형 애착에 빠질 수 있다. 예를 들어, 상사가 자신을 무례하게 대하는 경험을 자주 하게 되면 이것이 권위에 대한 일반적인 불신으로 이어질 수 있다.

> × 당신은 어떤 애착 유형에 속하는가? ×
>
> 이제 당신의 어린 시절의 경험이 당신의 애착에 어떤 영향을 미쳤을지 알아보자. 다음 질문들을 통해서 당신의 애착 행동에 대한 단서를 찾을 수 있다.
>
> - 당신은 어린 시절의 경험이 현재 인간관계의 애착에 어느 정도 영향을 미쳤다고 생각하는가? 그때 어떤 결정적인 순간이나 관계 역학이 현재의 애착 행동에 영향을 미쳤다고 생각하는지 간단히 설명해보자.
> - 과거 또는 현재의 인간관계 경험이 새로운 관계에서 당신이 갖게 되는 선입견이나 기대를 형성하는 데 어떤 역할을 한다고 생각하는가? 과거의 관계가 현재 당신의 인식과 기대에 어떤 영향을 미치는지 구체적인 예를 들 수 있는가?
> - 어린 시절의 경험과 과거의 관계 외에, 애착을 형성하는 다른 요인들도 있다. 직업적 또는 사회적 경험들같이 현재 당신의 사회적 상

> 호작용에서의 행동에 중요한 영향을 미치는 것이 있는가?
>
> 이런 간단한 통찰만으로 당신에게 정확한 진단을 제공할 수 없다는 점을 짚고 넘어가겠다. 다만 인간관계에서 당신의 행동을 조금 더 잘 이해하거나 수용하는 데 도움이 될 것이다. 정확한 평가와 진단은 심리학자, 심리 치료사 또는 정신과 의사만이 할 수 있다는 점을 명심하기 바란다. 그렇지만 애착 연구의 세계에 들어가, 최종 결론을 내리지는 않더라도 당신의 애착 행동을 되돌아볼 수 있다.

회피형이 불안형과 만나면
- 애착 유형의 관계적 역학

사람들이 관계를 맺는 방식은 항상 놀랍고 순전히 우연처럼 보이기도 한다. 하지만 심리학자 리 커크패트릭Lee Kirkpatrick과 키스 데이비드Keith David는 이미 1994년에 회피형 애착에 속하는 사람들이 불안형 애착의 사람들과 사귀는 경우가 많다는 사실을 관찰했다. 이러한 관계에서는 일종의 악순환이 만들어진다. 한쪽은 친밀감을 피하며 상대방을 밀어내고, 다른 한쪽은 친밀감을 추구하며 안정감을 느끼기 위해서 더 많은 시간을 함께하기 원하고 애정을 갈망한다. 서로 다른 욕구는 갈등을 불러일으키며, 이때 집착과 거리두기는 더욱 강화된다. 이러한 관계는 마치 롤러코스터를 타는 것처럼 감정의 기복이 심하다는 특징이 있다.

회피형 애착이 친밀감에 대처하는 방법
- 비활성화 전략

비활성화 전략은 사람들이 인간관계에서 자신들의 감정적인 욕구와 애착 체계를 제어하기 위해 만들어내는 심리적 기제다. 비활성화 전략의 한 가지 예를 들자면, 불안이나 위협을 느낀 사람이 잠재적인 상처로부터 자신을 보호하기 위해서 감정적으로 거리를 두거나 뒤로 물러나는 것이다. 이들은 나약해 보이지 않기 위해서 자신의 감정을 애써 무시하거나 최소화한다. 또는 감정적으로 스트레스를 받는 상황에 대해 생각하지 않으려고 일부러 주의를 다른 곳으로 돌리려고 한다. 이러한 전략의 목적은 의존하려는 마음이나 쉽게 상처받는 감정을 줄이는 것이다. 특히 회피형 애착에 속하는 사람들이 이 전략을 잘 쓴다는 특징이 있다.

비활성화 전략을 쓰는 사람들은 자신의 감정적 욕구를 경시하거나 심지어 완전히 부정하는 경향이 있다. 이들은 관계에서 친밀감과 애정에 대한 자신의 욕구를 표현하는 데 어려움을 느낀다. 그래서 잠재적 파트너에게 자신의 감정과 욕구를 전달하지 않은 채 언젠가 만나게 될 **운명의 상대**를 기다리는 경우가 많다. 회피형 애착에 속하는 사람들은 가까운 감정적 관계로부터 뒤로 물러서기를 반복한다. 친밀감이 자신의 독립성을 위협한다고 인식하기 때문이다. 그래서 비활성화 전략의 중심에는 독립성과 자율성의 강조가 자리한다. 그 결과 친밀한 관계와 더 깊은 감정적 유대를 맺는 데 어려움을 겪을 수 있다.

> ✕ **관계에서의 비활성화 전략** ✕
> - 친밀(유대감 형성)한 순간 이후에 더 감정적으로 거리를 둠
> - 함께 하는 활동을 계획할 때 회피하거나 망설임
> - "사랑해"라는 말을 피함
> - 신체적 접촉 및 친밀감을 피함
> - 갈등 상황에서 침묵하거나 감정적으로 벽을 세움

두려움과 갈망 사이
- 불안하게 집착하는 행위

거절과 상실에 대한 두려움이 특징인 불안형 애착은 연인 관계에서 회피형 애착과는 완전히 다른 행동 패턴을 보인다. 불안형 애착에 속하는 사람들은 거절에 대한 두려움을 완화하

기 위해서 강하고 과도하게 친밀감을 추구한다. 그래서 파트너에게 집착하는 경우가 많고, 확인과 안심을 갈망한다. 명확한 징후가 없어도 마음속 깊은 곳에는 언제나 버림받을지도 모른다는 강한 두려움이 도사리고 있다. 이러한 두려움은 불안을 키우고, 확인에 대한 끊임없는 욕망으로 이어져 언어적 또는 신체적 애정의 신호를 갈구하게 된다.

불안형 애착에 속하는 사람들은 자신의 두려움을 증폭시킬 만한 모든 신호에 아주 예민하게 반응한다. 또한 어떤 신호를 과도하게 해석하는 것도 전형적인 특징이다. 파트너의 행동을 집중적으로 분석하고 아주 사소한 변화나 눈에 띄지 않는 미미한 행동조차도 거절로 해석하곤 한다. 그 결과 이러한 애착 유형의 사람들에게 자존감 문제가 자주 나타난다. 이 유형에 속하는 사람들은 자기 효능감에 의문을 품고 자신이 사랑받을 만한 자격이 있는지 의심한다. 이는 결국 불안과 상실에 대한 두려움이라는 악순환으로 이어질 수 있다. 그리고 이로 인한 정서적 불안 때문에, 파트너가 감정적으로 거리를 둘 때 특히 안정감을 찾기 몹시 힘들어한다. 그래서 불안형 애착에 속하는 사람들은 불안을 극복하기 위해 파트너의 행동을 통제하려는 행동을 보이기도 하지만, 이러한 시도는 장기적으로 관계에 긴장감을 유발한다.

회피형 애착에 속하는 사람들은 어떤 문제나 갈등이 있을 때 일정한 거리를 두거나 냉담한 태도를 보이는 것이 특징이다. 이러한 행동은 관계에 상당한 어려움을 초래하며, 특히 파트너가 불안형 애착에 속하는 경우 더욱 문제가 된다. 불안형 애착에 속하는 사람들은 일반적으로 문제나 갈등이 발생했을 때 오히려 접촉과 친밀감을 추구하며 적극적으로 해결하기를 기대한다. 이는 일종의 보호와 안전을 확보하려는 행동이다. (안정형 애착에 속하는 사람들도 비슷한 경향이 있다.) 그러나 문제가 발생하면 뒤로 물러서는 회피형 애착에 속하는 파트너는 이렇게 친밀감을 추구하는 것을 이해하지 못하거나 거부감을 느낄 수 있다.

이처럼 서로 다른 두 가지 애착 유형에 속하는 사람들이 사용하는 전략이 매우 다름에도 두 유형 모두 궁극적으로는 친밀감과 자율성 사이의 균형을 추구한다. 불안형 애착에 속하는 사람과 회피형 애착에 속하는 사람끼리 서로 끌리는 것은 일종의 상호 보완적인 역학, 이른바 '밀당 효과(접근-회피 역동성)' 때문이다. 불안형 파트너가 친밀감을 형성하려고 다가갈 때 회피형 파트너는 물러나려고 한다. 관계 내에서 끊임없이 '밀당'이 일어나게 된다. 불안형 애착에 속하는 사람은 회피형 파트너의 다가가기 힘든 분위기에 끌리고, 회피형 애착에 속하는 사람은 불안형 파트너의 강렬한 감정 표현에 매력을 느낀다. 이때 불안형 애착과 회피형 애착에 속하는 사람들은 무의식적으로 서로의 역할을 강화시키며 관계를 지속한다.

×××

보이지 않는 실:
무의식적 과정과 각인

투사는 무의식적인 기제로 자신의 특성, 생각, 감정 등을 다른 사람에게 전가하는 것이다. 이렇게 해서 잠재적 파트너, 가족 구성원, 동료, 상사, 교사 또는 교수에 대한 인식과 결정이 왜곡되거나 영향을 받을 수 있다. 인간은 애착 대상에게서 긍정적이든 부정적이든 자기 부모와 비슷한 특징을 찾으려고 하는 경향이 있다. 특히 파트너를 선택할 때 부모가 형성했던 애정 관계 그리고 부모-자녀 관계의 패턴을 반복하게 된다.

- **부모와 닮은 사람을 찾는 심리**: 부모 동기화 역학은 부모나 부모 중 한 사람과 매우 닮은 파트너를 찾을 때 나타난다. 예를 들어, 부모의 사랑과 지지를 받고 화목한 관계에서 자란 사람은 자기 부모와 유사한 긍정적인 자질, 특성 또는 도덕적 가치관을 가진 파트너를 선택하는 경향이 있다. 이 파트너는 어린 시절의 친숙하고 지지적인

환경을 보여주고 현재의 삶에서 안전한 기반이 된다. 부모와 닮은 파트너를 선택하는 것은 부모가 긍정적인 본보기가 된 자연스러운 결과일 수 있다.

이는 어린 시절의 좋았던 경험을 계속 이어가고 안전과 신뢰를 바탕으로 관계를 발전시키고자 하는 욕구에 기반한다. 사랑이 넘치는 부모 밑에서 자란 사람은 건강한 자존감을 가지고 있는 경우가 많으며 자신이 사랑받을 자격이 있다는 믿음을 가지고 있다. 이들은 관계에서 편안함을 느끼고 갈등을 건설적으로 해결할 수 있다.

- **부모와 다른 사람을 선택하는 심리**: 다른 한편으로는 부모 비동기화 역학이 나타날 수도 있다. 지배적이고 비판적인 부모 밑에서 자란 사람은 부모와 정반대인 파트너에게 끌린다. 이들은 부모의 역기능적인 특성으로부터 적극적으로 거리를 두려고 결심한다. 정반대의 선택으로, 부모와는 다른 역학을 경험하고 발전시키기 위한 시도라고 볼 수 있다.

억압적인 환경에서 자란 사람은 연인 관계에서 자유와 자율성을 펼칠 필요성을 느끼기 때문에 보다 더 여유롭고 편안한 파트너를 찾는다. 어린 시절의 유해한 패턴에서 벗어나기 위해 의식적으로 이런 선택을 한다.

예를 들어, 알코올 의존증 부모 밑에서 자란 아이는 극도로 힘든 어린 시절을 보낸다. 이 경험은 상당히 강력해서 훗날 파트너 선택에 영향을 미칠 수 있다. 선택은 부모와 닮은 사람(동기화)일 수도, 부모와 다른 사람(비동기화)일 수도 있다. 비동기화의 경우, 어린 시절의 트라우마를 상쇄하기 위해 안정적이고, 위로가 되며, 지지해주는 파트너를 선택하려 한다. 이런 파트너가 안전한 기반을 만들어주고 포근한 안식처가 되어줌으로써 알코올 의존증이었던 부모와 정반대의 모습을 보여준다. 비동기화는 고통스러운 과거로부터 벗어나기 위한 방어기제로, 관계가 처음부터 건강한 기반에서 시작되게 한다. 하지만 어린 시절에 겪은 고통에도 불구하고 부모와 닮은 사람을 선택하는 경우도 있다. 이들에게는 이미 익숙한 독이 되는 관계 패턴이 예측 가능성과 체계를 제공하기 때문이다.

독이 되는
연애 패턴의 반복

　　정신적 독을 품은 사람들과 엮이는 많은 사람이 과거의 고통스러운 기억을 안고 살아간다. 이러한 경험은 신체적·정신적 폭력, 거부, 배척에서부터 모욕과 이별에 이르기까지 다양하다. 이렇게 각인된 경험들은 우리의 행동에 영향을 미치고 흔적을 남기며 무의식적으로 우리의 인간관계를 형성한다.

　　애착 이론에서 중요한 발견 중 하나는 사람들이 어린 시절의 패턴을 인간관계에서 무의식적으로 반복한다는 것이다. 역기능적인 부모를 닮은 역기능적인 파트너를 선택하는 것은 복잡하고 다층적인 현상이다. 사람들은 어린 시절의 독이 되는 관계와 유사한 관계를 계속해서 반복적으로 맺는다. 당사자는 현재의 관계도 결국 과거의 모든 만남과 마찬가지로 **부정적**으로 끝날 거라고 믿는다. 또다시 착취당하거나, 버림받거나, 상처받거나, 거절당할 것을 예상하고 있다. 이러한 비관적 시각은 이들의 사고방식과 상대방과의 상호작용에도 영향을 미친다. 예를 들어, 어린 시절 갈등을 회피하거나 감정을 닫는 법을 배운 사람들은 이후의 관계에서도 비슷한 행동을 보이게 된다.

특정 성격 유형이나 행동 방식에 대한 선호는 무의식적인 경우가 많다. 우리는 보통 어린 시절 경험한 성격이나 특성을 가진 사람에게 끌린다. 이러한 선호는 과거의 경험으로 형성되며 어떤 사람과 어떤 행동을 매력적으로 느끼는지에 영향을 미친다.

그렇다면 왜 어떤 사람은 알코올 의존증 부모 밑에서 자랐음에도 성인이 되어 알코올 의존자를 파트너로 선택하는 걸까? 어린 시절의 경험은 성격, 신념, 자기 행동 패턴에 지속적인 영향을 미친다. 아이들은 적응력이 매우 뛰어나서 자신에게 주어진 가정환경 안에서 살아남는 방법을 배운다. 알코올 의존증 부모가 있는 환경에서 아이가 경험하는 혼란, 분노, 죄책감, 슬픔과 같은 다양한 감정은 아이가 스스로 이런 상황을 극복할 방법을 찾게 만든다. 아이는 더 큰 문제를 일으키지 않기 위해서 자신의 욕구와 감정을 억누르는 법을 배우는 경우가 많다.

역기능적이지만 부모와 닮은 파트너를 선택하는 주된 이유 중 하나는 익숙함이 일종의 안정과 안전을 주는 것처럼 느껴지기 때문이다. 사람은 자신이 이미 알고 있고 이해할 수 있는 것에 끌린다. 불확실한 새로운 것보다 이미 경험이 있는 익숙한 것이 더 안전하다고 느낀다. 이 경우, 아이는 직접적인 경험을 통해 알코올 의존자와의 관계 역학을 이미 잘 알고 있다. 그 경험이 매우 고통스러웠음에도 그 길을 다시 선택하게 된다. 이러한 패턴은 어느 정도 예측 가능하고 통제할 수 있다는 착각과 함께 편안함을 제공하기 때문이다. 낯선 위험을 감수하기보다 자신이 이미 알고 있고 통제 가능하다고 여기는 것에 매달리게 된다. 익숙함을 찾는 심리는 아이가 자라서도 알코올 의존증 부모와 비슷한 역기능적 행동을 보이는 사람에게 무의식적으로 끌리게 만든다.

　이는 다른 정신적·정신의학적 질환 또는 폭력을 경험한 경우에도 비슷하게 나타난다. 해로울지언정 자신에게 익숙한 안전지대에 머물기를 선호하는 것이다.

**　부모와 닮은 사람을 반복적으로 선택하는 것은 이미 익숙한 것을 끌어안고 싶은 욕구에서 비롯된다.**

　사랑이란 관계에서 신뢰할 수 없는 것이고 때로는 폭력이나 모욕까지도 경험하는 것이라고 배운 아이는, 이러한 형태의 사랑을 정상적이고 수용 가능한 것으로 내면화할 수 있다. 이런 아이들 중 처벌을 예상하며 늘 불안해하는 아이는 복종하고 모든 것을 완벽히 해내려는 경향을 보인다. 또 생존을 위한 싸움만이 도움이 된다고 배운 아이는 더 공격적으로 행동하려고 한다. 왜곡된 사랑의 정의는 청소년기의 연애에서도 반복될 수 있다. 청소년기 연애에서 배신을 당하거나 고통스러운 경험을 한 사람들은 다시는 같은 상처를 받지 않기 위해 파트너를 통제하려는 행동을 보이기도 한다. 이처럼 과거의 경험은 무의식적으로 현재의 관계에서 되풀이된다.

예를 들어 파트너를 끊임없이 의심하는 사람은 결국 그 파트너가 실제로 바람을 피우거나 공격적으로 반응할 위험이 있다. 지속적으로 파트너를 통제하려는 사람은 일반적으로 더 큰 저항에 부딪치게 된다. 그리고 파트너에게 지나치게 매달리며 과도한 친밀감으로 숨 막히게 하는 사람은 결국 그 사람을 잃을 위험에 처한다. 우리는 흔히 무의식적으로, 우리가 실제로 피하고 싶은 바로 그 행동 패턴을 유발한다. 이러한 패턴은 대개 과거 경험의 반복이며 당사자에게 높은 수준의 고통을 안겨준다.

트라우마 본딩:
중독적이고 파괴적인 유대와
호르몬의 여정

독이 되는 관계는 종종 중독처럼 느껴질 수 있다. 당사자들은 자신들도 모르게 서로에게 의존하게 된다. 트라우마 본딩Trauma Bonding이란 오랫동안 지속된 고통스럽고 역기능적인 관계에서 형성되는 두 사람 사이의 강한 감정적 유대를 의미한다. 이러한 유대는 관계 내에서 발생한 트라우마적인 사건들로 촉발된 강렬한 감정에 뿌리를 둔다. 트라우마 본딩에 얽힌 사람은 그 관계가 자신의 자존감과 행복에 아무리 부정적인 영향을 미치더라도 정신적 독을 품은 사람과 강하게 연결된 느낌을 받는다.

가족, 직장 동료, 친구, 연인 상관없이 모든 관계에는 좋은 순간과 좋지 않은 순간들이 있기 마련이다. 어떤 관계에서 사랑, 존중, 유대감이 가득한 시기와 갈등과 방치가 가득한 시기가 자주 번갈아서 나타난다고 상상해보자. 이런 끝없는 오르내림과 상처는 트라우마 본딩을 유발하거나 강화할 수 있다. 관계가 아주 좋은 시기에는 유대가 안전하고 강하게 느껴지지만 관계가 좋지 않은 시기에는 상대에게 더 의지하고 가까워지려는 욕구가 강해진다.

감정의 널뛰기 상황에서 **사랑 호르몬**, **포옹 호르몬**인 옥시토신이 중요한 역할을 한다. 보통 관계에서 갈등이 거의 없고 긍정적인 초기 단계에 옥시토신이 분비된다. 연인, 좋은 친구 또는 다른 사람과의 관계에서도 마찬가지다. 옥시토신은 긍정적인 감정을 강화하고 행복감을 증가시키는 묘약이다. 특히 우리가 사랑과 보살핌을 받고 있다고 느낄 때 그 효과가 극대화되기 때문에 '유대 호르몬'이라고도 불린다. 연구 결과 옥시토신은 특히 여성의 경우 신뢰, 충성심, 정서적 유대를 강화한다는 것을 보여준다. 달콤한 칭찬, 선물 공세, 특별한 저녁 식사는 행복과 친밀한 분위기를 조성하며 많은 양의 옥시토신이 분비되도록 만든다. 옥시토신이 감정 경험에 미치는 영향은 인상적이다. 애정의 불꽃은 오래된 감정의 허기를 가라앉히고 친밀함에 대한 욕구를 더 많이 불러일으킨다.

하지만 모든 이야기 속 주인공이 찬란한 석양 속으로 말을 타고 달리며 해피엔딩을 맞는 것은 아니다. 상대방이 이상적인 모습으로 비치는 초기 단계가 지나고 나면, 시간이 흐르면서 점점 부정적인 모습들이 나타날 수 있다. 예를 들면 과도한 질투, 통제하려는 행동이나 비난 같은 것들이다. 이 단계에서는 스트레스 호르몬인 코르티솔이 더 많이 분비된다. 상대방은 갑자기 낯설고 거리감이 느껴지고 교묘한 조작을 하는 정신적 독을 품은 사람으로 변한다. 평가와 처벌은 분위기를 더 악화시킨다. 이럴수록 우리는 관계의 초기 단계, 따뜻하고 포근했던 느낌이 들었던 때로 되돌아가고 싶어진다. 독이 되는 관계는 이런 주기적인 패턴을 보여주는 경우가 많다. 갈등, 긴장 심지어 신체적·심리적 학대의 단계가 지나면 정신적 독을 품은 사람이 스스로 변하겠다고 약속하는 화해의 단계가 이어진다.

그러면 옥시토신과 함께 신경전달물질인 도파민도 합세한다. 일종의 지휘자 역할을 하는 도파민은 동기부여, 즐거움, 학습 과정을 담당하는 보상 시스템을 조정한다. **행복 호르몬**으로도 알려진 도파민은 보상과 쾌락을 경험하는 데 중요한 역할을 한다. 맛있는 음식을 먹거나 사회적 상호작용을 하는 등 즐거운 경험을 할 때 도파민이 분비되어 더 강하고 더 많은 자극을 요구하게 된다. 특히 독이 되는 관계가 절정기에 있을 때 이 신경전달물질은 결정적인 역할을 한다. 애정 어린 관심과 화해의 순간 도파민이 분비되면서 행복감을 극대화하고 파트너와의 유대를 강화시킨다.

그런데 상대가 아무 이유 없이 완전히 다른 사람으로 돌변한다. 차갑고 벽을 세우며 상처를 주는 사람이 되는 것이다. 이런 감정의 롤러코스터를 타는 동안에 피해자는 그저 악몽이 끝나기만을 간절히 원한다. 피해자는 마치 살얼음판을 걷는 것처럼 조심스럽게 움직인다. 다음에는 또 어떤 기분이나 반응이 나올지 알 수 없기 때문이다. 역기능적인 관계에서 경험하는, 이런 끊임없는 감정의 기복은 도파민 반응을 완전히 혼란스럽게 만들어버릴 수 있다. 파트너의 거리두기나 부정적인 행동은 스트레스를 유발하고 도파민 시스템을 교란시켜 감정적으로 바닥을 치게 하며, 다시금 좋았던 순간을 갈망하게 만든다. 긍정적인 순간들은 점점 중독성 있는 보상이 되는 반면 그 보상이 사라지면 스트레스와 불안을 동반한 정서적 금단 증상이 나타난다. 따라서 도파민은 의존적인 행동과 중독 또한 촉진한다. 피해자는 보상을 갈망하며 그것이 아주 짧은 순간이라 할지라도 다시 반복되기를 기대한다.

보상이나 처벌이 일관적이지 않고 불규칙적으로 나타나는 경우, 심리학자들은 이를 **간헐적 강화**라고 부른다. 독이 되는 관계에서 피해자가 기다리는 행복, 사랑, 애정의 순간과 같은 **보상**은 매우 불규칙적이거나 무작위로 발생하는 것처럼 보인다.

보상의 예측 불가능성은 더 강렬한 욕망과 특별한 이끌림을 만들어낸다. 독을 품은 사람으로부터 언제 긍정적인 확인을 받을지 예측할 수 없기 때문이다. 이는 관계에 더욱 의존하게 만드는데, 비록 가끔씩만 나타난다고 해도 긍정적인 강화에 대한 희망이 유지되기 때문이다. 행복 호르몬인 도파민의 영향으로 독이 되는 사람과의 관계를 놓는 것이 더 어려워진다. 심지어 파괴적인 행동조차도 긍정적인 순간이 다시 올 것이라는 희망을 꺾어놓지 못한다.

이와 같은 롤러코스터 관계에서는 **끌어당기는**pull 단계와 **밀어내는**push 단계가 번갈아 나타난다. 밀어내는 단계에서는 정신적 독을 품은 사람이 대개 감정적으로 거리를 두거나 거부적인 태도를 보이며 불안을 조성하고, 상대방은 이 거리를 극복하고 그의 관심과 애정을 얻기 위해 더 많은 노력을 기울인다. 그런데 끌어당기는 단계에서는 독이 되는 사람이 180도 돌변하여 갑자기 상대에게 집중적으로 관심을 기울이고 애정과 사랑을 쏟아붓는다. 이러한 가까워짐과 멀어짐의 반복은 피해자가 끊임없이 도전과 보상을 갈구하며 그 관계에 더 집착하게 만들기 때문에 중독성이 생길 수 있다.

트라우마 본딩을 통해 독이 되는 사이클은 끝없이 되풀이된다. 독이 되는 관계는 혈액을 통해 흐르는 호르몬 칵테일을 만들어내고, 이는 운영 체제의 오작동을 초래한다. 우리의 몸은 이러한 생화학적 과정에 익숙해지고, 보상 시스템은 함께하는 행복한 순간을 기다린다. 이 시스템은 특정 호르몬 분비를 통해 추가적인 생리적 과정을 촉발하고 감정 세계를 조작한다. 이처럼 우리의 분비샘은 지속적으로 우리의 감정 세계에 영향을 미친다. 이렇게 예측할 수 없는 감정의 롤러코스터는 독이 되는 관계에서 벗어나기 어렵게 만든다. 많은 사람이 관계의 긍정적인 변화를 기대하며 그대로 머물러 있다. 좋았던 순간들을 특히 강렬하고 의미 있게 인식하기 때문이다.

한적한 교외에 자리한, 나무랄 데 없이 완벽해 보이는 집의 커튼 뒤에서 대부분의 사람들이 눈치채지 못하는 이야기가 펼쳐진다. 그곳에는 나르시시즘적 조작과 트라우마 본딩으로 복잡하게 얽힌 모녀가 있다. 집주인 라우라는 이 집의 지배자라고 불러도 될 정도로 겉으로 완벽하고 자기 확신에 찬 모습을 보여준다. 그녀는 우월하고 자신감 있어 보인다. 그런데 실제로는 뿌리 깊은 자기애성 인격장애를 가지고 있다. 항상 다른 사람들의 찬사를 받고 싶어하고 다른 사람들을 지배하려는 욕구가 행동으로 나타난다. 반면에 딸 마리아는 섬세하고 사랑스러운 아이로, 엄마의 관심과 애정을 얻기 위해 늘 노력한다. 마리아는 일찍이 엄마의 사랑이 일관적이지 않고 마음대로 줬다가 빼앗았다가 할 수 있다는 것을 배웠다. 마치 냉탕과 온탕처럼 보상과 거절을 번갈아 경험하는 것은 마리아의 삶에 당연한 것이 되어버렸다. 그렇게 트라우마 본딩의 사이클은 이미 어린 시절부터 시작되었다.

라우라의 조작은 교묘하고 능숙하게 이루어진다. 어떤 날은 마리아에게 다정한 말과 포옹을 아낌없이 해주면서 무조건적인 사랑을 받고 있다는 느낌이 들게 만든다. 그럴 때 마리아는 안전하고, 보살핌을 받고 있고, 사랑받고 있다고 느낀다. 그러다가 어느 날은 갑자기 돌변한다. 사소한 의견 차이, 높은 기대, 충족되지 못한 요구 또는 단순한 변덕 때문에 라우라의 애정은 거부로 바뀐다. 라우라는 딸 마리아에게서 관심을 거두어버리고 딸의 감정을 가지고 놀면서 반복적으로 불안과 자책에 빠지게 만든다.

시간이 지나면서 마리아는 엄마의 패턴을 내면화하고 나르시시즘적 수법을 예측하기 시작한다. 그녀는 적응하고, 변덕스러운 기대에 맞추려고 노력하면서 그 과정에서 점점 더 자신의 욕구를 희생한다. 트라우마 본딩은 마리아의 마음에 양가감정을 만들어낸다. 한편으로는 엄마의 행동에 큰 상처를 받지만, 다른 한편으로는 친밀한 모녀간의 유대감과 엄마의 다정한 면을 갈망한다. 이러한 양가감정은 라우라의 행동에도 그대로 드러난다. 어떤 순간에는 딸에게 친밀감을 주다가 다음 순간에는 밀어내면서 모녀 사이에 거리감을 만드는 것이다.

성인이 된 마리아는 엄마와의 감정적 거리감에 상처를 받아 관계를 끊고 싶어한다. 그렇지만 가끔 보이는 엄마의 다정한 모습은 화해와 애정에 대한 생각을 불러일으킨다. 마리아는 어린 시절부터 트라우마 본딩이라는 감옥에 갇혀 있다. 그녀는 엄마와 관계를 끊고 싶은 마음과 다가가려는 마음 사이에서 갈등하고 혼란스러워한다. 그러나 라우라의 조작은 너무나 교묘해서 언제든지 마리아를 다시 자기편으로 끌어당기고 마리아의 내면에 화해하고 싶은 마음이 항상 우세하도록 만들어버린다.

이런 부정적인 유대 패턴은 시간이 흐를수록 더욱 악화될 수 있다. 그러면 당사자들은 독성적인 행동에 익숙해지고, 어떤 시점부터는 그것을 **정상**으로 간주하게 된다. 모녀 사이의 트라우마 본딩은 신경생물학적 영역에서도 확고하게 자리 잡는다. 사랑과 다정함의 순간에는 마리아의 몸에서 행복 호르몬이 분비되어 뇌가 엄마와의 긍정적인 유대를 강화시킨다. 그러나 거부당하는 순간이 오면 마리아의 몸에서는 스트레스 호르몬이 분비되어 깊은 감정적 상처가 각인된다. 긍정적 자극과 부정적 자극, 고점과 저점이 반복되는 관계는 강력하지만 동시에 독이 되는 유대를 형성한다. 이런 관계는 고통스럽게 끝날 수도 있고, 이별과 화해의 사이클에 갇혀버릴 수도 있다. 엄마와의 관계를 더 이상 참을 수 없고, 엄마의 정서적 관심과 애정이 더 이상 충분하지 않다고 느낄 때, 비로소 마리아는 떠날 수 있게 된다.

재외상화:
왜 우리는 상처 속으로
다시 들어갈까?

정말 역설적이다. 왜 사람들은 과거에 깊이 상처 입고 아주 고통스러웠던 상황이나 관계에 반복적으로 들어가는 것일까? 비슷한 상황과 다시 마주하게 되는 이유는 자기 통제력을 되찾으려는 절박한 시도에서 비롯되며, 여기에는 치유의 기회가 숨어 있다. 실제로 재외상화는 자주 발생한다. 그러면 과거에 트라우마였던 부분들을 포함하면서도 이전의 트라우마 경험을 더욱 심화시키는 새로운 트라우마가 형성된다.

저명한 정신과 의사이자 트라우마 전문가인 베셀 반 데어 콜크Bessel van der Kolk 교수는 재외상화의 메커니즘을 집중적으로 연구했다. 그는 트라우마가 그저 단발적인 경험이 아니라 우리 몸과 뇌에 깊은 흔적을 남긴다고 강조한다. 이러한 흔적은 삶 전반에 걸쳐 행동과 의사 결정에 여러 가지 방식으로 영향을 미칠 수 있다. 그것은 누구를 애착 대상으로 선택하는지, 그 관계를 어떻게 맺고 유지하는지(역동성)에서도 드러난다.

무의식적 과정은 재외상화가 일어나는 데 중요한 역할을 한다. 지그문트 프로이트Sigmund Freud는 트라우마를 겪은 많은 사람이 이른바 반복 강박을 가지고 있다고 설명한다. 무의식은 우리를 이미 익숙하고 고통스러운 패턴에 끌리게 만들 수 있다. 비록 그것이 우리에게 해를 끼치고, 우리가 그 사실을 자각하고 있어도 말이다. 사람들이 반복적으로 비슷한 관계에 빠져드는 주요 이유 중 하나는 경험한 것에 대한 통제력을 되찾으려는 시도 때문이다. 이들은 고통스러운 트라우마는 통제력을 되찾아야만 해결될 수 있다고 가정한다.

독성적인 환경에서 자란 아이들 대다수는 자신이 처한 상황에 통제력을 발휘할 수 없어 무력감과 불안을 느낀다. 그들은 성인이 되어 비슷한 문제를 가진 사람을 애착 대상으로 선택함으로써 무의식적으로 통제권을 되찾고 유지하려고 애쓴다. 이런 필사적인 시도는 깊은 수준에서 일종의 생존 전략으로 해석될 수 있다. 비슷한 트라우마 상황이나 관계와 다시 마주하는 사람은 새로운 트라우마 경험을 피해 가려 할 수 있다. 또는 과거의 상처를 치유하고 **모든 일을 바로잡고** 싶어할 수도 있다. 트라우마와 관련된 기억들은 제대로 처리되지 않고 뇌에 저장되는 경우가 많기 때문이다. 비슷한 상황에 다시 직면하게 되면 그 기억을 되살리고 새롭게 처리할 기회가 제공되는 셈이다. 그 결과 과거의 경험을 바꾸고 심지어 극복해서 과거를 조금 덜 고통스럽고 덜 위협적으로 느끼게 될 수도 있다.

　트라우마를 겪은 사람이 또다시 역기능적인 관계를 맺게 되면 그는 무의식적으로 상황을 바꾸고 파트너를 변화시키거나 설득할 수 있다는 소망을 품는다. 하지만 현재까지 이 이론이 맞는다는 증거는 없다. 트라우마적 사건을 반복하는 것은 오히려 추가적인 고통을 유발하고 자기 비난을 더 강화하는 경향이 있다. 그 상황을 막지 못했다거나 독이 되는 관계에 적절히 대응하지 못했다는 이유로 더 많은 죄책감에 시달리거나 스스로를 탓하게 될 수도 있다. 재외상화는 부정적인 생각과 감정을 더욱 심화시킨다.

2장

보이지 않는 유대감의 끈: 관계의 역학

연인 관계에서
당신이 차지하는 부분

당신 자신이 가지고 있는 부분들과 당신이 상대에게 투사하는 것이 로맨틱한 연인 관계의 균형에 영향을 미친다. 만약 어떤 사람이 무의식적으로 자신의 해결되지 않은 감정적 문제 또는 내적 갈등을 자신의 파트너에게 투사하면, 기대와 현실 사이에 긴장이 생길 수 있다. 투사하는 사람은 파트너가 자신이 투사한 것을 충족시키지 못하거나 그렇게 변화하지 못할 때 좌절감을 느낄 수 있다. 이러한 메커니즘은 특히 어린 시절의 무의식적인 패턴이 관계의 역학으로 흘러들 경우 더욱 뚜렷하게 나타난다. 이 경우 파트너는 자신이 동등한 연인이 아닌, 부모의 역할을 맡고 있다고 인식하게 될 위험이 항상 존재한다.

　개인의 특성과 관계 유형에 따라 다양한 연인 관계의 역학이 존재한다. 한 사람의 자존감과 자아 개념 또한 관계에서 지배적, 조작적, 복종적, 의존적, 수동적인 행동 방식을 보이는 데 결정적인 역할을 한다. 이는 어린 시절의 경험이나 부모 또

× 자가 진단 테스트: 정서적 의존성 ×

다음 질문 중 '예'라고 대답하는 항목이 많을수록 당신은 파트너, 친구 또는 다른 누군가에게 정서적으로 의존하고 있을 가능성이 높다.

나는 혼자 있는 것에 어려움을 느끼는가?	예	아니오
나는 때로 지나치게 큰 희생을 감수하면서까지 나의 욕구보다 파트너나 애착 대상의 욕구를 우선시하는가?	예	아니오
나는 파트너 또는 애착 대상에게 애정과 인정을 확인받고 싶어서 끊임없이 연락하는가?	예	아니오
나는 파트너 또는 애착 대상의 확신과 확인이 있어야만 마음이 놓이는가?	예	아니오
나는 파트너 또는 애착 대상이 곁에 없으면 행복을 느끼거나 만족하기 어려운가?	예	아니오
나는 관계를 잃지 않기 위해 지나치게 주도권을 쥐려 하고, 그 때문에 파트너나 애착 대상이 점점 더 멀어지는가?	예	아니오
나는 우리 관계가 불균형하다고 생각하는가?	예	아니오

는 주 양육자와의 상호작용에서 큰 영향을 받았을 수 있다.

감정의 속박
- 정서적 의존성

거의 모든 형태의 의존이 그렇듯, 정서적 의존성의 여정도 대개 명확한 의도 없이 단계적으로 그리고 무의식적으로 시작된다. 처음에는 우리에게 특별한 사람의 존재가 너무나 충족감과 안정감을 주어서 거의 중독이 되어버리는 것만 같다. 그 사람과 함께 있으면 위로와 기쁨을 느끼고 호르몬은 사랑에 빠진 감정을 강화하다 보니, 시간이 지나면서 우리는 그 사람 없이는 더 이상 행복할 수 없다고 믿게 된다.

관계에서 정서적 의존이 형성되는 데는 다양한 심리적, 감정적, 사회적 요인이 있다. 우리는 먼저 감정적 유대감을 형성하고 가까운 관계나 깊은 친밀감을 추구하게 만드는 인간의 기본적인 욕구를 되새겨봐야 한다. 감정적 유대에 대한 갈망은 이미 언급했듯이 인간의 본성에 뿌리 깊이 자리 잡은 근본적인 욕구다. 이러한 갈망은 우리가 다른 사람과 관계를 맺고, 유대감을 형성하고, 우리의 삶을 공유하게 만든다. 관계에서 특별한 종류의 유대감과 강한 감정이 생기는 것은 지극히 정상적이고, 오히려 바람직한 일이다. 그리고 사랑하는 사람과 헤어지거나 어떤 방식으로든 그 사람을 잃을지도 모른다는 생각만 해도 대부분의 사람은 슬픔에 빠지게 된다.

특히 자신의 가장 깊은 감정과 욕구가 애착 대상과 강하게 연결될 때, 이런 자연스러운 욕구는 정서적 의존으로 변할 수도 있다. 그러면 상실에 대한 두려움과 감정이 극단적인 형태로 나타나, 어떤 대가를 치르더라도 사랑하는 사람을 곁에 두는 데 삶의 방향이 맞춰지게 된다.

자존감과 자아 정체성 또한 정서적 의존이 형성되는 데 큰 부분을 차지한다. 두 가지 모두 우리의 관계와 밀접하게 얽혀 있다. 우리는 파트너로부터 경험하는 인정과 확인을 외부에서 오는 자존감의 원천으로 삼는다. 파트너가 나를 사랑한다는 느낌은 개인의 자존감에 긍정적인 영향을 미칠 수 있다. 그리고 그런 순간에 기분이 좋아지는 것은 지극히 정상이다.

그러나 자존감과 자아 정체성을 전적으로 파트너의 확인에만 의존하게 되면 문제가 된다. 이는 빠르게 정서적 의존성으로 발전할 수 있다. 또한 어린 시절이나 이전 파트너와의 관계에서 겪었던 경험들이 새로운 관계에서의 기대와 행동 패턴에 영향을 미친다. 어린 시절 또는 이전 관계에서 정서적 방치나 불안을 경험한 사람은 무의식적으로 새로운 관계에서 안전과 인정을 더 강하게 갈망하는 경향이 있다. 이런 무의식적인 패턴은 파트너에게 강한, 어느 시점부터는 과도한 감정적 유대감을 형성하는 결과를 낳는다. 그러면서 이 유대감이 지금까지 충족되지 않았던 사랑과 친밀감에 대한 욕구를 보상해주기를 기대한다.

정서적 의존성이 형성되는 데에는 불안과 외로움도 결정적인 역할을 한다. 누군가에게 갑자기 버림받은 경험이 있다면 그 일이 다시 일어날까 봐 두려워진다. 파트너를 잃을지도 모른다는 지속적인 두려움 때문에 점점 더 감정적으로 그 사람에게 매달릴 수 있다. 그렇게 하면 관계를 유지할 수 있다고 기대하기 때문이다. 그러나 외로움에 대한 두려움은 스스로를 자신의 소망과 욕구의 희생물이 되게 만들고, 그 결과 감정의 자율성이 결핍될 수 있다. 기본적인 욕구를 채우기 위해 파트너에게 지나치게 의존할 때 이런 현상이 나타난다. 그러면 관계 밖의 세상은 무의미하게 느껴지고 삶의 중심은 오로지 그 한 사람, 파트너에게만 집중된다.

✕ ✕ ✕

사랑으로 당신을 구원하리라:
헬퍼 증후군

헬퍼 증후군Helper Syndrome은 자신의 욕구와 행복을 희생하면서까지 다른 사람을 돕고자 하는 강렬한 충동을 느끼는 심리적 패턴이다. 이런 부지런한 조력자들은 주변 사람들에게 눈에 띄는 배려와 희생을 보여준다. 이들은 다른 사람들의 욕구를 채우려 끊임없이 애쓰면서도, 정작 자신의 욕구는 소홀히 한다. 이들은 언제나 항상 다른 사람의 안녕을 염려하고, 문제가 생기면 언제든지 달려가 도와주고, 어려움에 처한 친구에게 기꺼이 손을 내밀 준비가 되어 있다. 다른 사람의 문제와 어려움을 자신의 일처럼 떠안고 자신의 책임이 아니더라도 그 일을 바로잡아야 한다는 의무감을 느끼는 경향이 있다.

헬퍼 증후군이 있는 사람들은 흔히 이런 신념을 마음속에 품고 있다. '내가 도와주고 보살피면 그 사람은 절대 나를 떠나지 않을 거야.' '내가 완벽하다면 그 사람은 나를 사랑할 거야.' '나는 모든 일을 좋은 방향으로 바꿔놓을 수 있어.' 하지만 현실은 아무도 이런 일을 이룰 수 없다는 것을 보여준다. 이러한 신념은 너무 오만한 생각인 동시에 자신을 극도로 소진하게 만든다. 헬퍼 증후군이 있는 사람들은 자신이 상대방의 안녕에 미치는 영향이 제한적이라는 점, 사람은 누구나 스스로 결정을 내린다는 사실을 간과한다.

헬퍼 증후군이 있는 사람들의 자존감은 종종 조력자로서 자신의 역할과 밀접하게 관련된 경우가 많다. 이들은 다른 사람을 도울 수 있고 그들을 위해 헌신할 수 있는 능력으로 자신을 정의한다. 이것은 이들에게 자신이 가치 있고 중요한 사람이라는 느낌이 들게 한다. 그러나 이러한 자기 정의는 동시에 자신의 욕구와 정신 건강을 돌볼 틈이 거의 없음을 의미한다. 주위에 도움이 필요한 사람이 없으면 이들은 자존감의 위기를 경험하기도 한다. 이들은 끊임없이 확인과 인정을 갈구한다. 자신이 보여준 희생과 보살핌을 주변 사람들이 인정하고, 감사와 칭찬을 해주기를 기대한다. 그러나 자신이 자신보다 상대의 욕구를 우선시하고 있다는 사실을 깨닫게 되면 악순환으로 이어질 수 있다.

애착 관련 연구에서 헬퍼 증후군은 흔히 불안정한 애착의 표현으로 간주된다. 당사자는 상대에게 도움을 주고 자기 시간을 과도하게 내줌으로써 유대감을 강화하고자 격렬하게 노력한다. 이러한 노력이 비록 자신의 손해로 돌아가더라도 말이다. 조력자를 자처하는 사람은 관계의 성공뿐만 아니라 상대의 감정에 대한 책임까지 모두 짊어지기 때문에 결국 행복한 관계를 유지하는 데 실패한다. 이런 사람은 파트너의 문제를 해결하는 것에 익숙한 만큼 역기능적인 관계에 머물러 있는다.

이 현상은 흔히 **구원자 증후군** 또는 **구원자 콤플렉스**라고도 불리며, 스스로에게 다른 사람을 변화시키거나 구할 수 있는 능력이 있다는 믿음에서 시작된다. 이들은 이렇게 해서 결국 자기 행복을 찾기를 기대한다. 다른 사람을 돕고 그들의 고통을 덜어주고자 하는 강한 욕구는 구원자 콤플렉스를 가진 사람들을 움직이게 하고, 희생과 보살핌이야말로 다른 사람의 문제를 해결해줄 수 있다는 믿음으로 이어진다. 그래서 자신이 독이 되는 사람을 바꿀 수 있다고 생각하기 때문에 경고 신호를 무시하는 경우가 많다.

드라마 삼각형
- 가해자, 피해자, 구원자

드라마는 또 다른 드라마를 끌어당기고 거기에 참여하는 사람들은 매우 복잡한 관계의 얽힘에 빠지게 된다. 드라마 삼각형Drama Triangle 모델은 1968년에 캘리포니아의 심리학자이자 교류분석가인 스티븐 카프먼Stephen Karpman이 처음으로 제시했다. 이 모델은 자신과 타인의 행동을 맥락 속에서 더 잘 이해할 수 있는 간단한 방법을 제공한다. 산드라 템을Sandra Teml과 마르틴 발Martin Wall은 그들의 저서 『부모로부터 벗어나라Enteltert euch』에서 이렇게 설명한다. "드라마 삼각형에서 가해자Persecutor, 피해자Victim, 구원자Rescuer의 역할이 서로 바뀌며 서로 영향을 미친다. 가해자가 없으면 피해자도 없고, 피해자가 없으면 구원자도 없다."

이러한 역학은 가족 내에서 흔히 발견할 수 있는데 트라이앵귤레이션을 통해 유발되기도 한다. 학교, 직장 또는 연인 사이의 삼각관계에서도 드라마 삼각형이 빠르게 형성될 수 있다. 특히 가족 내에서는 이런 중독과 유사한 행동이 오랫동안 용인되며 쉽게 중단되지 못하는 경우가 많다.

사무실에서 수습사원으로 일하는 발레리는 드라마 삼각형의 한가운데 놓여 있다. 그녀의 사수인 제발트는 동료들 앞에서 끊임없이 그녀의 실수를 지적한다. 어느 날 회식 자리에서 제발트가 또다시 발레리의 엉성한 업무 처리에 대해 계속 언급해 발레리는 눈물을 겨우 참고 있는데, 그 옆에 동료인 리사가 앉아 있다고 해보자. 이런 상황에서 취할 수 있는 선택지는 여러 가지가 있다.

1. 발레리는 의기소침해져 자신의 체계적이지 못한 업무 처

리와 그에 따른 실수에 자책감을 느낀다. 그녀는 부끄러워하며 앞으로는 더 잘하겠다고 다짐한다(피해자).
2. 발레리는 자리에서 일어나 쌓인 분노를 식당 종업원에게 쏟아낸다. 아까부터 요청한 계산서를 왜 가져다주지 않냐며 공격적인 말투로 몰아세우는 것이다(피해자에서 가해자가 된다).
3. 옆에 있는 동료 리사는 제발트를 말리거나(구원자), 발레리를 비난하는 데 가담할 수 있다(가해자).

가해자인 제발트는 특히 상당한 권력이 있는 사람처럼 보인다. 사수로서 자신의 우월성을 과시하며 다른 사람을 비난하고 위협적인 발언을 하는 경향이 있다. 그 중심에는 통제하려는 욕구가 자리 잡고 있고, 모욕을 주는 일도 흔하다. 피해자인 발레리는 스스로를 무력하고 한없이 작은 존재로 느낀다. 그녀는 주로 피해자 역할 안에서 행동하며 도움을 구하고 모든 책임을 자신에게 돌린다. 그렇지만 책임을 회피하기 위해 재빠르게 스스로 가해자 역할을 맡기도 한다. 그녀의 목표는 다른 사람들에게 죄책감을 느끼게 하고 자신이 여전히 피해자임을 인정받으려는 것이다. 잠재적 구원자인 리사는 자신이 제발트를 말리고 위로하며 상황을 수습해야 하는 사람이라고 생각할 수 있다. 이는 자신이 필요하고 존중받을 만한 존재임을 확인하기 위한 것일 수 있다(구원자 콤플렉스). 혹은 제발트와 연합해서 공동 가해자가 될 수도 있다.

    드라마 삼각형 모델을 통해 갈등을 더 쉽게 이해하고 해결할 수 있다. 다만 모든 참여자가 이에 대한 의식을 가지고 있어야 한다. 이런 패턴에서 벗어나기 위해 발레리는 제발트를 직접 대면하고 자신의 의견을 정중한 방식으로 전달할 수 있다. 피해자와 가해자의 역할에서 벗어나겠다는 의식적인 결정을 통해 발레리는 수습 기간 동안 드라마 삼각형을 끊어내고 보다 긍정적인 업무 환경을 만드는 데 기여할 수 있다. 그러면 나머지 두 사람은 새로운 방향을 설정하거나 그들의 드라마에 참여할 새로운 인물을 찾아야 한다.

2부

정신적 독을 품은 사람들

1장

나르시시즘 파헤치기

독성의 원인은 인격장애일까?

직장이나 개인적인 관계에서 유난히 이기적으로 행동하는 사람을 만난 적이 있는가? 당신을 이용하거나 조작하고, 언제나 자신이 주인공이어야 하며, 다른 사람의 감정을 고려하지 않는 사람을 알고 있는가? 또는 비판이나 거절에 극도로 예민하게 반응하는 사람을 겪어본 적이 있는가? 그럴 때마다 당신은 그러한 극단적인 행동의 배경이 무엇인지 궁금했을 것이다.

우리에게는 모두 특정한 성격적 특성이 있으며, 그중에는 남들보다 조금 더 두드러지는 특성도 있다. 이는 일반적으로는 질병과 관련이 없다. 그렇지만 어떤 사람들에게는 완벽주의, 사회적 불안, 거절에 대한 두려움 또는 강박적인 행동이 너무 두드러지게 나타나서 삶의 모든 영역에 심각한 영향을 미치기도 한다. 심리학에서는 이를 인격장애Personality Disorder(성격장애)라고 부른다. 물론 이 장에서 다루는 특정 행동 방식을 보이는 모든 사람이 반드시 인격장애를 가지고 있는 것은 아니지만 여기에서는 이른바 클러스터 BCluster B에 속하는 인격장애의 다양한 특징에 주목한다. 대부분 클러스터 B 유형을 관계에서 독이 된다고 느끼기 때문이다.

심리학과 정신의학에서는 인격장애를 클러스터, 즉 그룹으로 묶어 분류한다. 인격장애를 더 쉽게 이해할 수 있기 때문이다. 총 세 가지 주요 클러스터가 있고, 각각 다른 인격장애를 포함한다.

- **클러스터 A**Cluster A: 기이하거나 괴상한 행동이 특징인 인격장애를 포함한다. 여기에는 과도한 불신과 의심이 특징인 편집성 인격장애, 사회로부터 동떨어져 있고 감정적으로 냉담한 경향을 보이는 분열성 인격장애, 극단적인 사고 패턴과 인지의 왜곡이 특징인 조현성 인격장애가 해당된다.

- **클러스터 B**Cluster B: 극적이고 감정적으로 불안정하거나

변덕스러운 행동이 특징인 인격장애를 포함한다. 여기에는 과도한 자기중심성과 공감 능력 부족이 특징인 자기애성 인격장애, 사람들의 관심과 인정을 갈구하는 연극성 인격장애, 사회적 규범과 규칙에 반하는 문제적 행동을 하는 반사회성 인격장애, 그리고 정서 불안 인격장애라고도 하며 심한 감정 기복과 충동성이 특징인 경계성 인격장애가 여기에 속한다.

- **클러스터 C** Cluster C: 불안하거나 두려워하는 행동이 특징인 인격장애를 포함한다. 사회적 상황에 참여하는 데 어려움을 느끼는 불안(회피)성 인격장애, 보살핌과 지원에 대한 욕구가 과도한 의존성 인격장애, 완벽주의 성향과 강한 통제 욕구를 보이는 강박성 인격장애가 여기에 속한다.

> ╳ **중요!** ╳
>
> 인격장애가 있다고 해서 반드시 의사소통을 잘 못하는 것은 아니다. 그리고 이런 사람들과의 모든 관계가 반드시 어려운 것도 아니다.

클러스터 B에 속하는 일부 사람들은 매우 충동적이고 도전적일 수 있지만, 또 어떤 사람들은 오히려 자신의 감정을 표현하는 데 어려움을 겪을 수도 있다. 증상의 강도는 사람마다 다르며 많은 경우 치료와 자기 성찰을 통해 더 나은 의사소통 습관들을 기를 수 있다. 관계의 어려움에도 동등한 눈높이에서 건강한 인간관계를 유지하는 것이 가능하다. 서로 다른 사고와 행동 방식이 우리가 서로 대화하는 방식에 어떻게 영향을 미치는지 함께 알아보자.

✕ 선입견은 갖지 말자! ✕

클러스터 B에 속하는 인격장애를 가지고 있다는 것은 어떤 사람에게는 낙인처럼 느껴질 수 있다. 현실은 클러스터 B 인격장애가 있다고 해도 다른 사람과 마찬가지로 다양한 면을 가진 사랑스러운 존재라는 것이다. 이들의 경험과 행동은 크게 다를 수 있으며 정형화된 고정관념에 한정해서 생각하면 안 된다.

나르시시즘의 정의와 특징

　누구나 햇살처럼 따뜻하고, 기운을 북돋아주고, 영감을 주는 사람들 속에서 관계를 누릴 자격이 있다. 그러나 어떤 만남들, 특히 정신적 독을 품고 있거나 나르시시즘적 인격을 가진 사람들과의 만남은 처음에만 따스한 햇살처럼 느껴지고 곧 어두운 그림자가 드리워진다. 해가 있는 곳에는 어김없이 어두운 그림자도 함께하기 때문이다.

　자기 과대평가, 찬사와 인정 욕구, 공감 능력의 결여 등이 나르시시즘적 인격의 특징이다. 칭찬과 인정은 나르시시즘적인 사람들의 감정적 동력을 위한 연료와 같다. 이들의 자존감은 주로 다른 사람들의 인정에 의존하기 때문에 언제든 쉽게 흔들릴 수 있다. 인정 욕구는 이들을 계속 따라다니는 동반자이며, 실패나 비판에 대해 유난히 예민한 반응을 보이게 한다. 나르시시즘적인 사람들은 성공하거나 적어도 성공한 것처럼 보이기 위해 많은 노력을 기울인다. 이들은 자기 능력을 과대평가하고 성공을 지나치게 강조하는 경향이 있다. 동시에 다른 사람을 깎아내려 자신의 우월감을 유지하는 경향이 있다. 이들은 자신이 다른 모든 사람보다 우월하다고 여기기 때문에 다른 사람의 업적이나 성과를 과소평가하는 경우가 많다.

이들은 성공할 수는 있지만 결코 만족하지 못한다. 끊임없이 다른 사람과 자신을 비교하고, 다른 사람을 뛰어넘는 것을 도전으로 받아들인다. 최고가 되기를 원하고, 자신에 대한 기대치가 높으며, 자신의 목표가 방해받으면 쉽게 화를 낸다. 이들은 자신의 직업적 성취에 지나치게 집중하면서 사생활과 인간관계를 소홀히 한다.

이들의 중심적인 관계 동기는 인정과 자율성에 대한 욕구다. 인간관계에서 피상적인 관계에 머물며 자신의 성공만을 공유하는 경우가 많다. 그 결과 아는 사람은 많지만 깊고 친밀한 친구 관계는 거의 없다. 또한 연인 관계에서도 파트너로부터 끊임없이 평가받고 있다는 기분이 들기 때문에 불편을 느낀다.

나르시시스트인 사람은 지식, 외모 또는 완벽한 파트너십과 관련해서 자신이 생각하는 성공에 대한 환상을 가지고 있는 경향이 있다. 따라서 이들은 자존감을 높이기 위해 같은 생각을 가진 사람들, 즉 **특별한 사람들**하고만 어울리는 것을 선호한다. 이들이 예를 들어 병원장, 영화배우, 인플루언서 또는 매니저로서 충분한 인정과 찬사를 받는 동안에는 그러한 삶을 살 수 있다. 하지만 직업적 좌절이나 자신의 프로젝트가 좌초되는 것과 같은 실패를 경험하면 우울 증상이 나타난다. 인간관계 문제도 이들의 안정을 위태롭게 할 수 있다. 이들이 병원 또는 상담 치료실을 찾을 때는 병적인 나르시시즘 때문이 아니라 오히려 다른 문제 때문일 경우가 많다.

나르키소스(나르시스)는 맑은 물에 비친 자기 모습을 보고 열렬히 사랑에 빠진 매혹적인 청년이었다. 그는 자기 모습에 너무 매료되어 다른 사람과의 사랑을 거부했다. 자기 자신에 눈이 멀고 현실과 환상을 구별하지 못한 그는 결국 깊은 물속에 뛰어들어 익사했다. 이것은 자기애에 빠진 청년이 등장하는 그리스 신화의 수많은 버전 중 하나다. **나르시시즘**Narcissism이라는 용어도 바로 이 청년에게서 유래한 것이다.

이 고대 신화는 심리학의 세계로 들어와서 특정 인격 구조를 나타내는 은유로 사용되고 있다. 프로이트는 1914년 정신분석과 정신 역동 치료의 세계에 나르시시즘의 개념을 도입했다. 프로이트는 개인이 강렬한 자기애를 드러내고 자신의 에너지를 오로지 자신에게만 쓰는 발달단계로 나르시시즘을 조명했다. 시간이 흐르면서 이 용어는 여러 학문 분야에 광범위하게 퍼졌다. 원래 심리학에서 시작된 나르시시즘의 개념은 사회학, 미술사, 대중문화와 같이 문화적 표현과 현상을 다루는 학제 간 분야에서도 받아들여지고 발전했다. 따라서 나르시시즘은 정적인 개념이 아니라 끊임없이 진화하고 새로운 의미의 뉘앙스가 더해지는 동적인 개념이다.

자아의
거울

나르시시즘은 매혹적이면서도 동시에 매우 복잡한 주제다. 일반적으로 **나르시시즘**이라고 지칭하는 범위는 건강한 자존감에서부터 자기애성 인격장애가 나타나는 병적인 나르시시즘까지 상당히 넓다.

자기애성 인격장애 또는 자기애적 특징을 가진 사람은 자신의 정체성과 자기애에 문제가 있을 뿐만 아니라 다른 사람들과의 관계에도 문제를 보인다. 나르시시스트는 끊임없이 자신의 정체성을 찾아다닌다. 이는 자주 변화하는 관심사, 파트너, 직업적 목표, 삶의 방식으로 나타날 수 있다. 이러한 인격 특성은 또한 오만함과 자기 자랑, 극단적인 자기애로 표현되기 때문에 사람들은 일반적으로 나르시시스트가 자존감이 높을 것이라고 생각한다. 하지만 이는 오해다. 이들은 거만하고 오만해 보이지만, 실제로는 항상 적극적으로든 수동적으로든 사람들의 찬사와 인정을 갈구한다. 이러한 관찰을 바탕으로 학계에서는 이들의 자존감이 오히려 낮고 깨지기 쉽다고 평가한다. 그리고 자존감과 마찬가지로 자기애 역시 불안정한 토대 위에 놓여 있다.

오늘날 심리학에서 나르시시즘이라는 용어는 과도하지만 깨지기 쉬운 자기애, 찬사를 받으려는 욕구, 공감 능력 부족이 두드러지는 인격 특성을 의미한다. 그러나 사실 나르시시스트에게 공감 능력이 없다는 통념과는 달리, 임상적으로 보면 이들은 다른 사람의 감정을 잘 읽고 이해할 수 있지만 대개 자신의 욕구를 우선시한다.

건강한 나르시시즘도 있다

나르시시즘이라는 용어는 어두운 이미지가 강하고 일반적으로 부정적인 맥락에서 사용된다. 그러나 우리가 나르시시즘에 관해 이야기할 때 항상 자기애성 인격장애Narcissistic Personality Disorder(나르시시즘성 인격장애)를 의미하는 것은 아니다. 누군가를 **나르시시스트**라고 부를 때, 흔히 이기심, 자기중심성, 공감 능력 부족, 착취적인 행동을 함께 떠올린다. 그리고 일상 언어에서는 나르시시즘이나 나르시시스트를 **자기애, 자기중심성** 또는 **이기주의**의 동의어로 사용한다. 이러한 표현에는 부정적인 의미가 내포되어 있어서, 누군가가 너무 자기한테만 몰입되어 다른 사람의 욕구와 감정을 거의 고려하지 않는다는 것을 암시한다.

하지만 나르시시즘은 정말 파괴적인 특성만 있는 것일까? 덜 드러나지만 긍정적인 측면은 없는 걸까? 이 질문을 정반대의 관점에서 한번 살펴보자. 자기 존중이 지나치게 낮은 것도 문제가 될 수 있다. 프로이트도 어떤 특정 발달단계에서는 특정 형태의 나르시시즘이 정상이며 반드시 필요하다고 강조했다. 이는 건강한 자존감 발달의 핵심을 이룬다. 여기서 중요한 키워드는 바로 **건강한**이다.

자기애는 이기적인 것이 아니라 생존에 반드시 필요한 것이다.

어떤 관계에서나 균형 잡힌 자의식과 자기애는 중요한 역할을 한다. 이것이 있어야만 우리가 이기적인 자기 몰입에 빠지지 않고 파트너의 필요를 등한시하지 않으면서도 자신감 있고 진정성 있게 행동할 수 있다. 정상적인 인격 특성으로서의 건강한 나르시시즘은 우리에게 강한 자존감, 자신을 사랑하는 능력, 자신의 한계를 인식하는 힘을 준다. 동시에 우리가 파트너를 사랑하고 지지하며, 파트너의 감정을 이해하고, 타협하며 그 과정에서 자신의 경계를 지킬 수 있게 한다. 그래서 모든 사람에게는 어느 정도의 나르시시즘적 특성이 있다.

만족스러운 연인 관계는 건강한 나르시시즘과 두 파트너의 욕구가 중간에서 만날 때 제대로 이루어질 수 있다. 그러면 함께하는 행복을 위한 안정적인 기반을 만들 수 있다. 두 사람 모두 서로의 욕구와 자신의 자아를 인식하고 이를 조화롭게 잘 조율하면 상호 인정과 존중이 있는 깊고 지속적인 유대가 형성된다.

하지만 자기 자신을 인정하지 못하면 다른 사람과의 관계를 형성하고 만족스러운 삶을 사는 것이 힘들어진다. 나르시시즘이나 자존감이 부족하면 자신의 욕구를 늘 타인의 욕구 뒤로 미루고, 자신의 소망을 실현하지 않을 때 결국 우리 자신과 삶의 목표가 시들어버릴 수 있다. 그래서 적절한 균형을 찾는 것이 중요하다. 자기 자신을 위해서뿐만 아니라 타인도 배려하면서 자신의 발전을 도모해야 한다.

자아의 경계:
나르시시즘은 언제 질병이 될까?

나르시시즘은 너무 지나치면 건강한 상태에서 문제가 되는 형태로 바뀔 수 있다. 사회 심리학, 성격 심리학 분야에서 나르시시즘적 성격 유형은 정상적인 성격 특성으로 간주된다. 정도의 차이만 있을 뿐 누구나 어느 정도 가지고 있다.

그러나 우리는 일상적인 관계에서 나르시시즘과 관련된 중요한 질문을 반드시 짚고 넘어가야 한다. 우리는 지금 어떤 형태의 나르시시즘을 마주하고 있는가?

이에 따라서 우리가 어떻게 대처해야 할지 결정된다. 나르시시즘은 다음과 같이 구분된다.

- 단순한 성격 특성(107쪽 참조)
- 자기애성 성격 양식(성격적 특성 강조)
- 자기애성 인격장애

자기애성 인격장애라고 진단을 내리는 경우는 매우 드물다. 전체 인구의 약 1%만이 여기에 해당된다(미국정신의학회, 2000년 참고). 이런 진단은 오직 심리학자, 심리 치료사, 정신과 의사같이 자격을 갖춘 전문가의 자세한 검사 후에 내려질 수 있다(122쪽 참조).

이에 반해 '성격적 특성 강조'는 강렬하고 특이하게 여겨지는 특성과 관련되어 있지만 그렇다고 반드시 장애를 의미하는 것은 아니다. 예를 들면 어떤 사람은 비판에 매우 충동적이고 예민하게 반응할 수 있지만 그렇다고 인격장애인 것은 아니다. 이러한 강조가 문제로 여겨지는 것은, 그 특성이 너무 뚜렷하게 나타나서 일상생활이나 인간관계에 부정적인 영향을 미치고 개인적으로 고통을 느끼는 경우다.

이런 특성이 있는 사람들은 과장된 자존감을 보이고 지나치게 찬사를 받고 싶어하며 타인에 대한 공감 능력이 부족하다. 일부는 자신의 욕구를 충족시키기 위해 관계를 조작하고 다른 사람의 관점을 이해하는 데 어려움을 겪는다. 또한 자기애성 성격 양식에 속하는 사람들은 자신에게만 강하게 집중하고

> ### × 인격장애란 무엇인가? ×
>
> 인격장애는 규범에서 벗어나거나 사회생활 혹은 일상생활에 방해가 되는 행동, 생각, 감정이 지속적으로 나타나는 정신 질환이다. 인격장애는 개인적 또는 직업적 삶에 지장을 줄 정도로 심각할 수 있어, 당사자는 다른 사람들과 만족스러운 관계를 형성하는 데 어려움을 겪기도 한다. 인격장애의 기준은 다음과 같다.
>
> - 인격장애의 특징이 지속적이고 광범위하게 나타나야 한다. 즉 삶의 다양한 영역에서 나타나고 오랜 기간 지속되어야 한다.
> - 인격장애가 사회적, 직업적 영역 또는 다른 중요한 영역에 심각한 영향을 미쳐야 한다.
> - 행동 패턴, 사고방식 및 감정이 융통성이 없고 부적응적이어서 개인적·사회적 관계에 상당한 어려움을 초래해야 한다.
> - 인격장애의 특징이 청소년기 또는 초기 성인기에 나타나고 일정하게 고착화되어야 한다.
> - 확인된 특징들이 다른 정신장애나 의학적 질환으로는 설명이 불가해야 한다.

자신을 과대평가하며 다른 사람의 이익보다 자신의 이익을 우선시하는 경향이 있다. 흥미롭게도 이러한 사람들은 자신에게 이러한 성격적 특성이 있다는 사실을 의식하지 못하는 경우가 많다.

자기애성 인격장애

자기애성 인격장애를 진단할 수 있는 특별한 실험실 검사나 영상 진단법은 없다. 대신 철저한 임상 평가, 심층 인터뷰, 설문 절차 및 개인의 증상과 행동 방식에 대한 심도 있는 의학적 평가를 바탕으로 진단을 내리게 된다. 증상의 양상은 개인마다 다르기 때문에, 자기애성 인격장애에 대한 진단은 자격을 갖춘 전문가만이 내릴 수 있다.

진단은 ICD-10 International Statistical Classification of Diseases and Related Health Problems(국제질병분류) 또는 DSM-5 Diagnostic and Statistical Manual of Mental Disorders(정신 질환의 진단 및 통계 편람)에 정의된 기준을 바탕으로 이루어진다. (세계보건기구 WHO는 정신 질환을 진단하기 위해 ICD-10을 발행한다. 이미 2022년 1월 1일에 ICD-11이 발효되었지만, 일부 버전은 아직 저작권의 문제로 사용할 수 없다. 미국에서는 DSM-5를 정신 질환 분류 체계로 사용하고 있다.)

✕ 자기애성 인격장애의 진단 기준 ✕

의학적 관점에서 인격장애의 기준에 해당된다면, 추가로 ICD-10에 규정한 자기애성 인격장애에 대한 구체적 기준 중 최소 다섯 가지 이상이 충족되어야 한다(ICD-10, F60.80).

- 자신이 특별하고 유일무이한 존재이며 오직 특별한 사람 또는 높은 지위를 가진 사람들(또는 그러한 기관)만 자신을 이해하거나 함께할 수 있다고 확신한다.
- 칭찬과 존경에 대한 욕구가 과도하다.
- 특권 의식: 정당한 근거 없이 특별한 대우를 받을 자격이 있다고 믿거나 자신의 기대가 자동적으로 충족되기를 바란다.
- 공감 능력 부족: 다른 사람의 감정과 욕구를 인정하거나 동일시하는 것을 거부한다.
- 다른 사람에 대한 질투가 잦거나, 다른 사람들이 자신을 질투한다고 확신한다.
- 행동과 태도가 오만하고 거만하다.

거울 속에 갇힌 나르시시스트
그리고 자존감을 위한 투쟁

그렇다면 나르시시스트는 겉으로 보이는 것만큼이나 지나치게 높은 자존감을 가지고 있을까? 놀랍게도 자세히 보면 겉으로 드러나는 자신감 뒤에 외부의 인정에만 의존하는, 불안정한 자존감이 숨어 있다는 사실을 알 수 있다. 이 현상을 이해하는 열쇠는 당사자의 어린 시절에서 찾을 수 있다. 나르시시즘은 내면에 깊이 자리한 열등감을 감추기 위한 일종의 방어기제로 발달할 수 있다. 어린 시절에 겪은 방치, 거부, 과도한 비판뿐만 아니라 과잉보호와 자율성이 부족한 환경 또한 아이가 불안을 상쇄하기 위해 과도한 자기도취를 발달시키게 만들 수 있다.

또 다른 중요한 측면은 외부의 인정에 대한 강한 의존성이다. 나르시시스트는 자신의 불안정한 자존감을 유지하기 위해 끊임없이 다른 사람들의 인정을 갈구한다. 이들의 자존감은 무엇보다 성공, 권력 및 찬사와 같은 외적 요인을 기반으로 하기 때문이다. 나르시시스트에게는 안정적인 내적 자아상을 만들어가는 능력이 부족한 경우가 많다.

나르시시스트들이 흔히 집착하는 높은 수준의 완벽주의 또한 낮은 자존감의 원인이 될 수 있다. 나르시시즘 성향이 뚜렷한 사람은 공격받을 빌미를 제공하지 않기 위해서 항상 모든 일에서 최고가 되려고 한다. 이들은 스스로 높은 기준을 세우고 삶의 모든 영역에서 완벽함을 기대한다. 너무나 자연스럽고 인간적인 일이지만 이러한 본인의 기준을 충족시키지 못하면, 이들의 자존감은 크게 상처받는다. 이때 이들은 겉으로 완벽한 모습을 유지하기 위해 거침없이 거짓말을 하고 속임수를 쓰기도 한다. 끊임없이 자신의 높은 기대에 부응해야 한다는 압박감은 자기 의심의 악순환으로 이어진다.

나르시시스트들은 자기 성찰을 꺼린다. 이들은 대개 자신의 약점이나 실수를 인정하지 않으려 하고 자신을 비판적으로 바라보는 것을 피한다. 이러한 자기 성찰 능력의 부족은 자신의 감정, 생각, 행동에 대한 현실적인 자기 평가를 할 수 없게 만든다. 이들이 자기 자신에 대해 가지고 있는 이미지는 피상적이고 왜곡되어 있으며, 이는 결국 자존감에 부정적인 영향을 준다.

모든 나르시시스트가 반드시 부정적인 자아상을 가지고 있는 것은 아니다. 발현 정도, 부모의 양육 방식 그리고 나르시시즘의 원인은 개인마다 차이가 있다.

> ✕ **큰 불안** ✕
>
> 나르시시즘은 단순히 과도한 자기애가 아니라 다양한 기제를 통해 감추려고 하는 깊은 불안이다. 나르시시스트의 불안정한 자존감을 보면, 겉으로 드러나는 자신감이 종종 내면 깊숙이 자리한 불안을 숨기고 외부로부터 인정받고자 하는 욕구를 채우기 위한 가면에 불과하다는 것을 알 수 있다.

✕ ✕ ✕

나르시시즘에는 어떤 유형이 있을까?

임상 연구에 따르면 병리적 나르시시즘, 즉 자기애성 인격 장애는 두 가지 양상으로 나타난다. 과대성-과시주의 그리고 취약성-민감성이다. 일부 나르시시스트는 금세 알아차릴 수 있을 만큼 거만하고 오만한 행동을 드러내는 반면에 다른 일부는 처음에는 불안하고 수줍어하는 것처럼 보일 수 있다. 그러나 심리 치료 과정에서 수줍어하는 듯한 나르시시스트도 위대함에 대한 강한 환상, 강한 자기중심성, 자신과 타인에 대한 과도한 요구와 같은 특징들을 보인다. 미국의 심리학자이자 심리학 교수인 폴 윙크Paul Wink(1991)는 이 두 가지 측면을 외현적 자기애Overt Narcissism(외현적 나르시시즘)과 내현적 자기애Covert Narcissism(내현적 나르시시즘)로 요약했다.

외현적 자기애

가장 잘 알려진 나르시시즘 유형이다. **외현적 자기애**는 스포트라이트를 받고 싶어하고 강한 자기애를 눈에 띌 정도로 드러낸다. 항상 자신이 관심의 중심이 되어야 하고 모든 사람의 찬사를 받기를 기대하는 이런 시끄러운 사람을 누구나 알고 있을 것이다. 이 유형의 특징은 그들의 외향적인 기질로 다른 사람들의 관심을 확실하게 끌어당긴다는 것이다. 이들의 매력에도 불구하고 우리는 이들의 자만심과 대담함을 뻔뻔한 것으로, 심지어 거북하게 느끼기도 한다. 특히 이들이 자기중심적이고 착취적이며 권위적인 태도를 일관할 때 더욱더 그렇다.

외현적 자기애는 스스로 높은 자존감을 가지고 있으며, 그에 따라 삶의 만족도도 높다고 말하는 경우가 많다. 이들의 외향성, 즉 외부로 향한 태도는 이들이 인정과 지배를 추구하고 이러한 목표를 달성할 수 있게 해준다. 이들의 나르시시즘은 모든 사람이 알아차릴 수 있다. 연인 관계에서 이들의 지배적인 성향은 파워게임(힘겨루기)을 통해 드러난다. 이들은 역기능적인 관계를 붙잡고 있는 경우도 많은 동시에 불륜에 빠지는 경향이 있다. 이들의 카리스마와 대담한 태도 덕분에 다른 사람을 쉽게 유혹하여 **침대로 끌어들인다**. 그 결과 정서적 깊이와 진정한 친밀감이 부족한 관계를 유지하기 쉽다.

외현적 자기애와 관계를 맺는 것은 상당히 위험하다. 이들의 지배적인 성향과, 권력과 지위를 향한 끊임없는 욕구로 건강하지 않은 관계 역학이 형성될 수 있다. 이들에게는 자신의 욕망과 욕구를 충족시키기 위해서 자신의 가족, 파트너, 친구, 동료를 조종할 위험성이 항상 존재한다.

내현적 자기애

스포트라이트를 찾아다니는 나르시시스트들이 있는 반면, 덜 알려지기는 했지만 그렇다고 결코 덜 복잡하지는 않은 **내현적 자기애**도 존재한다. 이 취약하고 연약한 유형은 외현적인 자기애와 마찬가지로 자기중심적이고, 착취적이며, 공감 능력이 부족하고 조작적인 특성을 가지고 있다. 하지만 비판과 관심에 대해서는 다르게 반응한다. 이들은 비판을 극도로 두려워해 쉽게 위축되고, 다른 사람들을 의심하며 경계한다.

임상적으로 봤을 때 내현적 자기애는 더 많은 스트레스, 불안, 죄책감을 경험하고 외현적 자기애에 비해 우울증을 앓는 경우가 더 많다. 이들은 보통 조력자 역할을 자청하지만 내면에는 항상 만성적인 질투가 도사리고 있다. 과장된 자아상과 부정적인 자아상 사이를 오가는 모순된 자아상을 가지고 있으며, 이러한 인식을 타인과 자신의 미래에 투영한다. 그로 인해 나타나는 부정적인 정서는 개인적 성장에 대한 깊은 거부로 나타난다. 즉, 부정적인 감정과 태도가 개인적으로 발전하고 새로운 경험을 하는 데 방해가 될 수 있다는 뜻이다. 새로운 경험들이 삶을 보다 만족스럽게 해준다고 해도 말이다.

내현적 자기애는 인간관계에서 회피적이고 불안한 성향을 보인다. 이들은 분노와 적대적인 비난을 품은 채 뒤로 물러나서 자신의 나르시시즘을 주로 내면에서만 경험하고 표현한다. 공감 능력이 있는 사람들과 공동 의존 관계에 있는 사람들은 종종 내현적 자기애의 행복에 책임감을 느끼고, 그 결과 자기 부정에 빠지기도 한다. 내현적 자기애와의 관계에서 발생하는 위험은 감정적 상처가 이미 발생한 후에야 알아차리게 되는 경우가 많다. 더 교묘한 형태의 조작이 이들이 나르시시스트라는 사실을 빠르게 파악하기 어렵게 만든다.

✕ 내현적 자기애 vs. 가면 증후군 ✕

사기꾼 증후군으로도 알려져 있는 가면 증후군Impostor Syndrome(임포스터 신드롬)은 자신의 능력과 성과에도 자신이 늘 부족하다고 느끼는 사람들의 심리를 말한다. 이들은 대개 자신이 성공할 자격이 없다고 생각하고 다른 사람들이 자신보다 더 능력이 뛰어나다고 확신한다. 이런 사람들은 흔히 자신을 사기꾼처럼 느끼며 자기 능력을 의심한다.

가면 증후군이 있는 사람들은 자신의 부족한 능력이 다른 사람들에게 들통날까 봐 두려워한다. 이러한 두려움은 완벽주의 성향과 매우 높은 성과 기준을 동반한다.

언뜻 보기에 가면 증후군은 내현적 자기애와 쉽게 혼동될 수 있다. 내현적 자기애 역시 다른 사람의 비판과 평가를 두려워하고 엄청난 자기 의심으로 고통스러워하기 때문이다. 그러나 가면 증후군이 있는 사람들과는 달리, 내현적 자기애는 자신의 분노와 자기 의심을 다른 사람을 향해 분출하는 경우가 많으며 그밖에 타인을 조작하고 착취하는 행동을 하는 경향이 있다.

자기애성 인격장애는 어떻게 발달할까?

나르시시즘은 어린 시절에 그 뿌리를 두고 있는 경우가 많다. 양육자의 양육 방식, 주 양육자와의 애착 관계의 질, 가족의 역학, 이 모든 것이 나르시시즘의 발달에 결정적인 역할을 한다. 이와 관련해서 이러한 특성의 발달에 영향을 미칠 수 있는 두 가지 주요 요인이 있다. 바로 초기 양육자에 의한 과잉보호와 방임이다.

보호의 경계
- 어린 시절의 과잉보호

부모의 과도하고 부적절한 보살핌은 나르시시즘의 발달을 촉진할 수 있다. 아이가 적절한 도전 과제를 부여받지 못하고 비판을 경험하지 못한 채로 지나친 칭찬, 찬사, 관심만 끊임없이 받는 경우에 자아상이 과장될 수 있다. 부모가 외부 세계의 모든 요인으로부터 아이를 지키겠다고 과잉보호하면 아이는 독립할 기회가 없어서 자율성과 자신감이 결여된다. 말 그대로 아이를 이불로 꽁꽁 싸매고 키우는 것과 같다.

청소년기가 되면 도전 과제를 해결하고 자립심을 키우는 데 어려움을 겪는다. 자기 능력이나 좌절에 대한 내성을 키우지 않았기 때문에 혼자 힘으로 무언가를 해야 할 상황에서는 불안과 상실감을 느낀다. 과잉보호를 받고 자란 아이들은 자신이 모든 면에서 특별하다고 믿으며 세상이 오직 자기를 중심으로 돌아가기를 기대한다. 그리고 부모가 자신을 미덥지 않게 여기면 열등감을 느낀다. 그러면 이들은 자신을 하나의 독립적 존재로 여기지 않게 되고, 보호의 울타리 밖에서 깊은 오해를 받는다고 느낀다. 동시에 자신이 부모가 그토록 칭찬한 것만큼의 재능이나 영리함이나 능력을 갖추고 있지 않다는 사실을 누군가 알아챌지도 모른다는 끊임없는 두려움을 안고 살아간다.

> **✕ 나르시시스트 아이 곁에 나르시시스트 부모가 있다 ✕**
>
> 나르시시스트인 아이의 부모 역시 나르시시즘적인 성격 특성을 보이는 경우가 드물지 않다. 이들은 자신의 충족되지 않은 욕망과 욕구를 자녀에게 전가하고, 자녀를 자신의 나르시시즘적인 결핍을 보상받는 도구로 삼는다. 예를 들어, 젊었을 때 운동을 했지만 프로 선수의 경지에는 이르지 못했던 아버지는 자신의 못다 이룬 꿈을 아들에게 전가한다. 그 결과 아이는 운동할 때 과도하게 훈련받고 압박을 받을 수 있다. 나르시시스트인 아버지는 자녀를 통해 자신이 이루지 못한 성공을 보상받기를 기대한다.

오직 성과만이 중요하다

성과만 지나치게 강조하는 환경에서 자란 아이들은 인정에 대한 중독에 빠질 수 있다. 성과 지향적인 환경에서 자란 아이들은 한편으로는 자신이 다른 사람으로부터 마땅히 찬사를 받을 자격이 있다고 배운다. 그러나 다른 한편으로, 자신이 오직 성과를 이루어야만 사랑받을 자격이 있다고 믿게 된다. 어린 시절의 이러한 신념은 계속해서 성공을 갈구하는 자기중심적인 삶의 방식을 조장한다.

홀로 남겨지다
- 아동 방임의 결과

주 양육자에게 거부당하는 경험은 아이에게 극심한 고통을 줄 수 있다. 자신이 받아들여지지 않거나 사랑받지 못한다고 느끼고, 심지어 버림받았다고 느낀다면 심각한 정서적 문제로 이어질 수 있다. 공감과 정서적 지지를 받지 못하면 아이는 타인의 감정을 이해하고 공감하는 능력을 기르는 데 어려움을 겪을 수밖에 없다. 인정과 확신에 대한 욕구가 충족되지 못한 결과, 인간관계에서 상대에게 공감하며 소통하는 대신에 지배적이고 자기중심적으로 행동할 가능성이 있다.

자존감에 심한 손상을 입은 유년기의 경험은 아이의 자아 발달 과정에서 과대성 경험에 의해 덮이게 된다. 이것은 과도한 자기애, 자기도취, 성공과 권력을 향한 지나치고 끊임없는 갈구로 나타난다. 나르시시즘은 자기 보호와 방어기제로 작용하고, 과대성은 낮은 자존감에 대처하는 전략 중 하나가 된다. 뿌리 깊은 열등감과 불안은 절대로 외부에 드러나지 않도록 꼭꼭 숨겨야만 한다. 그래서 우월한 자아상이 만들어진다. 과대한 자기 연출은 감정적 상처로부터 스스로를 보호하고 비판과 거절을 차단하는 방패 역할을 한다.

나르시시스트 부모의
황금 아이

나르시시스트인 부모가 있는 가정에서는 역동적인 패턴이 나타날 수 있으며 그 결과로 **황금 아이**가 배출될 수 있다. 황금 아이란 나르시시스트 부모의 총애를 받으며 특권과 관심을 누리는 자녀를 말한다. 언뜻 보기에 이는 아이에게 좋은 것처럼 여겨진다. 그러나 황금 아이의 역할에도 어려움이 있고 아이의 심리적 발달에 장기적인 영향을 미칠 수 있다. 부모는 자신의 이루지 못한 욕망과 꿈, 해결되지 않은 갈등을 황금 아이에게 투사한다. 아이는 부모의 연장선처럼 여겨지고 부모의 실현되지 않은 목표를 달성하거나 가족의 명성을 높이기 위한 도구가 되어버린다. 부모의 투사로 아이는 지나치게 높고 비현실적인 기대를 충족시켜야 하는 상황에 놓이게 된다.

나르시시스트 부모가 황금 아이를 대하는 방식의 특징 중 하나는 칭찬을 통한 과도한 긍정적 강화다. 아이는 아주 사소한 성취에도 인정을 받는다. 나르시시스트 부모는 황금 아이에게서 자신이 되고 싶었던 모습을 보고 그 이미지를 겉으로 완벽하게 나타내려고 한다.

그러나 황금 아이가 받는 사랑과 관심은 늘 조건과 결부되어 있다. 예를 들어 부모의 기대가 충족되는지 여부에 따라 달라질 수 있다. 아이는 사랑과 애정을 받기 위해서 부모의 기대를 충족시켜야 하는 위치에 놓이게 된다. 이는 상당한 압박감으로 작용한다. 부모의 기대에 부응해야 한다는 생각에 자신의 욕구와 필요를 억눌러야 한다는 느낌을 받는다. 장기적으로 아이는 부모의 욕구와 기대를 자신의 것으로 동일시하고 스스로 가족 내에서 특정 역할을 맡거나 어떤 이미지를 유지하기 위해 애쓰게 된다.

나르시시스트 부모의
희생양 아이

나르시시스트인 부모가 있는 가정에서는 자녀 중 한 명이 희생양 역할을 맡기도 한다. 나르시시스트 부모는 희생양 아이의 발달과 행복에 부정적인 영향을 미치는 특정 행동 패턴을 보이는 경향이 있다. 희생양 아이는 비판, 비난, 실패의 책임 전가, 처벌의 대상이 되는 경우가 많다. 나르시시스트 부모는 자신의 결핍, 불안, 부정적인 감정들을 희생양 아이에게 투사하고 자신의 약점을 그 아이 탓으로 돌린다.

희생양 아이는 일반적으로 가족 내에서 **문제아**로 불린다. 객관적으로 봤을 때 심각한 문제를 일으키지 않더라도 말이다.

예컨대 부모는 아이에게 비현실적 기대치를 가지고 있을 수 있다. 아이가 그 기대를 충족시키는 데 실패하면 그 책임을 아이에게 돌리고 모욕감을 주기도 한다. 희생양 아이는 대개 위축되어 있고 쉽게 불안해하며 비판이나 모욕에 매우 민감하게 반응한다. 희생양 아이가 가족 안팎에서 부정적인 시각으로 묘사되는 것은 결코 드문 일이 아니다. 희생양 아이와 비교해 보면 부모 자신은 더 긍정적 이미지로 묘사된다. 이를 통해 부모는 불안으로부터 자신을 보호할 수 있고 긍정적인 자기 인식을 유지할 수 있다. 이들의 목표는 **부족한** 아이와 비교하여 자신이 빛을 발하는 것이다. 실제로 자신이 더 낫다고 믿기 때문이거나, 자신을 외부에 더 잘난 사람처럼 보이게 하려고 말이다.

나르시시즘이
관계에 미치는 영향

　　인간관계는 우리 삶을 엮어가는 그물망과도 같다. 인간은 사회적 존재로서 유대감, 안락함, 진정한 우정, 만족스러운 파트너십을 갈망한다. 우리는 연결되고 이해받고자 하며, 완벽한 이상형을 찾기를 기대한다. 우리에게 자양분을 공급하고 인생의 여정에서 신뢰할 수 있는 버팀목이 되어주는 그런 상대 말이다. 우리가 맺는 관계는 우리 자신, 그리고 우리의 가장 깊은 내면의 욕구를 비춰주는 거울이기도 하지만 어린 시절의 상처를 인식하게 해주는 거울이기도 하다.

　　우리 모두 내면에는 위대하고 완벽한 사랑, 평생 지속되는 우정에 대한 희망을 품고 있다. 그런데 이런 환상이 갑자기 산

산이 부서지고 나르시시스트인 파트너의 손아귀에 들어가면 어떻게 될까? 가장 친한 친구가 우리를 조작하고 자신의 목적을 위해 이용한다면? 믿었던 동료가 우리의 업무 성과를 가로채 자신이 한 것처럼 떠벌리고 다닌다는 것을 알게 된다면?

갑자기 우리의 연인, 우정 또는 동료 관계가 갈등, 불안, 고통의 근원이 되어버린다. 권력 다툼, 조작, 착취는 자기 정체성의 상실로 이어진다. 처음의 반짝이던 사랑은 빛을 잃고, 오랜 친구에 대한 신뢰는 무너진다. 우리는 정서적 의존과 자기 의심의 어두운 미로에 갇혀 있는 자기 자신을 발견하게 된다.

연인 관계를 예로 들어 더 자세히 살펴보자. 나르시시스트가 관계에서 경험하는 사랑은 절대적인 완벽에 대한 비현실적인 꿈이자 통제, 지배, 자존감 상승에 대한 욕구다. 이들은 그 어떤 실수, 비판 또는 갈등 없이 자신의 모든 기대가 충족되는 공생적인 파트너 관계를 가장 선호한다. 자신의 욕망과 욕구가 항상 우선시되고 지속해서 찬사와 열광을 받고자 하는 깊은 욕망이 있는 것이다. 이러한 관계의 역학은 상대방이 뒤로 물러서서 자신의 경계를 포기해야만 성립이 가능하다.

나르시시스트와의 관계는 마치 회오리바람과 같다. 나르시시스트인 파트너는 폭풍의 중심에 자리 잡은 반면에 상대는 점점 더 깊은 소용돌이 속으로 빨려 들어간다. 회오리바람은 압도적이고 강력한 나르시시스트의 자기중심성과 강렬한 욕구를 상징한다. 나르시시스트는 관심, 인정, 찬사 그리고 통제에 대한 끊임없는 갈망으로 강력한 소용돌이를 만들어내 상대를 갈등, 의존, 복종의 회오리 속으로 끌어들인다. 소용돌이 속에서 빠져나오기 어려운 것처럼 이런 파괴적인 역학에서 벗어나고 건강하지 않은 순환에서 탈출하기란 거의 불가능하다.

인간관계의 현실은 복합적이라 타협하려는 의지, 공감 능력, 파트너 또는 상대방의 욕구와 소망을 배려할 수 있는 능력이 필요하다.

이제 알다시피 성공과 찬사에 대한 끊임없는 충동은 나르시시스트의 대표적인 특징이다. 나르시시스트는 스스로 아주 높은 목표를 세우고 일반적으로 매우 성과 지향적이다. 하지만 이러한 야망으로 일과 삶의 균형이 깨지고 개인적인 관계와 주변 사람의 욕구를 등한시하게 된다. 예를 들어 나르시시스트는 직업적으로 매우 성공할 수는 있지만 결코 진정한 만족감을 느끼지 못한다. 모든 성공을 새로운 도전으로 간주하고 경쟁자를 뛰어넘어야 하는 것으로 여긴다. 이들은 자신의 성과 지향적 세계에서 점점 더 자신을 잃어버리고 인간관계를 소홀히 하게 된다.

나르시시스트는 자신을 향한 찬사를 끊임없이 욕망하면서, 다른 사람의 욕구나 감정을 전혀 고려하지 않고 주변 사람들을 도구화한다. 한 가지 예를 들어보면, 나르시시스트는 팀 회의에서 설득력 있고 공감하는 리더로서의 모습을 보여줄 수 있다. 팀원들의 아이디어를 지지하고 그들의 의견을 진지하게 받아들인다. 그러나 동시에 이런 호의적인 태도를 이용해서 자신의 목표를 이루고자 팀을 자기편으로 끌어들인다. 그런데 후에 막상 중요한 결정을 내릴 때는 이런 공감 능력이 **차단**되어버릴 수 있다. 팀원들의 우려나 역량을 고려하지 않고 갑자기 업무를 위임해버릴 수 있다. 나르시시스트의 가장 중요한 목표는 자신의 성과를 극대화하는 것이며 그 과정에서 발생하는 피해는 고려 대상이 아니다.

나르시시스트와의 관계는 대부분 다음과 같은 두 가지 방향으로 발전한다. 이들은 자신에게 끊임없는 찬사와 인정을 선사할 수 있는 열등한 친구 또는 파트너를 찾거나, 권력과 성공을 겸비하고 있어서 자신의 가치를 올려줄 수 있는 **대단한** 파트너를 선택한다. 특히 나르시시스트와의 연인 관계에서는 매우 조심해야 한다. 사소한 비판도 그들에게 큰 상처가 될 수 있기 때문이다.

나르시시스트는 자신이 설정한 높은 성과 기준을 다른 사람들에게 전가하고 특별 대우를 받기 위해 교묘한 전략을 사용한다. 예를 들어, 이들은 어떤 의사 결정이나 계획이 항상 자신의 방식대로 이뤄져야 한다고 고집한다. 비록 주변 사람들이 손해를 보더라도 말이다. 자신이 우월하거나 특별히 중요하다고 믿기 때문에 항상 특별 대우나 특권을 누리는 것이 당연하다고 여긴다.

  나르시시스트의 또 다른 특징은 자율성에 대한 강한 욕구다. 나르시시스트는 혼자서 결정을 내리고 타인의 영향에서 벗어나 독립적으로 존재하기를 원한다. 이들은 '나는 괜찮지 않아' 또는 '나는 실패자야'와 같은 부정적인 신념을 내면화한 경우가 많다. 이런 신념을 바탕으로 그들은 다음과 같은 결론을 내린다. '무시와 비판은 절대 피하자.' '어떤 대가를 치르더라도 반드시 성공해야 한다. 그래야만 사랑받을 수 있다.' '최고가 되어서 절대 남에게 의존하지 말자.'

2장

누가 나르시시스트일까?

진단 대신 자기 성찰

외부인으로서 우리는 다른 사람의 내면에 무슨 일이 일어나고 있는지, 어떤 동기부여 또는 동기가 그들의 행동에 영향을 미치는지 절대로 정확히 알 수 없다. 따라서 우리가 간단한 대화나 관찰만으로 어떤 사람에 대해 명백한 진단을 내리기란 불가능하다.

> × 동기부여와 동기 ×
>
> 동기부여Motivation는 어떤 행동을 하도록 추진하는 힘이다. 반면에 동기 Motive는 그 행동을 유도하는 근본적인 이유 또는 목표다.

그렇지만 특정 질문들은 나르시시즘적 행동 특성이 있을 가능성 유무에 대한 힌트를 제공할 수 있다. 이때 결정적으로 중요한 것이, 그러한 행동이 우리 자신에게 어떤 영향을 미치는지를 인식하는 것이다. 다른 사람을 진단하는 것은 우리의 역할이 아니다. 우리가 해야 할 일은 자기 행복에 집중하는 것이다. 만약 당신이 상대하는 사람이 나르시시즘적 특성이 있다는 느낌이 든다면, 스스로 다음 질문들을 읽고 답해보자.

- 그 사람은 (인간관계) 문제에 대해 세밀하게 성찰하고 자신의 책임인 부분을 인식할 수 있는가?
- 그 사람은 실수를 인정하고 사과할 자세가 되어 있는가?
- 그 사람은 오랜 기간 관계를 유지한 동료나 친구가 있는가?
- 그 사람은 장애물을 만나거나 흥미가 떨어지더라도 일단 시작한 프로젝트, 학업 과정, 직업교육 등을 끝까지 마치는가?
- 그 사람은 다른 사람의 성취를 진심으로 인정하고 존중하는가?

질문에 '아니오'라고 대답한 횟수가 많을수록 당신의 상대는 나르시시즘적 특성이 있을 가능성이 높다.

- 그 사람의 삶은 비교적 일관성 있는가 아니면 삶에서 잦은 변화와 단절이 있는가?
- 그 사람은 매우 카리스마가 있고 사람을 강하게 끌어당기는가?
- 그 사람과 당신이 서로 이야기를 나눌 때 진정한 대화가 오가는가 아니면 대부분 일방적인 독백인가?

질문에 '예'라고 대답한 횟수가 많을수록 당신의 상대는 나르시시즘적 특성이 있을 가능성이 높다.

혹시 나도 나르시시스트일까?

많은 아이가 다른 사람 앞에서 자신의 의견을 내세우지 말고, 자신을 낮추고 관심의 중심에 서지 말라고 배우면서 자란다. 그런데 이런 아이들은 나중에 나르시시즘적인 성향을 보이거나 자기애성 인격장애를 가진 사람들에게 이상적인 파트너가 되어버린다. 이들은 상대에게 양보하고 찬사를 보내고 잘 보이려고 애쓰는 경향이 있다. 심리학에서는 이들을 보완적 나르시시스트라고 부른다(보완적 나르시시즘이라는 용어 외에 **공동 나르시시즘**이라는 표현도 있다).

보완적 나르시시스트는 고전적 나르시시스트와 기본적인 나르시시즘 구조를 공유한다. 후자가 우월함을 내세운다면,

보완적 나르시시스트는 열등감을 느끼는 역할을 맡는다. 고전적 나르시시스트의 외현적 자기애는 지배하려는 욕망, 이기주의, 불신을 보여주는 반면에 보완적 나르시시스트는 억제, 예민함, 자기 비하가 특징인 내현적 자기애를 나타낸다고 할 수 있다. 이들은 다른 사람의 의견에 매우 민감하게 반응하고 주목받는 것을 꺼린다.

나르시시스트는 흔히 자존감이 낮고 겸손해서 순응을 잘하는 사람을 파트너로 선택한다. 이런 사람들은 어린 시절부터 위축되는 법을 배웠고 무시당하는 데 익숙해져 있다. 자신의 욕구는 늘 뒷전이고 타인의 욕구에 순응한다. 이들은 자신의 이상적인 자아, 자신이 되고 싶은 모습을 완벽해 보이는 대상(이상형의 파트너)에게 투사하는 경우가 많다. 이런 식으로 이상형의 파트너와 자신을 동일시해, 자신이 스스로 받아들일 수 있는 자아에 이르기 위해 수용을 갈구한다.

보완적 나르시시스트는 기본적으로 나르시시즘적인 구조를 가지고 있지만, 그 징후는 반대로 나타난다. 고전적 나르시시스트가 자신에 대한 찬사와 인정을 얻고자 하는 반면, 보완적 나르시시스트는 다른 사람을 위해 자신을 완전히 희생하려는 경향이 있다. 나르시시스트가 자신의 자존감을 높이려는 바로 그 지점에서, 보완적 나르시시스트는 자신이 동일시한 다른 사람의 자아를 강화하는 데 집중하기 위해서 자신의

> ✕ **어린 시절의 원인 - 보완적 나르시시즘** ✕
>
> 보완적 나르시시스트는 어릴 때부터 책임을 떠안아야 했던 사람인 경우가 많다. 부모 중 한 명이 힘든 상황에 처해 있거나 자신의 문제로 어려움을 겪는 경우 또는 유해한(독성적인) 양육 행동을 보일 때 발생한다. 이런 상황에서 아이는 부모의 역할을 대신하게 되고 일찍부터 독립적으로 행동하고 빠르게 어른이 되어야 한다. 이처럼 부모와 자녀 사이에 역할이 뒤바뀌는 것을 심리학자들은 부모화Parentification라고 부른다. 이런 경험은 아이들의 내면에 깊은 흔적을 남긴다. 아이들은 순응하고 복종하며 반항하지 않는 법을 배운다. 이들의 생존 전략은 문제를 일으키지 않고 무엇보다도 완벽하게 역할을 수행하는 것이다. 이 아이들은 다른 사람을 보살피고 돌봐야만 애정과 사랑과 관심을 경험한다.

자아 계발을 포기한다. 두 사람 다 불완전하게 형성된 자아를 가지고 있으며, 다른 사람과 비교해서 자아가 위협받고 열등하다고 인식한다. 그러나 이러한 결핍에 대한 방어기제는 다르게 작동한다. 나르시시스트는 자신의 약한 자아를 파트너를 통해 높이려고 하는 반면에 보완적 나르시시스트는 파트너에게서 이상적인 자아를 찾으려고 하며 그 과정에서 자기 자신을 잃어버리는 경향이 있다. 이들은 자신을 복종시키고 파트너의 가치와 이상을 그대로 받아들인다. 그래서 힘겨운 수고와 상호 간의 타협 없이도 언뜻 보기에 조화롭고 공존하는 듯한 관계 체계가 만들어진다. 하지만 이것은 권력과 복종에 기반한 체계인 것이다.

　나르시시스트에게 이러한 파트너는 독립적이거나 동등한 존재라기보다는 오히려 자기 자아의 연장선에 불과하다. 그는 자신의 자율성을 유지할 수 있는 명확한 위계 구조를 만들며, 스스로 억압당하지 않으려 필요한 경우 거리를 둔다. 반면에 보완적 나르시시스트는 이런 이기적인 취급을 처음에는 냉대로 받아들이지 않고 오히려 충족으로 받아들인다. 이들은 나르시시스트에게 도움이 되는 것을 기쁘게 생각하고 모든 면에서 그를 만족시키려고 애쓴다. 그러다 실패할 경우 실망하거나 스스로를 비난한다. 이들은 나르시시스트와 하나로 융합되기를 원한다.

보이지 않는 동맹: 나르시시즘적 결탁

초기의 부모-자녀 관계를 제외한 모든 종류의 인간관계에서, 두 사람은 각자의 행동뿐 아니라 자신이 인내하고 허용하는 것에 대해 동등하게 책임이 있다. 나르시시즘적 결탁은 두 사람이 마치 자물쇠와 열쇠처럼 정확한 기능을 수행하는 상호작용의 한 유형을 말한다. 두 사람은 무의식적으로 또는 의식적으로 해로운 행동 방식을 고수하는 경향이 있다. 자신들의 관계의 역학을 유지하고 싶어하기 때문이다.

나르시시즘적 결탁은 연인 관계에만 국한되지 않고 많은 사회적 관계에서도 발생한다. 나르시시즘적인 성향을 가진 사람들은 이런 성향을 지지하거나 복종할 준비가 된 사람들과 만나게 된다. 특히 부모-자녀 관계에서 나르시시즘적 결탁이 흔하게 나타난다. 이 관계에서는 상호 간의 의존과 확인이 특징인 긴밀한 유대감이 형성되지만, 아이의 건강한 정서적 발달은 희생되어버린다. 아이는 부모의 나르시시즘적 자아상을 지탱해야 한다는 의무감을 느끼며 자신의 개인적인 욕구는 억누르고 무시하게 된다.

일반적으로 보완적 나르시시스트는 고전적 나르시시스트가 위대함을 과시하는 것에 이끌린다. 동시에 그는 공감을 잘하는 사람처럼 행동할 수 있으며 상대방이 자신의 애정 어린 관심을 통해 변하고 자신에게 관심을 보이기를 기대한다. 두 사람은 함께 환상에 불과한 현실 속에 살며 왜곡된 자아상을 서로 강화한다. 보완적 나르시시스트는 고전적 나르시시스트를 흠모하고 그에게 복종함으로써 자신의 자존감을 높이는 반면에 고전적 나르시시스트는 보완적 나르시시스트의 헌신과 찬사를 통해 자신의 관심과 인정에 대한 욕구를 충족시킬 수 있다.

나르시시즘적 결탁은 나르시시스트가 의식적으로든 무의식적으로든 타인에게서 이상을 찾고 있는 누군가를 만날 때 일어난다. 기본적으로 보완적 나르시시스트 역시 관계에서 자신의 목표와 욕구가 충족되기를 바란다. 그는 과시적인 나르시시스트와의 연합을 통해 이상적인 자아를 성취하기를 갈망한다. 보완적 나르시시스트는 이 과정에서 구원에 대한 환상을 품고 있으며 이는 나르시시스트의 위대함과 특성이 유사하다. "오직 나만 나르시시스트가 나와 사랑에 빠지게 만드는 데 성공했어." "오직 나만이 그 사람을 구원할 수 있어." "나만 그 사람에게 진정한 사랑이 무엇인지 보여줄 수 있고 세상의 모든 나쁜 것으로부터 지켜줄 수 있어."

모든 행동에서 보완적 나르시시스트는 조용히 계산기를 두드려본다. 그러면서 자신이 나르시시스트의 위대함의 일부가 되기를 요구한다. 자신은 없어서는 안 될, 꼭 필요한 존재이기 때문에 나르시시스트에게 자신을 사랑해달라고 요구할 수도 있다. 그러나 바로 그것이 병적인 나르시시스트가 들어주지 못하는 부분이다. 그래서 결국 나르시시스트와 보완적 나르시시스트는 서로에게 조작적인 관계로 남게 된다. 두 사람 모두 자신의 욕구와 필요를 위해 상대방을 이용하고 착취하려고 한다.

보완적 나르시시스트가, 자신의 나르시시스트 파트너가 더 이상 가까워지는 것을 허용하지 않는다는 것을 눈치채면 그때부터 악순환이 시작된다. 버려질지도 모른다는 불안과 동시에 통제하려는 욕구가 커진다. 그로 인해 나르시시스트인 파트너의 욕구와 자유가 제한되고, 그래서 나르시시스트는 그 관계에서 벗어날 방법을 찾기 시작한다.

보완적 나르시시스트가 보여주던 찬사가 약해지면 나르시

시스트 파트너는 다른 곳에서 인정받으려고 한다. 그러나 동시에 버림받을지도 모른다는 두려움이 커진다. 나르시시스트는 파트너가 자신의 자아에 완전히 복종하기를 기대한다. 그는 파트너가 자기 자아의 연장선, 즉 그의 위대함을 끊임없이 확인해주는 메아리 또는 거울이 되어주기를 바란다. 바로 여기에 자기애적 상처Narcissistic Injury가 있다. 나르시시스트는 저항하거나 한눈팔지 않고 그를 이상화해서 우러러볼 대상을 찾는다. 나르시시스트는 '나는 네가 마땅히 희생해야 할 이상적인 존재야'라는 심리적 패턴에 따라 자신의 보완적인 파트너를 선택한다.

이러한 유형의 관계는, 두 사람이 서로를 배려하고 더 지배적인 파트너가 공감을 해주면 실제로 잘 기능할 수도 있다. 그러나 복종적인 파트너가 자의식이 강해지고 자신의 욕구를 표현하기 시작하면 관계의 안정성은 빠르게 흔들릴 수 있다.

이러한 관계 구조는 개인이 발전할 여지가 거의 없기 때문에, 필연적으로 문제가 발생할 수밖에 없다. 각자의 역할이 엄격히 고정되어 있어 간단하게 역할을 바꾸거나 조정하기가 어렵다. 겉으로 복종하는 듯하던 파트너가 갑자기 매우 지배적인 행동을 하면 원래 지배적이던 파트너는 무력하고 때로는 매달리는 역할로 바뀌게 된다. 보완적인 나르시시스트가 갑자기 이별하겠다고 위협할 때 그렇게 될 수 있다. 나르시시스트는 분노와 공격성으로 반응하고, 이는 다시 보완적 나르시스트의 구원 환상을 활성화시킨다. 이제 마침내 자신이 사랑받고 필요한 존재라는 느낌이 들면 행동 패턴은 또다시 익숙한 옛 모습으로 돌아간다.

보완적 나르시시스트가 자신의 개성을 발휘하고 나르시시스트인 파트너와 거리를 두려고 할 때마다 독이 되는 갈등에 빠지게 된다. 이때 나르시시스트는 모든 수단을 동원한다. 큰 소리로 싸우거나 위협하거나 모욕을 주는 방식으로 보완적인 나르시시스트를 종속적인 위치에 머무르게 만든다. 보완적 나르시시스트는 움츠러들수록 자기 삶에서 나르시시스트가 꼭 필요하다는 믿음이 더 강해진다. 어느 순간부터는 그가 없으면 진짜 살 수 없다고 느낀다. 이러한 의존 관계는 다음 사례에서 볼 수 있듯이 일상적인 문제에서 흔히 나타난다.

마야와 루카는 대학 시절부터 가장 친한 친구 사이였다. 두 사람의 관계는 몇 번 고비가 있기는 했지만 그래도 항상 사이가 좋아 보였다. 매력적이고 외향적인 여성인 마야는 나르시시즘적 특성이 뚜렷했다. 그녀는 성공한 사업가이자 진정한 SNS 스타였다. 그녀는 항상 팔로워들뿐만 아니라 친구와 지인들의 찬사와 인정을 갈구했다. 그녀는 스포트라이트를 받는 것을 즐겼고 친구들이 자신의 성공과 업적에 감탄해주기를 기대했다. 자신의 욕구와 소망이 그녀의 주요 관심사였다.

반면 루카는 공감 능력이 뛰어나고 지지를 아끼지 않는 사람이었다. 그는 마야의 자신감과 카리스마 있고 개방적인 성격을 동경했다. 그는 겸손한 성격의 근로 대학생이었으며, 앞에 잘 나서지 않고 눈에 잘 띄지 않는 사람이었다. 시간이 지남에 따라 그는 마야를 행복하게 만드는 데 초점을 맞추고 자신의 욕구보다 마야의 욕구를 우선시하는 보완적 나르시시즘의 특성을 가지게 되었다.

마야와 루카의 나르시시즘적 결탁은 미묘한 패턴으로 그들의 우정에 스며들었다. 마야는 자신의 성공, 여행, 협업에 대해 끊임없이 이야기하면서 루카가 감탄하며 자신을 우러러보기를 기대했다. 그녀는 두 사람의 우정에서 중심적인 위치를 차지했고 다른 사람, 특히 루카의 관점을 이해하는 데 어려움을 느꼈다. 반면에 루카는 자주 경청자, 사진작가 또는 조력자의 입장에 놓이게 되었다. 루카는 마야로부터 그녀가 마야의 콘텐츠 제작을 지원하고 그녀의 성공을 축하해주고 자기중심적인 관점을 지지해주기를 바라는 미묘한 기대를 느꼈다. 그러나 루카가 자신의 대학 생활에서 성공적인 부분이나 개인적인 고민에 관해 이야기하려고 할 때마다 마야는 자신의 이야기로 다시 화제를 돌려버렸다.

시간이 지나면서 마야와 루카 사이에 나르시시즘적 결탁이

2부. 정신적 독을 품은 사람들

분명하게 드러났다. 마야는 루카를 곁에 두는 것에서 만족감을 느꼈다. 루카는 자신보다 그녀의 소망과 관심사, 욕구를 우선시할 준비가 되어 있는 사람이기 때문이었다. 반면 루카는 마야를 위해 좋은 콘텐츠를 제작했을 때 마야로부터 받은 관심과 인정을 소중히 여겼다. 비록 자기 정체성이 희생되더라도 말이다.

루카는 마야의 세계에서 조력자이자 숭배자가 되어갔다. 그 과정에서 자신의 야망과 목표는 뒷전으로 밀려났다. 이런 역학은 결국 루카가 우정이 깨질까 봐 두려워서 마야와 의견이 다른 부분을 언급하거나 자신의 의견을 표현하기가 어려운 분위기를 조성했다. 루카는 나르시시즘적 결탁의 부정적인 영향을 느끼기 시작했다. 마야를 지지하고 그녀에게 잘 보이기 위해서 자신의 꿈을 등한시한 탓에 안 그래도 낮았던 루카의 자존감은 더더욱 무너졌다. 두 사람 사이의 우정은 루카가 점점 더 자신의 개성을 포기하게 되는 일방적인 관계가 되어버렸다.

루카는 다른 친구들과도 교류하고 있었지만, 마야와의 우정하고는 비교할 수 없었다. 그는 자신이 마야에게 정서적으로 의존하고 있다고 느꼈고, 이제는 마야의 의견을 고려하지 않고는 자신의 결정을 내리는 데 어려움을 겪었다. 심지어 불만이 생긴 순간에도 루카는 두 사람의 우정을 위태롭게 만들고 싶지 않아 불만을 언급하는 것을 주저했다. 루카가 어느 순간

자기 자신을 잃어버렸다는 사실을 깨닫기 시작했을 때 두 사람의 우정은 임계점에 도달했다. 루카는 두 사람의 우정이 불균형적이고 마야의 꿈만 좇는 것이 더 이상 편하지 않다는 사실을 깨달았다. 협업을 통해 마야는 많은 돈을 벌었지만, 그 수익의 일부를 루카에게 나눠줄 생각은 하지 않았다. 루카는 철저히 소외되어버렸다.

    루카는 마침내 용기를 내어 마야에게 자신의 감정을 표현했다. 그 결과 첨예한 대립이 일어났고, 마야는 루카의 욕구를 전혀 인식하지 못한다는 사실이 드러났다. 마야는 분노와 공격적인 태도로 반응했고 루카의 관심사를 하찮게 여겼다. 이 갈등으로 두 사람은 일시적으로 소원해졌고, 그동안 루카는 자신의 소망과 욕구를 더욱 명확하게 정의하는 시간을 가졌다. 그는 상담 치료사와 함께 자존감을 회복하기 위해 노력했고, 마야에게 명확한 경계를 설정하고 자신의 욕구를 분명하게 전달했다. 처음에는 이런 변화를 못마땅해하던 마야는 자신의 나르시시즘적 기대가 더 이상 이루어지지 못할 것이라는 사실을 천천히 깨닫기 시작했다. 마야는 자신의 실수와 잘못한 부분들을 되돌아볼 능력을 갖추지 못했지만 그래도 위태로운 우정을 유지하기 위해서 루카의 개성을 존중하려는 노력을 시작했다.

자가 진단 테스트: 나르시시즘적 결탁

다음 테스트를 통해 당신의 인간관계에서 나르시시즘적 결탁의 징후가 있는지 확인할 수 있다. 해당되는 항목이 있다면 스스로 판단해 점수를 매겨보자.

0 = 전혀 해당되지 않음
1 = 가끔 해당됨
2 = 자주 해당됨
3 = 항상 해당됨

나는 늘 상대방에게 맞춰주고 상대방의 욕구에 순응해야 한다는 느낌이 든다.	0	1	2	3
상대방은 내가 자신을 우러러보고 그의 관심사와 활동에 완전히 몰두하기를 기대한다.	0	1	2	3
나는 상대방의 기대와 요구를 충족시키지 못할 때 자주 불안과 두려움을 느낀다.	0	1	2	3
나는 상대방의 소망을 우선시하며 나 자신의 욕구와 관심사를 소홀히 한다.	0	1	2	3
내가 상대방의 기대에 부응하지 못하면 상대방이 나를 비판하거나 무시한다는 느낌이 든다.	0	1	2	3
나는 계속해서 상대방의 마음에 들려고 노력하며 내가 상대방에게 저항하거나 내 의견을 표현했을 때 생길 결과가 두렵다.	0	1	2	3
나는 상대방과의 관계, 상대방의 욕구를 위해 헌신하느라 다른 관계나 사회적 교류에 소홀해지고 있다.	0	1	2	3

| 나는 상대방에게 압도당하고 감정적으로 의존한다는 느낌이 자주 든다. | 0 | 1 | 2 | 3 |

평가

모든 점수를 합산한 다음 아래 해석을 확인해보자.

0~8점: 당신의 관계에서 의존성 또는 나르시시즘적 결탁이 차지하는 부분은 매우 낮다.

9~16점: 상대방에 대한 어느 정도의 의존성과 나르시시즘적 결탁의 징후가 보인다. 당신의 관계를 더 자세히 분석하고 자존감과 독립성을 키우는 것이 필요하다. 당신의 자존감을 강화하는 데 도움이 되는 조언은 176쪽에서 확인할 수 있다.

17~24점: 정서적 의존성과 나르시시즘적 결탁의 징후가 강하게 나타난다. 더 건강한 관계를 발전시키고 자존감을 높이기 위해 전문가의 지원이나 상담을 고려해보자. 183쪽에서 우선 도움이 될 만한 조언을 찾아볼 수 있다.

3장

나르시시즘에 대처하는 방법

나르시시스트와의
효과적인 의사소통 및 대처 방법

당신 주변에 있는 나르시시스트와의 관계를 끊는 것이 항상 가능하지는 않다. 예를 들어 당신의 상사나 시부모(또는 처부모) 중 한 사람이 나르시시즘적 성향을 보인다면 그들과의 관계를 간단히 정리하는 것은 그리 만만한 일이 아니다. 만약 관계를 어느 정도라도 원만하게 유지해야만 한다면 반드시 지켜야 하는 핵심적인 규칙이 있다. 바로 이들에게 정기적으로 칭찬과 찬사를 건네는 것이다. 비록 마음이 내키지 않더라도 이렇게 하면 기가 빨리는 조작이나 나르시시스트의 심리 게임을 예방하거나 최소화할 수는 있다. 그러면 당신이 나르시시즘적인 관계의 구도에서 완전히 벗어나기 위해 필요한 에너지를 얻을 수 있다.

모든 칭찬과 찬사에는 진정성과 정직성이 중요하다. 예를 들어 나르시시즘 성향이 있는 직장 동료가 있다면 그 동료에게 업무에 대한 피드백을 더 많이 주고 (실제) 성과를 인정해주는 것이 좋다. 구체적으로 오늘 팀 회의에서 그의 발표가 얼마나 인상적이었는지 강조하는 것이다. 이때 동료가 자신의 성과가 별것 아니라고 한다면, 그는 더 많은 칭찬과 인정을 갈망하고 있다고 볼 수 있다. 그러면 당신은 "지금 너무 겸손한 것 같아요" 또는 "정말 일을 훌륭하게 잘 해냈다고 생각해요"와 같은 말을 해줄 수 있다.

이런 종류의 칭찬에서는 단순히 자기 생각을 말하는 것뿐만 아니라, 왜 그렇게 생각하는지 설명하는 것이 중요하다. 당신이 뭔가 바꾸고 싶거나 다른 어떤 것을 원한다면 그것이 당신에게 왜 중요한지 설명하자. 그렇게 하면 다른 사람들이 당신에게 필요한 사항을 더 잘 이해할 수 있고 모두가 함께 해결책을 찾기가 더 쉬워진다. 마치 모두가 한편이라는 것을 확인하기 위해 당신이 그렇게 생각하는 배경을 공유하는 것과 같다. 이렇게 하면 신뢰가 쌓이고 오해를 피하는 데 도움이 된다.

비판할 때는 적당히, 관계에 긍정적인 영향을 미치고 불필요한 갈등을 일으키지 않도록 신중하게 하자. 나르시시스트에게 구체적인 비판을 하기 전에 우선 칭찬이나 좋은 말과 같은 긍정적인 말부터 시작하는 것이 좋다. 이렇게 하면 분위기가 좋아지고 상대방은 당신이 하고자 하는 말에 더 쉽게 마음을 열 수 있다. 참고로, 이것은 나르시시스트와 대화할 때뿐만 아니라 일반적으로 다른 사람들을 대할 때도 마찬가지다. 긍정적으로 시작하면 다른 사람들이 당신의 비판을 더 쉽게 받아들일 수 있고 긍정적인 논의를 하는 데에도 도움이 된다.

또한 당신이 투명하게 소통한다면 당신은 결점을 지적하려는 것이 아니라 긍정적인 변화를 추구한다는 것을 보여줄 수 있다. 이때 간접적인 칭찬을 하는 것도 노련한 방법이다. 나르시시스트에게 얼마든지 비판을 수용할 수 있는 사람이라는 것을 전달하면 된다. 예를 들어 다음과 같이 말할 수 있다. "어떤 사람들은 비판을 받아들이기 어려워하죠. 하지만 당신은 그렇지 않다는 것을 알고 있어요." 그런 다음에 당신이 비판할 내용을 전달하자. 나르시시즘 성향을 가진 사람과의 관계에서는 권력 싸움을 유발하지 않는 것도 중요하다. 특히 경쟁이 일상인 직장에서 그렇다. 나르시시스트인 동료 앞에서 어떤 경쟁 상황을 공개적으로 드러내지 말자. 그런 상황은 불필요한 충돌과 긴장을 유발할 수 있다.

대신에 협력과 집단의 성공에 기반하는 팀 정신을 장려하는 것이 도움이 된다. 여러분이 얼마나 좋은 팀인지, 함께 이룬 성과에 대해 강조하자. 이렇게 하면 불필요한 긴장을 유발하지 않으면서 모두가 자기 능력을 최대한 발휘할 수 있는 생산적인 업무 환경을 조성할 수 있다.

부모가
문제인 경우

많은 사람들이 나르시시스트인 부모를 대하는 최선의 방법은 무엇인지 묻는다. 어린 시절에 우리는 부모의 보살핌에 의존한다. 부모는 우리를 보호하고 음식과 옷을 제공하고 가장 이상적으로는 우리의 욕구를 알아차리고 충족시켜준다. 하지만 나르시시즘적인 성향을 가진 부모는 다르다. 이런 사람들은 주로 자기 자신에게만 집중하고 자녀가 자신의 기대에 부응할 때만 관심을 기울인다. 성인이 된 자녀에게 가장 중요한 것은 부모의 이런 태도를 있는 그대로 받아들이는 것이다. 심리학에서는 이를 **철저한 수용**Radical Acceptance(급진적 수용)이라고 부른다. 이것은 부모의 잘못을 정당화하라는 뜻이 아니라, 모든 책임을 자신에게 돌리지 않기 위한 태도다. 나르시시스트인 부모가 변할 가능성은 제로에 가깝다고 할 수 있다. 성인이 된 부모의 성격은 이미 굳어져 쉽게 변하지 않는다. 부모를 바꾸려는 시도는 당신을 지치게 하고 실망하게 만들 뿐이다.

부모 중 한 명이 나르시시스트인 경우 온 가족에게 상당한 부담이 될 수 있다. 끊임없는 인정 욕구, 조작적인 행동과 공감 능력 부족으로 갈등과 정서적 어려움을 겪는다. 자녀의 경우 그런 부모를 상대하기란 매우 어렵다. 나르시시스트인 부모는 자녀의 감정을 거의 또는 전혀 고려하지 않고 항상 자신의 욕구를 최우선으로 삼는다.

나르시시즘 성향이 있는 부모를 대하는 첫 번째 단계는 자신의 감정과 지각을 인정하고 받아들이는 것이다. 자신의 경계를 알고 그것을 존중하는 법을 배우는 것이 중요하다. 자존감을 지키는 것은 일반적으로 나르시시스트를 대할 때 필요한 중요한 보호 기제다. 특히 나르시시스트 부모를 대할 때는 더더욱 그렇다.

당신은 자신의 한계를 잘 알고 있는가? 자신의 한계를 아는 것은 쉬운 일이 아니다. 어렸을 때 나르시시스트인 부모 밑에서 자랐다면 다른 방식의 관계나 행동을 경험해본 적이 없었을 것이다. 많은 경우 아이들은 성인이 되어서야 부모 중 한 명이 나르시시스트라는 사실을 깨닫게 된다. 치료적 지원은 자녀가 자신의 욕구를 인식하고 부모의 독성적인 행동에 맞서 자신을 지키는 데 도움이 될 수 있다.

나르시시즘적 성향의 부모와 선을 긋고, 그들의 무시하고 깎아내리는 발언을 개인적으로 마음에 담아두지 않기 위해서는 자존감을 강화해야 한다. 이때 아주 작은 한 발짝을 내딛는 것만으로도 매우 큰 도움이 된다. 예를 들어, 나르시시스트 부모와의 교류에서 당신의 통제권을 유지하기 위해 부모에게 방문이 가능한 시간을 명확히 설정한다. 만약 부모와 함께 살고 있다면 확실한 공간적 분리가 도움이 된다. 때로는 서로 자주 마주치지 않게 된 후, 즉 함께 살던 집에서 나온 다음에야 관계가 개선되기도 한다.

> × **나르시시스트 부모가 조부모가 되었을 경우** ×
>
> 조부모가 된 나르시시스트 부모는 손자 손녀의 양육에 간섭하는 것을 좋아한다. 이럴 때 분명한 경계를 설정하고 나르시시스트 부모가 하는 말을 개인적으로 받아들이지 않는 것이 매우 중요하다.

가족 안에서 도움을 구하는 방법도 있다. 형제자매나 다른 가족 구성원과 상황에 대해 터놓고 이야기하는 것이 도움이 될 수 있다. 그들도 나르시시스트 부모의 영향으로 고통받고 있거나, 예전에 고통받았을 수 있다. 함께 전략을 세워서 상황에 더 잘 대처하는 것이 좋다.

성인이 된 자녀는 나르시시스트 부모와의 유해한 관계에서 벗어나 어느 정도 거리를 두고 자기 삶에 집중하는 것이 중요하다. 이는 연락을 줄이거나 극단적인 경우 관계를 완전히 끊는 것을 의미할 수도 있다. 통제에 대한 욕구와 권력을 향한 갈망이 큰 나르시시스트에게 이런 관계 단절은 상처가 되고 심한 타격이 된다. 부모 역시 더 이상 자녀와 관계를 맺고 싶어하지 않을 수 있다. 아니면 연락을 끊고 싶다는 자녀의 의사를 존중하지 않고, 우회적인 방법으로 다시 연락을 시도하며 통제력을 되찾으려고 할 수도 있다. 가장 좋은 시나리오는 관계 단절을 통해 부모가 자기 성찰의 과정을 시작하는 것이다. 나이가 들면 나르시시즘적 성향은 줄어드는 경향이 있어서 새로운 시작을 해볼 여지는 있다.

위험 신호
- 나르시시스트와의 연애에서 알아차려야 할 징후

나르시시스트와의 연애는 대부분 불꽃놀이처럼 시작하지만 결국에는 잿더미로 끝나고 만다. 먼저 스스로 연애할 때 어떤 대우를 받고 싶은지, 관계에서 무엇을 기대하는지 명확한 생각을 가지고 있어야 한다. 나르시시스트 파트너는 항상 상대에게 모든 잘못을 돌리고 자기 행동에 책임을 지지 않는다. 따라서 다음과 같은 위험 신호들에 주의를 기울이고, 결코 가볍게 넘겨서는 안 된다.

- **당신을 깎아내려 자기 자신 높이기!?:** 나르시시스트적 성향이 있는, 독이 되는 사람은 다른 사람들을 깎아내림으로써 자기 자신을 높이려고 하는 경향이 있다. 당신은 언제나 당신 개인의 행복을 최우선 순위에 두어야 한다! 상대의 비판이나 공격을 당신이 개인적으로 받아들이고 적용할 가치가 있는지 신중히 생각해야 한다.

- **비판? 사양할게요!:** 나르시시스트는 비판을 받아들이지 못하고 그것을 자신에 대한 공격이나 말살로 인식해버린다. 따라서 비판은 신중하게 잘 포장해서 적절하게 표현하는 것이 좋다(164쪽 참조). 긍정적인 대화를 끌어내기 위해서 비판하기 전에 먼저 칭찬하고 신중히 접근해야 한다. 나르시시스트가 상처받거나 공격적으로 반응하더라도 개인적으로 마음에 담아두지 말자. 이는 흔한 나르시시스트의 자기 의심의 표현이기 때문이다.

- **조작과 고립:** 정신적 독을 품은 사람들은 상대를 조작하기 위해서 파워게임, 가스라이팅, 애정 박탈과 같은 수법을 사용한다. 이들은 인정과 애정에 대한 기본적인 욕구를 가지고 장난을 친다. 당신은 친구나 가족으로부터 고립되지 않도록 조심해야 한다. 또한 자기 자신에게 충실

해야 하며 당신의 편이 되어줄 사람들을 찾아야 한다.

- **불안감 조성:** 우리는 모순된 행동이나 거짓말에 쉽게 불안해한다. 중립적인 위치에 있는 사람들에게 정기적으로 조언을 구하고 필요한 경우 다른 사람의 도움을 받아야 한다. 정신적 독을 품은 사람들은 책임 전가를 할 수 있고 비난을 잘 받아들이는 파트너를 찾는 경우가 많다. 그들의 감정적 학대로부터 당신을 보호하고 관계의 실패에 대해 자신을 탓하지 않는 것이 중요하다.

- **내 문제가 곧 당신의 문제?:** 그들의 문제는 곧 당신 자신의 문제가 아니다. 당신에게 전가되지 않도록 해야 한다. 자기애성 인격장애가 있는 사람은 하루아침에 변하지 않는다. 인격장애는 일찍부터 형성되기 때문에 행동이 미미하게라도 변화하기까지 많은 시간이 걸린다. 그리고 변화를 위해서는 당사자의 충분한 자기 동기부여가 필요하다! 당신이 관계에서 기대하는 것이 무엇인지, 이것이 두 사람 모두에게 실행 가능한지 신중하게 생각해보자. 상황을 항상 있는 그대로 바라보고 희망 사항이 아닌, 사실만을 평가해야 한다.

- **불쌍한 피해자 행세:** 독이 되는 사람은 사실을 왜곡하고 동정심을 얻기 위해 자신을 피해자로 설정한다. 그래서 사실에 집중하고 책임에 대해 명확하게 소통하는 것이 중요하다. 따라서 그들의 피해자 행세는 무시하고 당신이 알고 있는 사실에 집중하면서 조작적인 행동으로부터 자신을 보호해야 한다. 나르시시즘적 행동에 속지 말고 감정적으로 독립적인 상태를 유지해야 한다.

다음 장에서는 당신의 자존감을 강화하여 당신의 행복과 평안을 지킬 수 있는 방법을 알아본다. 시간이 지나면서 위험 신호를 알아차리고 진지하게 받아들이는 것이 점점 더 쉬워질 것이다. 때로는 부정적인 상황을 글로 적어보는 것이 좋다. 비현실적인 환상에 빠지지 않고 계속해서 상황을 성찰하는 데 도움이 된다. 다음 장에서는 명확한 경계를 설정하는 방법도 함께 살펴볼 것이다.

경계 설정과
자기 효능감 강화

우리는 관계를 해치지 않으면서 자신의 의견을 말하고 경계를 설정하고 싶을 때가 있다. 예를 들어 직장에서 동료에게 그의 일을 떠맡을 수 없다고 말하거나 초과근무를 하지 않겠다고 말하고 싶을 때가 있다. 친구 사이에서 이사나 파티 준비를 도와달라는 부탁을 거절하고 싶을 때도 있다. 하지만 우리는 자신감이 부족하고 상대방이 나를 달리 볼까 두려워서 차마 말하지 못하는 경우가 많다.

자신의 경계를 설정하고 자신의 욕구를 주장하는 것은 실존적이고 정상적인 일이다. 자신감을 강화하려면 명확한 의사소통과 자신의 성공을 인정하기 같은 작은 실천들이 도움이 될 수 있다. 자기 자신을 존중하고 삶의 긍정적인 측면에 의식적으로 집중하는 것이 중요하다. 우리는 흔히 외부 환경이 바뀌면 우리가 자동적으로 더 행복해질 것이라고 생각한다. 예를 들어 직장을 옮기거나 새로운 도시로 이사하면 모든 것이 당장 더 좋아질 것이라고 생각한다.

하지만 진실은 이렇다. 진정한 행복은 외부와 외적인 조건에서만 오는 것이 아니다. 행복은 우리의 사고방식과 자기 자신을 대하는 태도에서 나온다.

실제로 만족에 대한 비밀의 열쇠는 우리 자신 안에 있는 경우가 많다. 인생의 좋은 일에 감사하고 비록 외부적인 것들을 바꿀 수는 없다 할지라도 만족하는 것이 중요하다. 물론 외부적인 변화가 도움이 될 수는 있지만, 그것만으로 우리가 반드시 더 행복해지는 것은 아니다. 순간순간 행복을 느끼고 인생의 작은 기쁨을 즐기는 법을 배우는 것이 중요하다. 그렇다고 해서 외부적인 변화가 상관없다는 뜻은 아니다. 하지만 진정한 행복은 외적 변화와 우리의 내적 태도 사이의 균형에서 온다. 따라서 우리에게 주어진 것을 최대한 활용하고 의식적으로 삶의 긍정적인 면을 바라보는 것이 중요하다.

행복한 삶으로 가는 길은 우리의 습관과 두려움을 더 자세히 들여다보고자 하는 의지에 달려 있다. 우리가 내적 태도에 초점을 맞출 준비가 되어 있지 않으면 외부 환경이 아무리 개선되더라도 문제는 계속 남아 있을 것이다. 우리 일상의 루틴과 마음가짐이 우리가 느끼는 일상의 감정을 결정한다. 따라서 의식적으로 내면의 세계를 만들어가는 것은 우리의 행복에 상당한 영향을 미칠 수 있다.

또한 우리가 외부 환경을 항상 완벽하게 통제할 수 없다는 사실을 인정해야 한다. 따라서 우리의 행복을 외부 요인에만 의존해서 찾는 것은 잘못된 접근 방식이다. 자신의 내적 태도를 통제하는 것이 올바른 방법일 것이다. 올바른 태도를 가지면 우리는 모든 것을 다르게 볼 수 있다.

예를 들어 당신이 친구 때문에 스트레스를 받고 있다고 가정해보자. 어쩌면 약간의 의견 충돌이 있었고, 둘 사이에는 긴장된 분위기가 흐른다. 당신은 다툼 중에 서로 주고받았던 말을 분석하면서 부정적인 감정에 빠질 수 있다. 그렇게 되면 두 사람의 관계는 더 힘들어진다. 이제 당신은 다른 관점에서 상황을 바라보기로 결정한다. 갈등에 집중하는 대신에 친구의 동기와 감정을 이해해보려고 노력하는 것이다. 당신은 대화로 오해를 풀고 함께 해결책을 찾으려고 시도할 수 있다. 우리가 무엇을 생각하고 어떤 내적 태도로 접근하는지가 차이를 만든다. 우리의 습관이 우리의 일상을 좌우한다.

자존감
강화하기

일반적으로 자존감이 강한 사람이라고 해도 이따금 불안한 상황에 놓일 수 있다. 그래도 자존감이 낮은 사람에 비해서는 직면한 어려움에 더 쉽게 대처할 수 있다. 이들은 보통 심리적 보호막이 강하고 자신에 대한 확신이 있기 때문에 회복탄력성이 더 좋다.

우리의 자존감은 어린 시절의 경험에 크게 영향을 받는다. 긍정적이든 부정적이든 경험은 흔적을 남기고 우리가 자신을 바라보는 방식에 영향을 미친다. 우리의 환경, 특히 가족 환경은 매우 중요한 역할을 한다. 어린 시절의 부정적인 경험이 우리의 자존감에 장기적인 영향을 미칠 수 있지만, 성인이 되어서도 자존감을 강화할 기회는 얼마든지 있다. 개인의 강점과 성공에 의식적으로 집중함으로써 자신감을 키우고 긍정적인 자아상을 만들어갈 수 있다. 작은 발걸음을 내딛는 것도 내면의 힘을 키우고 긍정적인 성취를 떠올리게 하는 데 도움이 된다. 그밖에 자신의 실수와 약점을 받아들이고 자책하지 않는 것도 중요하다.

다음 자가 진단 테스트는 자신의 자존감을 되돌아보고 계속 노력이 필요한 영역을 파악하는 데 도움이 될 수 있다.

자가 진단 테스트: 당신의 자존감은 얼마나 강한가?

다음 질문을 통해 당신의 자존감을 점검해볼 수 있다. 해당되는 칸에 표시해보자.

0 1 2 3 4 5 6 7 8 9 10
전혀 그렇지 않다　　　　　　　　　　자주 그렇다

	0	1	2	3	4	5	6	7	8	9	10
당신은 얼마나 자주 자신의 능력을 의심하는가?	0	1	2	3	4	5	6	7	8	9	10
당신은 잘 대처하지 못할까 봐 걱정되어서 도전적인 상황을 피하는 경우가 얼마나 자주 있는가?	0	1	2	3	4	5	6	7	8	9	10
당신은 자신의 기준에 따라 행동하기보다 불편하더라도 다른 사람의 기대에 맞춰서 행동하는 경우가 얼마나 자주 있는가?	0	1	2	3	4	5	6	7	8	9	10
당신은 다른 사람과 비교하여 자신이 열등하다고 느끼는 경우가 얼마나 자주 있는가?	0	1	2	3	4	5	6	7	8	9	10
당신은 자신에 대해 얼마나 자주 부정적인 생각을 하는가?	0	1	2	3	4	5	6	7	8	9	10
당신은 자신의 성격이나 행동에 대해 얼마나 자주 사과를 하는가?	0	1	2	3	4	5	6	7	8	9	10
당신은 자신의 책임이 아닌 일에 대해 얼마나 자주 곱씹고 생각해보는가?	0	1	2	3	4	5	6	7	8	9	10
당신은 사실 거절하고 싶지만 거절하지 못하는 경우가 얼마나 자주 있는가?	0	1	2	3	4	5	6	7	8	9	10

> **평가**
> 오른쪽에 있는 칸을 더 자주 체크할수록, 즉 '자주 그렇다'에 가까울수록 자존감이 손상되었을 가능성이 높다. 하지만 걱정할 필요는 없다. 이것은 첫 번째 단계일 뿐이고 불안감과 자기 의심을 느끼는 것은 지극히 정상적이고 인간적인 일이다. 그렇지만 만약 자존감이 심각하게 손상되었다고 느낀다면 전문가의 도움을 받는 것이 좋다.

비행기 탑승 시 이런 안내 방송을 들어본 적이 있을 것이다. "먼저 자신의 산소마스크를 착용한 다음에 다른 사람을 도와주세요." 이 말에는 물리적인 의미뿐만 아니라 심리적으로도 중요한 의미가 담겨 있다. 다른 사람을 돌보기 전에 자신을 먼저 돌보는 것이 얼마나 중요한지 보여준다. 우리 자신이 건강해지기 전에 다른 사람을 도우려고 하면 우리는 금방 지치고 번아웃을 겪으며 정서적으로 불안정해질 수 있다. 자기 자신을 돌보는 일(자기 돌봄)은 우리 개인의 행복 그리고 좋은 인간관계를 유지하기 위해 중요하다. 비행기 안내 방송에 등장하는 이 말은 우리에게 자기 자신 그리고 다른 사람과 건강한 관계를 만들기 위해서 반드시 자신의 욕구를 먼저 챙겨야 한다는 사실을 상기시킨다.

자존감이 낮거나 자기 돌봄이 부족한 사람들은 자기도 모르게 독이 되는 관계에 빠지거나, 그런 관계를 그냥 받아들이고 참아내는 경우가 많다. 자신이 더 나은 대우를 받을 자격이 없다고 믿기 때문이다. 자존감은 또한 미래의 파트너와 맺을 관계의 질에도 영향을 미친다. 만약 우리가 '나는 사랑받을 자격이 있는 사람이 아니야. 나는 이런 관계라도 맺고 있는 걸 다행이라고 생각해야 해'라고 믿는다면, 우리는 독이 되는 관계에서 벗어날 용기를 갖기 어려울 수 있다. 이와는 대조적으로 '나는 사랑받을 자격이 있는 사람이고 건강한 관계를 맺을 수 있어'라는 믿음은 우리가 독이 되는 관계와 반복되는 패턴에서 벗어날 수 있게 도와준다. 우리의 강점을 알고 우리 자신과 자신의 욕구를 더 잘 돌보게 되면 독이 되는 관계에서 벗어나기가 더 쉬워진다.

부정적 관계의
경험 치유하기

당신은 이미 심리적으로 고통스러웠던 관계에서 벗어났고, 비슷한 상황에 또다시 빠지지 않을 방법을 생각하고 있는가? 동시에, 당신의 자존감을 회복하고 강화하고 싶은가? 그렇다면 과거의 관계를 해결되지 않은 내적 갈등, 트라우마, 불안감을 위한 거울로 삼자. 부정적인 경험을 처리하기 위해서 이런 통찰을 활용해보자. 자기 생각과 감정을 분석하고 곰곰이 질문해보자. 다음의 연습들은 당신이 목표를 향해 한 걸음씩 나아갈 수 있게 해줄 것이다. 이 과정을 통해 당신 자신을 훨씬 더 잘 이해하게 되고, 자신의 욕구를 더 명확하게 표현하고 실행할 수 있을 것이다. 이 연습을 진행할 때 실제로 존재하

> **× 연습: 당신이 생각하는 관계란 무엇인가? ×**

충분한 시간과 마음의 여유를 가지고, 종이와 펜을 준비해 다음 질문에 떠오르는 생각을 자유롭게 적어보자. 어떤 질문은 곧바로 답이 떠오르지 않을 수도 있지만 계속 머릿속에서 맴돌다가 나중에 답이 정리될 수도 있다. 그런 것도 꼭 메모해두자.

- 당신이 생각하는 정말 좋은 관계의 조건은 무엇인가? 친구, 파트너, 가족 구성원 등과의 관계를 통틀어서 말이다. 예를 들어 많은 관심사를 공유한다거나 상대방이 나의 직업을 지지해준다거나 아니면 모든 것에 관해 이야기를 나눌 수 있는 것이라고 생각할 수 있다.
- 당신이 생각하는 관계의 기반은 무엇이며, 그중 절대 포기할 수 없는 것은 무엇인가?
- 당신의 관계에서 신경을 거슬리게 하는 것 중 마지못해 받아들이고 있는 것은 무엇인가?
- 당신이 어떤 경우에도 절대로 받아들이고 싶지 않은 것은 무엇인가?
- 당신 곁에 있는 파트너에게 기대하는 것은 무엇인가?
- 당신의 좋은 친구 또는 가족 구성원에게 기대하는 것은 무엇인가?
- 당신의 직장(업무 환경)에 있는 사람들에게 기대하는 것은 무엇인가?
- 과거의 경험과 관계가 당신의 자존감에 어떤 영향을 미치고 있는가?
- 당신의 관계에서 계속해서 반복되는 패턴이 있는가?
- 당신의 자존감은 다른 사람의 인정 여부에 달려 있는가?
- 과거의 경험이 현재 당신이 하는 일이나 행동에 어떻게 나타나는가? (56쪽 '사랑의 거울: 나의 그림자 들여다보기' 참조)
- 당신은 실수를 하거나 문제에 부딪혔을 때 자기 자신을 어떻게 대하는가?

는 사실만 보도록 주의해야 한다. 현재에 집중하고 당신의 상상이나 헛된 꿈에 머물러 있지 않아야 한다.

관계에서 자신이 무엇을 원하고, 무엇을 절대 받아들이고 싶지 않은지를 의식적으로 깊이 생각해보는 일은 절대적으로 중요하다. 상담을 받으러 오는 많은 사람은 어떤 종류의 관계든 간에 자신들의 관계에서 무엇이 정말 중요한가에 대한 생각이 명확하지 않았다. 이 연습을 통해 자신의 관계에 대한 생각을 되짚어보고 기록해보면 대부분은 자신에게 불이익이 될 만큼 많이 타협해왔다는 사실을 깨닫게 된다.

자신이 생각하는 관계의 기반이 무엇인지에 대한 명확한 그림을 가지고 있으면 즉, 자기 자신과 자신의 욕구에 대해 잘 알게 되면 그에 따라 행동하기가 더 쉬워진다. 더 일찍 경계를 설정하거나 지금의 파트너가 나에게 적합한 사람이 아니라는 사실을 알아차릴 수 있다. 그리고 가장 친한 친구라고 생각했던 사람이 과거에 나를 자주 이용했다는 사실도 깨달을 수 있다. 또 동료와의 모든 대화가 나를 너무 지치게 한다거나 이웃의 악의적인 험담을 더 이상 견딜 수 없다는 사실도 자각하게 된다. 자기 자신을 더 잘 이해하고 자신의 욕구를 명확하게 정의함으로써, 우리는 더 견고한 기반 위에 우리가 진정으로 원하고 필요로 하는 것을 얻을 수 있는 관계를 만들 수 있다. 이러한 명확한 생각이 없으면 자신을 불행하게 만들거나 심지어 개인적 성장을 저해하는 관계에 갇힐 위험이 있다. 그렇기에 시간을 내어 인간관계에 대한 생각을 되돌아보고 적극적으로 관계를 만들어가는 것이 중요하다.

> **× 연습: 당신만의 자기 보호 규칙을 만들기 ×**
>
> 당신이 공감 능력이 부족한 사람들에게 상처를 입거나 이용당할 때마다, 그 경험은 당신에게 자존감을 높이기 위해 노력해야 하고 경계를 설정해야 한다고 신호를 보낸다. 이에 대해 의식적으로 되돌아보고 깨달은 점들을 글로 기록해보자.
>
> - 어떤 상황에서 존중받지 못하거나 공감을 받지 못하고 있음을 보여주는 구체적인 행동이나 태도는 무엇인가?
>   예를 들어, 대화 중에 누군가가 계속 휴대전화를 보거나 다른 생각을 하는 것처럼 보이거나 계속 말을 끊는 경우가 있을 수 있다. 아니면 당신의 의견, 소망, 감정을 진지하게 받아들이지 않거나 당신을 무시하는 말투나 매우 비판적인 태도를 보이는 경우가 있을 수 있다.
> - 당신은 존중이나 공감을 받지 못할 때 감정적으로 어떻게 반응하는가? 그런 순간에 가장 강하게 느껴지는 감정은 무엇인가?
> - 누군가 당신을 부당하게 대할 때 그에 대처할 만한 새로운 규칙은 무엇인가?

당신이 설정한 경계를 누군가가 침범할 때를 대비해서 정의해둔 새로운 규칙은 연인 관계뿐만 아니라 친구 관계, 직장 내 관계, 가족 관계에도 적용된다.

그다음에는 당신의 관계 패턴을 더 자세히 살펴봐야 한다. 만약 당신이 다른 사람의 이기적이고 독성적인 행동에 특히 취약하다면 그 원인은 당신의 어린 시절에 있을 수 있다. 우리는 어릴 때부터 관계가 어떻게 작동하는지 배우고 그때 경험한 관계의 역학을 나중에 파트너, 친구, 상사 등에게 그대로 반복해 투사하는 경우가 많다. 현재 우리는 과거의 모든 내적 갈등을 새로운 관계에서 해결하려고 한다. 이것은 다양한 형태로 나타날 수 있다. 우리는 때로 우리가 알고 있던 것과는 완전히 다른, 이전에 만난 파트너와는 비슷한 점이 없는 파트너를 찾는다. 또는 우리에게 익숙한 관계, 즉 이미 여러 번 경험했던 비슷한 유형의 관계를 선택할 수도 있다.

친구 관계에서도 이러한 역학을 관찰할 수 있다. 우리는 우리에게 해롭거나 우리를 자주 비하하거나 공동 활동에서 배제하거나 또는 우정을 유지하기 위해 매우 많은 노력을 해야 하는 친구 그룹에 속하게 될 수 있다. 어쩌면 당신의 친구들은 주로 자기 이야기만 하거나 당신에게 끊임없이 무언가를 해달라고 부탁하는데, 당신은 거부할 용기가 없을 수도 있다. 이러한 패턴을 의식적으로 분석해보면 당신의 관계 역학을 더 깊이

나이(세)
5

현재

× **연습: 타임라인** ×

당신의 관계 패턴을 자세히 살펴보고 어린 시절에서 원인을 찾아보는 데 도움이 되는 연습이 바로 타임라인 연습이다. 당신의 개인적인 관계 타임라인을 작성해보자. 동생이 태어난 순간, 친구들과의 첫 수학여행, 부모님의 이혼, 사랑하는 사람과의 이별, 첫 연애 경험과 이별 등 관계와 관련된 긍정적이거나 부정적인 사건들을 표시해보자(공간이 더 필요하면 큰 종이에 옮겨 그려서 채워보자).

이제 당신의 타임라인에 기록된 각 사건을 살펴보고 그것이 일반적으로 인간관계에 대한 당신의 태도에 어떤 영향을 미쳤는지 생각해보자. 이때 특히 반복되는 패턴이나 특징에 주의를 기울이고, 당신이 깨달은 점들을 글로 기록해보자. 그런 다음 아래 질문에 대해 몇 가지 요점을 메모해두자.

- 당신의 가족 안에서 어떤 관계 패턴을 발견할 수 있는가?
- 당신은 관계에서 항상 또는 자주 어떤 특정 역할을 맡게 되는가?
- 부모나 양육자와의 관계가 사랑과 파트너십에 대한 당신의 생각에 어떤 영향을 미쳤는가?
- 현재의 관계 패턴을 설명할 수 있는 어린 시절의 특정 경험이 있었는가?
- 미래 계획: 당신은 어떤 관계 패턴을 추구하는지 생각해보자.
- 더 건강한 관계 패턴을 만들어가기 위해서 당신이 실천할 수 있는 첫걸음은 무엇인가?

이해할 수 있을 뿐만 아니라 변화와 개인적인 성장의 기회도 얻을 수 있다.

    자신의 관계 패턴을 자세히 살펴보고 그것이 우리의 인간관계 경험에 어떤 영향을 미치는지 이해하는 것이 중요하다.

나르시시스트의 행동에 대한 이해

대부분의 사람들은 아마도 이렇게 생각할 것이다. "내가 왜 나르시시스트의 행동 방식을 알아야 하나요?" "나르시시즘은 그냥 나쁜 거잖아요. 나는 절대 엮이고 싶지 않아요." 이 또한 나르시시스트를 상대하는 하나의 정당한 전략이 될 수 있다. 때로는 거리를 두는 것이 최선의 해결책이 될 수도 있기 때문이다. 하지만 특히 직장 내에서, 때로는 동호회나 이웃 아니면 유치원이나 학교의 학부모 모임 등에서 관계가 항상 **건강하게** 흘러가는 것은 아니다. 이때 완전한 관계 단절 외에 대안이 될 수 있는 몇 가지 방법들을 염두에 두는 것이 도움이 된다.

나르시시즘적 행동을 이해하려면 세심한 고찰이 필요하다. 이들의 행동은 깊이 뿌리박힌 심리적 패턴에 기반하는 경우가 많기 때문이다. 나르시시즘적인 특성을 가진 사람들은 자기 불안감이나 어린 시절의 트라우마 경험 등과 같은 다양한 요인으로 그런 행동을 보이는 경향이 있다.

하지만 조심! 이해는 수용과 다르다.

이해는 나르시시즘의 배경과 원인을 알고 적절한 경계를 설정해 건강한 상호작용을 촉진하는 것을 의미한다. 이렇게 하면 장기적으로 독성적인 행동에 휘둘리지 않는 면역력이 생긴다. 나르시시즘적인 행동을 고찰하면 그 행동에 차별화된 방식으로 대응할 수 있는 가능성이 열린다. 또한 건강한 수준의 자기 보호와 그런 행동 뒤의 심리적 배경에 대한 공감 능력을 키우는 데 도움이 될 수 있다. 나르시시스트를 상대하려면 이해와 자기 보호 사이의 신중한 균형이 필요하다. 균형을 이루기 위한 첫 번째 단계는 자기 성찰이며, 이를 통해 당신의 경계, 가치와 욕구를 명확히 들여다봐야 한다. 당신이 어떤 행동까지 받아들일 수 있는지, 어디에서 명확하게 경계를 설정할지 파악해야 한다(173쪽 참조).

다음 단계는 공감을 만들어가는 것이다. 나르시시즘적 행동의 이면에는 뿌리 깊은 불안감이나 과거의 트라우마가 숨어 있는 경우가 많다. 이러한 원인을 이해하면 해가 되는 행동을 받아들이지 않으면서도 연민과 공감을 느낄 수 있다. 이때 명확한 의사소통이 핵심적인 역할을 한다. 솔직한 대화를 통해 파괴적인 파워게임에 휘말리지 않고 자신의 욕구와 기대를 명확히 전달할 수 있다(361쪽 참조). 동시에 자신의 정신적, 감정적 건강을 우선시하고 자신의 경계를 유지하면서 필요한 경우에 거리두기를 통해 자기 행복을 지키는 것이 중요하다. 전문적인 도움을 받으면 이런 과정을 좀 더 수월하게 진행할 수 있고 나르시시스트의 행동 방식에 대처할 때 건강한 균형을 찾는 길을 열어줄 수 있다.

역기능적 관계는 대개 무의식적으로 형성된다. 그런 관계에서는 처음부터 힘의 불균형을 관찰할 수 있다. 관계에 있는 두 사람의 성격 특징은 플러스극과 마이너스극처럼 전혀 다른 존재로 비유할 수 있다. 즉 두 사람은 너무 다르다. 유감스럽게도 어떤 특성들은 때때로 연인 관계, 우정 또는 직장 내 인간관계 어디에서도 전혀 맞지 않는다. 아무리 노력해도 말이다.

커플 상담을 하다 보면 양쪽 모두에게 트라우마가 있다는 사실, 그리고 어떤 관계든지 선과 악으로 단순히 나뉘지 않는다는 것을 다시금 깨닫게 된다. 이러한 관계는 처음에는 (일부) 공통된 견해나 취미를 가진 완벽한 짝처럼 보일 수 있다. 초기에 끌리는 매력을 성급히 사랑과 혼동하고, 고통스러운 감정은 열정으로 미화한다. 이러한 관계에서는 불안감, 자기중심성, 권력 의식, 두려움이 자주 나타난다. 여기에는 재외상화의 위험이 도사리고 있다. 과거에 가장 가까운 애착 대상에 의해 비슷한 상황을 겪은 사람일수록 자신도 모르게 나르시시즘적인 행동에 끌리게 된다. 현재 맺고 있는 관계에서의 혼란은 내면 경험 세계의 불행을 반영한다.

　마리아는 굳은 결심을 하고 토르스텐과 함께 커플 상담을 받으러 간다. 상담 중에 마리아는 토르스텐이 자기애성 인격장애가 있지 않을까 의심스럽다고 말한다. 하지만 상담이 진행되면서 토르스텐의 행동을 자기애성 인격장애만으로는 설명할 수 없다는 것이 분명해진다. 물론 명백히 이기적이라고 해석할 수 있는 특정 행동 패턴이 보이기는 하지만, 그렇다고 공식적인 진단을 내리기에는 부족했다. 동시에 마리아 또한 자기 불안감으로 부정적인 관계에 기여하고 있다는 사실이 드러난다. 두 사람의 관계 역학이 처음에 생각했던 것보다 더 복잡하고 두 사람 모두 각자의 방식으로 문제를 악화시키고 있다는 사실이 분명해진다.
　커플 상담을 통해 마리아와 토르스텐은 둘 다 자신을 되돌아보고 변화할 준비가 되어 있어야 한다는 사실을 알게 된다. 긍정적인 변화를 불러오기 위해서는 관계에서 자신의 역할과 습관들을 솔직하게 점검하는 것이 중요하다. 또한 마리아와 토르스텐이 서로 대화하는 방식을 좀 더 자세히 살펴보는 것도 중요하다. 어려운 관계에서는 의사소통이 중요한 역할을 하는 경우가 많기 때문이다. 마리아와 토르스텐의 경우에는 상대방이 무엇을 느끼고 필요한지 더 잘 이해하기 위해서 그리고 더 깊은 관계를 형성하기 위해서 상대방의 관점에 공감하게 된 것이 도움이 되었다. 커플 상담은 또한 두 사람이 관계에 대한 장기적인 계획을 세우고 현실적인 기대를 만들어 갈 기회를 제공했다. 이것은 공통의 목표를 세우는 것을 의미할 뿐만 아니라 모든 문제가 곧바로 해결될 수 있는 것은 아니라는 점을 받아들이는 것을 의미한다. 또한 더 안정되고 건강한 관계로 나아가기 위해서 마리아와 토르스텐 모두 개별 상담 치료를 고려하는 것도 도움이 될 수 있다.

4장

**나르시시스트의 조작에
대처하기 위한 전략**

나르시시스트의 의사소통

친구, 동료, 부모 또는 파트너의 지속적인 비판, 책임 전가, 폄하. 이런 것들은 관계 내에서 독이 되는 역학을 나타내는 명확한 경고 신호다. 그런데 이상할 정도로 우리는 이런 관계에 익숙해지며 문제를 해결하려고 애써 나서지 않거나 독이 되는 사람에게서 좋은 점을 보려는 노력을 계속한다. 왜 우리는 이런 파괴적인 관계 패턴에 얽히게 될까? 그 관계에서 빠져나오는 길은 왜 그렇게 어려워 보일까?

일상생활에서 우리는 감정적으로 협박당하거나 조작당한다고 느끼는 상황을 반복적으로 겪는다. 하지만 그 뒤에 정확히 무엇이 숨어 있으며, 어떻게 하면 앞으로 이런 메커니즘을 더 잘 알아차릴 수 있을까? 감정적 조작의 영향은 우리에게 압박감을 느끼게 하는 것부터 우리 행동에 영향을 미치는 것까지 다양하다. 감정적 협박과 조작은 우리에게서 특정 행동이나 반응을 얻어내기 위해 우리의 감정과 생각에 영향을 미치려고 한다. 교묘하지만 효과적인 수법 때문에 우리가 조작당한다는 사실을 즉시 알아차리기는 어렵다. 많은 경우, 상대방에게 영향을 미치기 위해 죄책감이나 두려움을 유발한다.

조작은 피해자에게 심각한 심리적 결과를 초래할 수 있을 뿐만 아니라 피해자의 신체 건강에도 지속적인 영향을 미칠 수 있다. 어떤 관계에서 파트너가 조작으로 상대방을 의존하게 만드는 것은 드문 일이 아니다. 조작이 신체에 미치는 영향은 광범위하다. 스트레스와 수면 장애에서부터 심각한 건강 문제까지 일으킬 수 있다. 게다가 정서적 협박은 자존감과 자의식을 매우 약화시킬 수 있다. 조작의 희생자는 불안과 의존의 악순환에 빠질 수 있으며 이때 조작하는 사람은 상황에 대한 자신의 통제를 더욱 강화한다.

나르시시즘적
의사소통 패턴

"오늘 저녁에 당신이 친구들과 놀러 나가면 나는 전 애인을 만나러 갈 거야."

"내가 하라는 대로 하지 않으면 다시는 우리 아이들을 볼 수 없을 줄 알아."

"지금 당장 전화를 받지 않으면 너를 영원히 차단할 거야."

"우리 부모님께 그 얘기를 하면 난 다시는 너랑 말 안 해."

혹시 이런 말들이 익숙하지 않은가?

교묘한 의사소통에 능숙한 사람들이 있다. 이들은 미묘한 신호를 사용해 주의를 끌고 다른 사람을 조작한다. 예를 들어, 이들은 자신이 얼마나 감정적으로 불안정한 상태인지 강조한다. 심지어 자살을 암시하며 협박까지 하기도 한다. 또 어떤 사람들은 끊임없이 자기 비하 카드를 꺼낸다. 이들은 자신이 다른 사람들에게서 얼마나 인정받지 못하는지 반복해서 강조하며 비록 그것이 사실이 아닐지라도 자기 연민에 빠져 헤어나오지 못한다. 이들은 이런 꾀를 써서 가까운 사람들을 매우 불안하게 만드는 데 성공한다. 가까운 사람들은 자칭 피해자인 그 사람에게 그렇지 않다는 것을 알려주고, 그가 인정받고 있다는 사실을 증명해주기 위해서 많은 노력을 기울이기 때문이다.

반면에 또 어떤 사람들은 그야말로 인정을 갈구하는 사냥꾼들이다. 이들은 다른 사람의 성공을 자신의 것으로 포장하고, 성과와 아이디어에 대한 자랑을 늘어놓음으로써 자신을 더 높은 위치에 올려놓으려고 한다. 이들은 다른 사람들을 희생시키면서까지 자신의 우월함을 과시한다.

나르시시즘적인 성향이 있는 사람들은 아주 능숙하게 인간관계에서 의존성을 만들어낸다. 이들은 소위 소울메이트라는 이미지를 만들어내고, 유대감을 느끼게 하는 제스처와 칭찬을 사용해 나르시시즘적 의존 구조를 강화한다. 이들이 의도적으로 친밀한 분위기를 조성하고 깊은 정서적 유대감을 그럴듯하게 가장하면 일시적으로 상대방에게 중요한 존재처럼 여겨진다. 또한 이들은 말을 능숙하게 잘한다. 자신의 전략에 가장 유리한 방식으로 그때그때 자신의 입장을 바꾸고 회피하거나 주의를 분산시키며 대화의 흐름을 의도적으로 조작한다. 예를 들어 질문을 일관되게 무시하거나 고의로 유식한 척하는 이야기를 늘어놓으며 상대를 혼란스럽게 만들어서 대화에서의 통제권과 해석 권한을 장악한다.

또 어떤 사람들은 아이러니라는 외투로 자신의 행동을 숨기고 많은 일들을 그냥 웃어넘긴다. 실제로 나르시시즘적인 성격을 가진 사람은 특히 다른 사람을 비웃을 준비가 되어 있다. 이들은 모든 상황이나 모든 사람을 웃음거리로 삼을 수 있지만 정작 자기 자신에 대해서는 웃어넘기지 못한다.

이들은 아주 사소한 일에도 다른 사람에게 엄청난 고통을 표현하거나 강한 상실감을 호소한다. 이런 행동을 함으로써 상대방의 감정적 반응을 자극한다. 어떤 나르시시스트는 조금 실망한 사건을 거의 예술적인 퍼포먼스로 바꿔버리기도 한다. 이들은 자기 불안과 타인에 대한 과도한 수치심 사이의 경계를 모호하게 만드는 드라마를 연출한다. 나르시시스트가 거절이나 비판을 받은 후 과장되게 연극적인 반응을 보이는 것이 하나의 예가 될 수 있다. 자신을 피해자로 만들고 다른 사람에게 책임을 전가하고 관심과 동정심을 이끌어내기 위해 그야말로 소동을 일으킨다. 동정심을 얻기 위해서라면 공개적으로 자신을 비하할 수 있으며 이때 자기 행동에 대한 진정한 책임을 지지 않는다.

거짓말은 정교한 예술 작품처럼 꾸며지고 진실을 교묘히 덮어버린다. 의도적으로 왜곡된 정보는 나르시시스트 자신을 더 나은 모습으로 보이게 하려는 것이며, 동시에 그가 퍼뜨린 소문은 다른 사람을 깎아내리는 데 목적이 있다.

나르시시즘적 성향이 있는 또 다른 사람들은 파트너에게 충실하지 않다. 심지어 어려운 시기에도 이들은 파트너를 위해 헌신하거나 관계가 잘 발전하도록 노력해야 한다는 사실을 깨닫지 못한다. 이들의 관계는 경쟁하는 것이 특징이며 심지어 관심을 끌기 위한 경쟁까지도 이루어진다.

> **× 연습: 의사소통에서의 조작 ×**
>
> 당신이 주변 사람들에게 들었던 말 중 조작적인 말이 있었는지 생각해보자. 종이와 펜을 준비해 그것들을 적어보자. 물론 더 많이 적어도 상관없지만 최소한 세 개는 떠올려보자. 뒤늦게 떠오른다면 앞서 적은 내용에 덧붙여도 된다. 이 연습은 당신이 타인의 조작에 대한 감수성을 높이는 데 도움이 되기 때문이다.

나르시시즘적
조작 패턴

나르시시즘이 지배하는 관계에서는 파라다이스와 재앙이 끊임없이 번갈아가며 등장한다. 강렬한 사랑의 감정 그리고 위협이 때로는 불과 몇 시간 안 되는 간격으로 나타나기도 한다.

친구 관계에서 이러한 역학을 자주 관찰할 수 있다. 매우 급속히 친해지는 친구 관계가 있다. 때로는 우리의 전적인 관심을 요구하는 사람이 우리 삶에 들어오기도 한다. 끊임없이 함께 무언가를 하기 바라는 그 친구 때문에 다른 친구들과의 관계를 위한 시간은 거의 남아 있지 않게 된다. 새로운 친구는 우리를 최고의 파티에 데려가고, 어디를 가든 우리를 영혼의 단짝이라고 소개하며 세세한 것도 놓치지 않고 관심을 쏟아준다. 자칭 친구라고 하는 사람의 나르시시즘적인 행동이 점차 드러나고 우리가 점점 더 고립되기 전까지는 말이다.

친구 관계에서 나르시시즘적인 조작은 다양한 방식으로도 나타날 수 있다. 함께하는 계획에 모호하게 반응하는 것은 관계에서 불확실성을 조성하기 위해서다. 그래서 친구가 관계를 돈독히 하고자 더 열심히 노력하는 동안 나르시시스트는 자신과 자신의 목적을 위해 이러한 노력을 이용한다. 여러 친구들을 서로 비교하는 것은 경쟁심을 불러일으키고 그룹 내 관계를 교묘하게 조작할 수 있다. 또한 나르시시스트인 친구는 영향력을 행사하거나, 정보를 숨기거나, 다른 사람의 의견을 억누르기 위한 수단으로 침묵을 사용할 수도 있다.

연인의 경우, 흔히 이런 관계의 시작은 마치 구름 위를 걷는 매혹적인 여행과 같다고 할 수 있다. 처음에는 모든 것이 완벽해 보이고 파트너는 너무나 다정하고 세심하다. 그러나 바로 여기에 독이 되는 관계의 딜레마가 숨어 있다. 초기 단계가 지나고 나면 보통 갑작스러운 변화가 나타나기 때문이다. 파트너는 자신의 본색을 드러내기 시작한다. 상황은 뒤집히고, 한때 사랑스러운 동반자였던 파트너가 강요하고 위협적이며 다투기 좋아하는 조작자로 돌변한다.

가족 내에서도 조작은 드문 일이 아니다. 예를 들어, 첫째가 자신이 맡은 일을 동생들에게 떠넘기려고 교묘한 영향력을 행사하는 경우가 있다. 부모가 자녀에게 어떤 특정 직업을 선택하도록 간접적인 압력을 가하는 경우도 조작이라고 할 수 있다. 가족 내에서는 영향력을 행사하는 수단으로 흔히 죄책감이나 의무감이 동원된다. 예를 들어 가족 중 한 명이 다른 가족 구성원의 학업이나 어떤 기회를 위해 자신이 얼마나 큰 희생을 했는지 강조하는 것이다. 이는 상대방에게 특정 행동을 강요하기 위한 의도다. 가족 내에서의 또 다른 조작의 형태로는 경제적 통제가 있다. 부모 중 한 명이 가족의 재정을 통제하고 이 통제를 이용하여 다른 가족 구성원의 결정에 영향을 미칠 수 있다.

가족 구성원 간의 부정적인 비교 또한 조작의 수단이 된다. 부모가 자녀들을 서로 끊임없이 비교함으로써 특정 행동을 강요하고, 자녀들 사이에 경쟁심을 불러일으킨다. 그렇게 자녀들이 서로 뭉치지 못하게 만들어서 부모가 관계의 주도권을 유지할 수 있게 된다. 가족 구성원 중 한 명이 자신을 희생자로 묘사하고 자신의 부족함에 대한 책임을 다른 가족들의 탓으로 돌릴 때 책임 전가는 권력 수단으로 사용된다. 가족 내에서 감정적인 조작은 침묵을 통해서도 일어날 수 있다. 한 가족 구성원이 자신이 원하는 바를 강요하기 위해 다른 가족들에게 냉담한 태도를 보이는 것이다.

　누군가에게 애정을 주지 않거나 인정을 해주지 않는 것 또한 조작의 수단이 된다. 예를 들어 부모가 의도적으로 칭찬을 하지 않거나 긍정적인 관심을 주지 않음으로써 자녀가 더 큰 야망을 갖게 유도하는 경우다. 일부 가정에서 부모의 사랑은 자녀가 특정 기대치를 충족하는지에 따라 달라지기도 한다. 즉, 자녀가 충족해야 하는 특정 조건들이 영향력을 행사하는 수단으로 사용된다.

　직장 내에서는 상사가 직원들을 조작하는 일이 발생할 수 있다. 예를 들어 승진 가능성에 대해 애매하게 말함으로써 불확실성을 조장하고 직원들을 더 오래 회사에 붙잡아두거나 지속해서 높은 성과를 내도록 자극한다. 승진할 가능성이 있다는 생각이 들면 직원들은 계속 노력할 수밖에 없기 때문이다. 팀 내에서 연봉 인상에 대한 정보를 숨겨 동료 간 불신을 심고, 직원들끼리 경쟁을 붙여 생산성을 높이기 위해서 직원들을 서로 부정적으로 비교하기도 한다. 특정 행동을 유도하기 위해 칭찬이나 비난을 하는 것도 감정적 조작의 한 형태다. 침묵, 정보 통제, 의견과 감정의 억압은 직원들이 자신의 의견을 표현할 수 없도록 분위기를 조성한다. 인정이나 칭찬을 해주지 않는 것 역시 영향력을 행사하는 수단으로 사용된다.

　의사소통은 모든 인간관계의 기본적인 도구다. 가장 이상적인 경우, 의사소통은 다른 사람의 관점을 이해하고 공감하며 반응하는 데 사용된다. 위에 언급한 예시들은 모두 인간관계에서 일어나는 의사소통의 어두운 면을 드러내고 있으며 의사소통이 어떻게 조작으로 변질될 수 있는지를 보여준다.

해독하기

이제 조작의 다양한 형태들을 조금 더 자세히 살펴보자. 조작을 전략적 도구로 사용한 것은 인류의 역사만큼이나 오래되었다. 세상이 끊임없이 변하고 있음에도 나르시시스트의 기본적인 조작 수법은 변하지 않는다. 조작의 목적은 언제나 자신의 이익을 위해서 다른 사람의 행동과 사고에 영향을 미치는 것이다. 조작의 심리적 측면은 인간관계를 이해하는 데 매우 중요하다.

> ## × 말이 무기가 될 때: 극으로 치닫는 대화 ×
>
> 감정이 격해진 상황에서는 대화가 순식간에 과열되어 공격적인 다툼이 될 수 있다. 이렇게 격화된 상황은 종종 예기치 않게 발생해 관계의 역학에 상당한 부담을 준다. 대화가 극으로 치닫게 만드는 독성적인 행동들은 다음과 같다.
>
> - 고집부림, 남의 말을 받아들이지 않음, 완고함
> - 배려 없음
> - 선을 넘은 행동과 권위적 태도
> - 죄책감 전가
> - 거짓말
> - 감정적 압박
> - 조작
> - 질투

나르시시스트의 조작에 대한 민감도를 높일 수 있도록, 가장 흔한 조작 전술에 대해 자세히 살펴보자. 우리는 자신이 조작당하고 있다는 사실조차 인식하지 못하는 경우가 많기 때문이다. 이 글을 계속 읽으면서 혹시 당신도 그런 상황에 놓인 적이 있는지 또는 그런 말을 들어본 적이 있는지 곰곰이 생각해 보자. 생각나는 대로 추가로 적어봐도 좋다.

반복해서 말하기

"누군가에게 어떤 말을 귀가 닳도록 반복하다 보면 결국 언젠가는 그 말을 믿게 된다."

이 문장에는 많은 진실이 담겨 있다. 어떤 말이 자주 반복될수록 우리는 그 말에 어느 정도 '진실성'이 있다고 느끼게 된다. 어떤 말을 자주 반복해서 듣다 보면 친숙하다는 느낌이 더해지고 우리의 뇌는 그 말을 내면화하기 시작한다. 다음에 같은 말을 들었을 때 우리 뇌는 그 말을 인식하고 '아, 전에 들어본 적 있어'라는 느낌을 전달한다. 이는 특정 이데올로기와 음모론이 그토록 성공적인 이유에 대한 설명이 될 수 있다.

이것은 우리에게도 똑같이 적용된다. 우리가 어떤 말을 스스로에게 반복해 주입하면, 결국 그것을 진실이라고 믿게 되는 것이다. 이것은 긍정적일 수도 있고 부정적일 수도 있다. 우리가 계속해서 '나는 이 일을 하기에는 너무 멍청해'라고 생각하다 보면 어느 순간 우리는 정말로 자신이 무능력하다고 믿게 된다. 비록 그것이 현실과 다르고 사실에 부합하지 않더라도 말이다.

불안감 조성

사람은 감정에 이끌리기 쉽기 때문에, 불안을 통해서도 흔히 조작이 이루어진다는 사실은 그다지 놀랍지 않다. 실제로 매우 효과적이기도 하다. 나르시시스트는 자신의 요구를 관철하기 위해서 친구 관계, 고용 관계 또는 연인 관계가 끝날지도 모른다는 불안을 의도적으로 이용한다. 예를 들어 어떤 친구가 계속 이런 말을 한다고 상상해보자. "네가 나를 위해서 이 일을 해주지 않으면 우리 우정이 깨질 수 있어."

그는 자신의 소망을 관철시키기 위해서 우정을 잃을지도 모른다는 상대방의 불안을 악용하는 것이다. 그러면 상대방은 우정을 잃게 될지도 모른다는 걱정에 실제로 하고 싶지 않은 일을 하게 될 수도 있다. 누군가가 불안을 통해 당신에게 영향을 미치려고 한다면 그것에 대해 잘 생각해보고 당신의 감정을 이해해봄으로써 이를 알아차릴 수 있다. 당신이 왜 무언가를 믿는지 생각해보고, 불안의 근거가 정당한지 확인한 다음, 이 일에 대해 다른 사람들과 솔직하게 이야기를 해보자. 그리고 자신의 직감을 믿고 누군가가 당신을 조작하려 할 때를 알아차릴 수 있도록 항상 주의해야 한다.

양자택일 강요

"네가 그 주제에 대해 계속 이야기하는 걸 멈추지 않으면 난 주말에 너랑 같이 하이킹을 가지 않을 거야."

이런 의사소통 전술은 상대방에게 스스로 결정을 내렸다고 느끼게 하지만 실제로 나머지 선택지는 진정한 행동 대안이 아니다. 이런 상황에서는 침착함을 유지하고 나르시시스트의 조작을 알아차리는 것이 중요하다.

당신은 이 상황을 언급하고 명확한 경계를 설정함으로써 대응할 수 있다. 예를 들어 다음과 같이 말할 수 있다. "지금 상황이 어렵다는 건 알겠는데 그렇다고 해서 내가 궁지에 몰리는 것은 불편해. 난 우리 둘 다 받아들일 만한 해결책을 함께 찾을 준비가 되어 있지만 부적절한 두 가지 선택지 중에서 억지로 하나를 선택해야 한다는 느낌을 받고 싶지는 않아. 네가 걱정하는 부분들에 대해 얘기를 나눠보고 우리 모두에게 공정한 방법을 찾아보자." 이런 대응은 협력하고자 하는 당신의 의지를 분명히 보여줄 뿐만 아니라 당신이 비현실적이거나 부적절한 결정을 내리고 싶지 않다는 점을 강조한다.

정보 과잉

이 수법의 목적은 방대한 양의 정보를 한꺼번에 쏟아부어 당신에게 압도당했다는 느낌과 부담감을 주는 것이다. 상대방은 당신에게 한 번에 그렇게 많은 정보를 처리할 능력이 없다고 가정한다. 이 수법은 특히 과도한 정보에 잘 대처하지 못하는 어린아이들에게 효과적이다.

직장에서도 동료들 사이에 정보 과잉을 통한 조작이 발생할 수 있다. 어떤 동료가 회의에서 프로젝트와 관련된 압도적인 양의 정보를 제공한다고 상상해보자. 여기에는 중요한 세부 정보뿐만 아니라 아니라 굳이 필요하지 않은 수많은 추가 자료, 그래픽, 통계도 포함되어 있다. 정보의 홍수에 빠진 당신은 명확한 결정을 내리거나 당신만의 의견을 만들어내기가 어려워진다. 그 결과 당신의 동료가 프로젝트에 대한 통제권을 유지하고 그에 필요한 노하우를 차지하게 된다.

당신은 이런 행동에 대해 다음과 같이 대응할 수 있다. "여기에 우리가 다루어야 할 복잡한 주제가 많다는 것을 알고 있습니다. 그리고 우리가 그 주제들에 대해 이야기하는 것이 중요하다고 생각합니다. 하지만 지금은 정보의 양이 너무 많아서 부담스럽습니다. 한 걸음 뒤로 물러나서 각 주제를 하나씩 따로 살펴보는 것이 어떨까요? 그러면 명확한 결정을 내리기가 한결 쉬워질 것 같습니다." 이런 대응을 통해 당신은 소통할 준비가 되어 있으며 적절한 속도로 정보를 처리하기를 원한다는 입장도 보여줄 수 있다.

피해자 행세

피해자 행세를 통한 조작의 목적은 상대에게 동정심이나 죄책감을 불러일으키고 그로 인해 특정 행동을 하도록 유도하는 것이다.

마리아는 싱글맘으로 에마와 막스라는 두 명의 십대 자녀를 키우고 있다. 마리아는 가족뿐만 아니라 친구들 사이에서도 의식적으로 피해자 역할을 강조함으로써 동정심을 이끌어내곤 한다. 집에서는 에마와 막스에게 자신이 얼마나 소외감을 느끼고 가족을 위해 얼마나 많은 희생을 하고 있는지 강조한다. 그리고 친구들과의 모임에서는 재정적 어려움과 부족한 시간, 그리고 다른 사람에게서 받지 못하는 지원 등에 대한 걱정을 늘어놓는다.

마리아가 사용하는 조작의 목적은 자녀와 친구들로부터 동정심과 이해를 끌어내는 것이다. 마리아는 이들이 자신에게 책임감을 느끼고 더 많은 관심과 도움을 주기를 바란다. 피해자 역할은 자녀와 친구들의 행동을 자신에게 유리하게 이끌기 위한 전술적 도구가 된다. 그러나 자신의 책임감 부족이나 관심과 지원에 대한 욕구와 같은 본질적인 문제를 직접적으로 언급하지 않는다.

누군가 피해자 행세를 한다면 공감하면서도 명확하게 의사소통하는 것이 중요하다. "네가 소외감을 느끼는 것을 이해하고 유감스럽게 생각해. 우리 함께 어떻게 하면 해결책을 찾을 수 있을지 이야기해보자."

애정 박탈

사랑, 관심 또는 애정을 의도적으로 거두는 것도 조작의 한 형태다. 이는 독이 되는 가족 관계에서, 특히 부모와 자녀 사이에서 역동적으로 발생할 수 있다.

두 아이의 엄마인 소피는 딸 미아가 자신의 기대에 부응하지 못해서 실망스럽다. 미아는 대학 입학시험에서 소피가 기대했던 성적을 얻지 못했다. 그리고 운동경기에서도 기대만큼의 실력을 보여주지 못했다. 소피는 자신의 실망에 대해 직접 이야기하는 대신 미아에게 거리를 둔다. 그녀는 미아의 활동에 관심을 덜 보이고 긍정적인 관심을 줄이고 평소 주던 애정을 주지 않는다. 소피는 미아가 자신의 변화된 행동을 알아차려서 죄책감을 느끼고 엄마인 자신의 욕구를 더 충족해주기를 바란다.

미아가 엄마의 행동 변화를 감지하면 공감적으로 반응하며 다음과 같이 말할 수 있다. "최근에 엄마하고 나 사이에 뭔가 변한 것 같은 느낌이 들어요. 만약 이유가 있다면 그 이유를 이해하기 위해서 이야기를 하고 싶어요. 저는 솔직한 대화를 중요하게 생각하고, 함께 해결책을 찾아서 둘 다 만족하는 관계를 만들고 싶어요. 우리가 다시 유대감과 애정을 회복할 방법에 관해 이야기해보는 것이 좋겠어요."

죄책감과 감정 조작

"네가 그 일을 처리할 수 없다면 어쩔 수 없이 내가 해야겠지."

"네가 올 수 없다면 나 혼자서라도 어떻게든 해볼게."

이런 말은 당신의 죄책감을 불러일으키기 위한 말이다. 그러면 당신은 직장 동료를 돕기 위해 약속을 취소할지, 또는 오랫동안 못 뵌 부모님 대신에 주말에 친구를 만나러 가야 할지 고민하게 된다.

조작을 당한 사람이 조작을 하는 사람에게 죄책감을 느낀다는 말을 흔히 들을 수 있다. 이런 일은 특히 가족이나 부모와 자녀 관계에서 많이 발생하지만 직장, 친구 사이, 연인 관계에서도 발생할 수 있다. 그러나 이러한 죄책감은 근거가 없는 경우가 많다. 즉, 진짜 잘못했다거나 어떤 실수 때문이 아니라 감정적 조작으로 생긴 것이다.

당신이 만약 이런 종류의 죄책감에 자주 시달리는 편이라면 일상에서 만나게 되는 조작에 마음이 불편해지지 않도록 다음과 같은 문장들을 적어보는 것이 도움이 될 수 있다.

"네가 나를 사랑한다면 너는 그렇게 행동하지 않을 거야."

"네가 나를 중요하게 생각했다면 주말을 부모님 집에서 보내지 않았을 거야."

"네가 나에게 충실하다면 오늘은 친구를 만나러 나가지 않겠지."

어렸을 때 우리는 다른 사람이 우리에게 영향을 미치려고 한다는 사실을 알아차리지 못했다. 때로는 죄책감 때문에 그들의 요구를 따랐다. 어쩌면 우리 부모도 때때로 죄책감을 양육의 도구로 사용했을 수 있고, 지금도 여전히 그럴지도 모른다. 하지만 성인이 된 우리는 더 이상 죄책감에 짓눌려서는 안 된다. 만약 당신이 자주 죄책감에 휘둘린다는 것을 알아차렸다면 자기 내면의 신념을 되돌아보고 이러한 감정과 사고 패턴이 어디에서 오는지 생각해봐야 한다. (이와 관련해 도움이 되는 몇 가지 연습을 이 책의 마지막 부분에 수록했다.)

그리고 그런 조작적인 발언은 직접적으로 지적하고, 그 누구도 당신에게 죄책감을 '강요'하거나 당신을 조종하는 것을 허용하지 않겠다는 입장을 분명히 해야 한다. 예를 들어 다음과 같이 말할 수 있다. "나는 죄책감 때문에 내가 하고 싶지 않은 일을 억지로 하지 않을 거야. 네 말은 조작적이고 부적절해." 또 다른 방법은 명확한 경계를 설정하는 것이다. 조작하는 사람에게 당신이 죄책감에 조종당할 마음이 없다는 것을 알려줘야 한다. 예를 들어 이렇게 말하자. "나는 원하지 않은 일을 강요 때문에 억지로 하지 않아. 나는 주체적으로 결정을 내리고 죄책감에 흔들리지 않아."

약속 상기

"그렇게 하겠다고 나한테 약속했잖아…."

독이 되는 사람은 영향력을 행사하기 위해 당신에게 약속을 상기시킨다. 당신을 의무에 묶어두고 약속을 이행하도록 하는 것이 이들의 의도다. 건강한 관계에서 약속은 중요하며 서로에게 약속을 상기시키는 것은 지극히 정상적인 일이다. 예를 들어 "목표를 달성할 수 있도록 서로 도와주기로 약속한 거 기억나지? 내 프로젝트를 끝내려면 네 도움이 필요해." 이런 식으로 약속을 기억하게 하는 것은 건설적이며 상호지원을 강화하는 것을 목표로 한다.

그러나 상기시키는 의도가 매우 중요하다. 압력을 가하거나 죄책감을 불러일으키기 위해서 약속을 사용한다면 이는 교묘한 조작이 될 수 있다. 극단적인 예를 들어보면 이렇다.

"우리가 한 약속을 기억하지 못하다니 난 도무지 믿을 수가 없어. 나는 그동안 너를 수없이 많이 도와줬는데 이제 와서 내가 도움이 필요할 때 모른 척을 해?"

여기서 약속은 엄청난 압박감을 가하고 죄책감을 불러일으키며 상대방을 조종하기 위한 도구로 사용된다.

더 많은 헌신 요구

더 많은 헌신이나 참여에 대한 요구는 대개 상대방이 충분히 기여하고 있지 않다는 비난이 따라오는 경우가 많다. 예를 들면 이렇다.

"나는 벌써 네 번이나 장을 보고 왔는데, 당신은 단 한 번도 장 볼 생각을 한 적이 없네."

더 많은 헌신 또는 참여에 대한 요구와 상대방이 충분히 하고 있지 않다는 비난을 함께 던지면 더 큰 심리적 압박감을 줄 수 있다. 그래서 상대방은 죄책감을 느끼게 되고, 실제로 이미 충분히 해왔거나 원하지 않더라도 기대를 충족시키기 위해서 더 자주 일을 떠맡게 된다. 이러한 역학은 관계의 불균형을 초래하고, 상대방은 계속해서 '나는 늘 네 기대를 저버리고 널 실망시키고 있다'고 느끼기 때문에 자존감이 떨어질 수 있다.

모순 지적

독이 되는 사람은 당신을 동요시키기 위해서 행동의 모순을 지적하는 것을 좋아한다.

"또 담배 피우고 있구나. 담배 끊겠다고 하지 않았어?!"

이 전략은 당신이 방어적 대응을 하다가 당신의 결정에 의심을 품게 만드는 것이 목적이다. 조작으로부터 당신을 보호하려면 이러한 비난에 명확하고 자신감 있게 대응하는 것이 중요하다.

과거의 잘못 들추기

당신이 저지른 과거의 실수나 잘못을 반복적으로 강조하는 사람은 당신에게 죄책감을 불러일으킨다. 이는 오래전에 이미 해결된 문제를 다시 끄집어내어 당신에게 심리적 압박을 가하고 당신을 조종하기 위해서다.

"그때 무슨 일이 있었는지 아직 기억하지? 난 당신을 절대 용서할 수 없어."

조작하는 사람은 과거의 부정적인 사건을 강조해서 현재의 당신에게 수치심이나 후회를 유발하려고 하는 것이다.

다른 사람과 비교

독이 되는 사람은 자신의 주장을 정당화하기 위해 당신을 다른 사람과 비교한다.

"내 친구의 남편은 주말에 혼자서 장을 다 봐가지고 온대."

"다른 할머니들은 손자를 돌볼 수 있는 것만으로도 행복해한대요."

이렇게 비교를 통해 그럴듯한 사회적 기준을 만들어서 당신에게 압력을 가하는 데 이용한다. 이때 조작하는 사람은 자신의 입장을 뒷받침하는 사례만을 의도적으로 선택하고 상황의 차이나 개별적인 차이를 고려하지 않는다.

통제에 대한 충동:
왜 그들은 다른 사람을 조작할까?

독이 되는 사람들은 자신을 피해자로 인식할 때 조작적인 행동에 의존한다. 이들은 사람들의 많은 이해와 연민을 불러일으키고 싶어한다. 조작의 또 다른 동기는 더 많은 사랑과 관심을 받고자 하는 욕망이다. 어떤 사람들은 자신이 얼마나 많은 관심을 받아야 하는지에 대한 비현실적인 기대치를 가지고 있다. 특히 사랑과 관련해서 그렇다. 이런 사람들은 자신의 과도한 욕구를 충족하고 다른 사람의 관심과 애정을 얻기 위해 교묘하고 조작적인 수법을 사용한다. 억압된 공격성과 복수심도 감정 조작의 원동력이 될 수 있다. 이러한 경우, 이들은 억눌린 감정을 표출하거나 관계에 대한 통제력을 얻기 위해 조작적인 수법을 사용한다.

> ✕ **자가 진단 테스트: 당신은 감정적 협박에 얼마나 영향을 받는가?** ✕
>
> 다른 사람에 의한 감정적 조작은 눈에 띄지 않게 우리의 행동에 영향을 미칠 수 있다. 때로 우리는 자신도 모르게 파괴적인 패턴에 얽히고, 그것을 인지하지 못한 채 빠져들게 된다. 이 자가 진단 테스트는 당신이 감정적 협박에 쉽게 휘둘리는 경향이 있는지 알아보는 데 도움이 된다. 잠시 시간을 내어 다음 문항에 솔직하게 답해보자.
>
> **자신에게 해당하는 문항에 ✓ 표시해보자.**
> ☐ 당신이 다른 사람에게 양보하지 않거나 그의 요구를 들어주지 않으면 관계가 위태로워질까 봐 불안한가?
> ☐ 다른 사람이 당신의 행동이 잘못됐다고 말할 때 쉽게 죄책감을 느끼는가?
> ☐ 당신의 소망을 표현하거나 관철할 때 자신이 이기적이라고 느끼는가?
> ☐ 다른 사람에게 잘못 행동했다는 생각에 자주 죄책감을 느끼는가?
> ☐ 다른 사람으로부터 인정받는 것에 큰 가치를 두는가?
> ☐ 좋지 않은 상황에 처한 사람을 특별히 더 친절하게 대하려고 노력하는가?
> ☐ 싸우기 싫어서 당신이 원하는 것을 자주 포기하는가?
> ☐ 당신은 파트너 또는 다른 사람과의 갈등을 불편하게 여기는가?
> ☐ 다른 사람들이 당신을 위해 하는 일보다 당신이 다른 사람들을 위해 하는 일이 더 많다고 생각하는가?
> ☐ 다른 사람의 인정을 받을 자격이 있는지에 대한 확신이 자주 흔들리는가?

□ 다른 사람의 침묵이 처벌처럼 느껴지는가?
□ 파트너에게 화를 내기가 어렵다고 느끼는가?
□ 갈등이 생겼을 때 먼저 스스로에게서 잘못을 찾는가?
□ 어렸을 때 "네가 그렇게 행동하면 엄마는 기분이 안 좋아", "네가 그렇게 행동하면 아빠는 더 이상 널 사랑할 수 없어", "다른 아이들이 너보다 훨씬 더 잘하네"와 같은 말을 자주 들었는가?
□ 다른 사람이 입을 삐죽 내밀고 토라지기만 해도 당신은 자동적으로 죄책감을 느끼는가?
□ 당신이 무엇을 잘못했는지 몰라서 자주 무력감을 느끼는가?
□ 죄책감 때문에 당신의 욕구를 포기하게 되는가?
□ 다른 사람에게 화내는 것이 어렵거나 불가능하다고 느끼는가?
□ 이유도 모른 채 자주 열등감을 느끼거나 상처를 받는가?
□ 있는 모습 그대로 사랑받지 못한다고 자주 느끼는가?
□ 파트너나 다른 사람이 당신에게 화를 내면 많이 괴로운가?

당신에게 해당하는 문항이 많았다면, 당신이 관계에서 불안감을 느끼고 감정적 협박에 쉽게 휘둘릴 수 있다는 것을 의미한다. 당신은 양심의 가책을 자주 느끼고, 쉽게 죄책감에 빠지고, 자신의 욕구를 표현하는 일을 이기적이라고 생각하며, 관계가 위태로워질까 봐 두려워하고, 갈등 상황에서 지나치게 친절하게 행동하거나 평화를 지키기 위해 자신의 욕구를 포기하는 등의 반응을 반복하고 있을 수 있다.

이것은 책임 전가에 관한 문제가 아니다. 자기의 행동 방식을 의식적으로 더 돌아보아야 한다는 점을 기억하자. 자신의 감정과 행동에 대한 더 깊은 이해는 더 건강한 인간관계를 만드는 첫걸음이 될 수 있다. 이 자가 진단 테스트가 전문가의 진단을 대신할 수는 없지만, 현재 당신의 정신적 상태를 이해하는 데 도움을 줄 수 있다.

5장

**어려운 성격을 가진
사람들과의 관계에서
유용한 전략**

연극성 인격장애:
연극적 성향과
주목받고 싶은 욕구

소피는 최근에 연극성 인격장애Histrionic Personality Disorder (히스테리성 성격장애) 진단을 받았다. 그녀의 행동과 인간관계는 극적인 연출, 조작, 중요한 존재이고 싶은 강한 욕구가 특징이다. 상담받으러 우리를 찾아왔을 때 소피는 막스와 6개월째 연애 중이었다. 연애 초기에 소피는 매혹적인 모습을 드러내며 관심을 끌기 위해서 헤어스타일과 옷 입는 스타일을 자주 바꿨다. 눈에 띄는 화려한 옷과 화장에 집중했을 뿐만 아니라 더 관심을 끌기 위해 술도 많이 마셨다. 소피의 매력에 끌린 막스는 두 사람의 관계에 많은 시간과 관심을 투자했다. 소피는 막스가 자신에게 유일한 사람이며 그녀의 인생에서 특별한 의미가 있는 사람이라고 계속해서 강조했다.

하지만 관계가 진전되면서 소피의 교묘한 조작 기술이 드러나기 시작했다. 막스가 다른 활동에 집중하거나 그녀를 위해 충분한 시간을 내지 못할 때, 그녀는 막스가 죄책감을 느끼게 하려고 온갖 노력을 기울였다. 그녀는 위로와 관심을 받기 위해 종종 울었다. 소피는 자주 아팠고 뇌종양이 의심된다면서 많은 의사들을 찾아다녔다. 소피는 이러한 걱정과 염려에 막스를 점점 더 끌어들였고 그에게 특별한 관심을 더 많이 요구했다. 특히 막스가 직장에 있거나 친구들과 함께 있을 때 시도 때도 없이 전화를 걸어 두통을 호소하기도 했다. 막스는 소피가 아프거나 기분이 안 좋을 때마다 그녀를 더 자주, 더 많이 돌봐야 한다는 압박을 느꼈다.

상담 치료 중에 소피가 관계를 맺는 중심적인 동기는 중요한 존재이고자 하는 욕구뿐만 아니라 신뢰와 연대감이라는 것이 분명하게 드러났다. 과거에 이러한 욕구와 다른 기본적인 욕구들이 크게 무시당하는 환경에서 성장한 것이 연극성 인격 장애의 요인이 되었다. 소피의 부모는 친구들과 파티를 즐기면서 어린 학생이었던 소피를 며칠씩 혼자 내버려두었다. 그러면서 혹시 문제가 생기면 이웃집에 도움을 청하라고 당부하기도 했다. 가족 안에 그녀의 욕구, 소망, 감정을 위한 공간은 거의 없었다. 그녀의 부모는 자신들의 문제만으로도 바빴고 딸에게 거의 관심을 주지 않았다.

소피는 극적이고 매혹적인 행동을 통해 부모의 관심과 인정을 가장 잘 얻을 수 있다는 사실을 일찌감치 터득했다. 이런 행동은 단기적으로 그녀에게 관심을 집중시켰기 때문에 의도치 않게 보상으로 작용하기도 했다. 또한 그녀의 어린 시절에는 명확한 경계와 체계가 없었다. 사람들이 자신에게 무엇을 기대하는지 모르는 불확실성 때문에 소피는 주변 사람들의 기대에 맞춰 행동했으며 그런 행동들은 주로 감정적이고 극적이고 매혹적인 방식으로 나타났다.

소피가 관계를 맺을 때 중심 동기가 되는 중요성, 신뢰, 연대감은 어린 시절에 반복되는 실망을 겪으며 형성된 것이다. 그리고 상담 치료 과정에서 이 세 가지 동기가 훼손된 것을 확인할 수 있었다. 소피는 가족에게서 경험하지 못한 관심, 정서적 지지, 소속감을 갈망했다. 그녀는 항상 가족 안에서 자신을 매우 열등하다고 여기며 자랐다.

연극성 인격장애란 무엇인가?

심리학 연구에 따르면 전체 인구의 약 2%가 연극성 인격장애를 가지고 있는 것으로 추정된다. 여성이 남성보다 4배 정도 더 많다. 그러나 전문가들은 연극성 인격장애가 여성들에게 과다 진단되고 남성들에게 과소 진단되고 있을 가능성이 있다고 추측한다.

이런 특성을 가진 사람은 언뜻 보기에 매우 자기중심적으로 보인다. 그러나 이들은 남들의 기대에 맞추느라 정작 자신의 목표와 가치관을 소홀히 여겨, 자아상이 불분명해진다. 그 결과 이들은 특히 사회적인 역할과 성별에 따른 역할을 강하게 따른다. 어려움은 대개 중년기 또는 노년기에 나타나는데, 이는 외부로부터의 인정이 줄어들기 때문이다. 예를 들어, 신체적 매력이 줄어들거나 수행 능력이 감소할 때 그렇다. 이때 많은 사람들이 우울증 위기를 경험하며 심리 치료의 도움을 구하게 된다.

남성의 경우에는 연극성 인격장애가 흔히 과시하는 형태로 나타난다. 자신의 약점이나 부족한 남성성을 감추기 위해 인상 깊었던 모험적인 경험에 관한 이야기를 장황하게 늘어놓는 식이다.

당사자는 많은 관심과 존중을 필요로 하며 이 두 가지를 적극적으로 요구하기도 한다. 이들은 인정받고, 자기 말에 귀 기울여주고, 진지하게 받아들여지고 소속감을 느끼기를 원한다. 이들은 "나는 당신과 함께 있는 것이 좋아" 또는 "당신은 내 삶을 풍요롭게 만들고 당신과 함께 시간을 보내는 것이 즐거워" 같은 신호를 갈망한다. 어쨌든 가장 중요한 것은 자신이 중요한 존재라는 느낌이다. 많은 환자가 다음과 같은 말을 들으며 자랐다고 얘기하곤 한다. "넌 나한테 방해만 될 뿐이야." "너는 짐덩어리야." "짜증 나게 좀 굴지 마." "지금은 너하고 놀아줄 시간이 없어." "네가 태어난 이후로 난 계속 아파." 이런 말을 굳이 입 밖으로 내뱉을 필요는 없다. 비언어적 행동만으로도 아이들은 자기 말에 귀 기울여주지 않고, 진지하게 받아들여지지 않고 있다는 느낌을 받기 때문이다. 심리학에서는 이

× 연극성 인격장애의 증상 ×

먼저 인격장애의 일반적인 기준들이 충족되어야 하며(120쪽 참조), 그다음 아래 나열된 ICD-10에서 제시한 기준 중 최소한 네 가지가 해당되어야 연극성 인격장애(ICD-10, F60.4)로 진단할 수 있다.

- 극적인 자기 묘사, 연극적인 행동 또는 과장된 감정 표현
- 높은 피암시성Suggestibility, 다른 사람이나 사건 또는 상황에 쉽게 영향받음
- 피상적이고 불안정한 정서
- 자신이 관심의 중심이 될 수 있는 흥미진진한 경험과 활동을 끊임없이 추구함
- 부적절하게 유혹적인 외모와 행동
- 매력적인 외모에 대한 지나친 집착

를 무효화Invalidation(라틴어에서 유래한 말로 **평가절하**, **무효**를 뜻한다)라고 부르며 이는 지속적인 정신적 피해를 남길 수 있다.

연극성 인격장애가 있는 사람들은 모든 일상적인 사건을 극적이거나 과장되게 표현하는 경향이 있다. 이들은 아주 작은 문제나 불편함도 극적으로 부풀려서 표현하며 상황의 심각성을 강조한다. "이건 지금까지 내가 경험한 것 중에 최악이야!" 또는 "내 인생은 그야말로 악몽이야!" 같은 식이다. 긍정적이든 부정적이든 주의를 끌려고 하거나 극적인 드라마를 연출하기도 한다. 독성적인 이러한 행동 방식은 인정과 확인에 대한 깊은 욕구에서 비롯되며, 반드시 의도가 부정적인 것만은 아니다.

연극성 인격장애가 있는 사람들은 강한 감정을 공개적으로, 과장된 방식으로 표현하는 것을 두려워하지 않는다. 또한 당사자는 극단적인 열정 상태에서 순식간에 깊은 슬픔이나 좌절감에 빠지기도 하고, 이를 함께 있는 다른 사람이나 관계를 맺고 있는 파트너에게 분명하게 드러낸다. 이들은 성급하게 강렬한 관계에 빠지기도 하는데, 그런 관계는 대체로 매우 불안정하고 깨지기 쉽다. 또한 이들은 새로운 사람들과 쉽고 빠르게 사귀고 친해지지만 그만큼 빠르게 실망하기도 한다. 연극성 인격장애의 특성이 있는 사람들은 자신이 드러나지 않거나 진지하게 받아들여지지 않는 것에 깊은 불안을 가지고 있다.

이들은 자신이 눈에 띄지 않는다고 느끼지 않기 위해서 어떻게든 관심의 중심에 서려고 무척 애를 쓴다. 다른 사람들에게 확인과 인정을 받고자 하는 강한 욕구 때문에 특히 확인과 칭찬에 잘 반응한다.

관심에 대한 갈망과 보상 행동 사이

연극성 인격장애가 있는 사람은 자신이 과장되게 행동하지 않으면 관심을 끌 수 없다고 생각한다. 이들의 자존감은 매우 불안정하며 현실을 있는 그대로 인식하는 데 어려움을 겪는다. 그래서 다른 사람들의 행동을 잘못 해석하는 경우가 많다. 이들은 아주 사소한 무관심의 신호조차 자신이 중요하지 않거나 무시당하고 있다는 증거로 받아들인다. 동시에 자신을 인정하는 긍정적인 신호는 잘 알아차리지 못한다.

> **× 연극성 인격장애와 자기애성 인격장애의 차이점 ×**
>
> 연극성 인격장애는 관심을 받고자 하는 강한 갈망, 과장된 감정 표현, 인정 욕구가 특징적으로 나타난다. 이런 성향이 있는 사람들은 관심의 중심에 서기 위해서 드라마틱하고 연극적인 모습을 보이는 경향이 있다.
> 반면에 자기애성 인격장애는 찬사를 받고자 하는 과도한 욕구, 부풀려진 자존감, 공감 능력 부족이 특징이다. 나르시시스트는 과도한 자부심, 지나친 자기 집착 그리고 자기 목표를 달성하기 위해 다른 사람을 조작하려는 경향을 보인다.
> 연극성 인격장애가 있는 사람은 정서적인 불안정과 충동성이 특징인 반면, 나르시시스트는 다른 사람을 지배하려 하거나 자신이 우월하다고 느끼는 경향이 있다.

그래서 회피 또는 보상 행동으로 이어지는 신념이 만들어진다. 이런 일이 다시 일어나지 않도록 하는 것이 목표이다. 이들의 보상 목표는 이제 다음과 같다. "나는 가장 중요한 사람이 되고 싶어. 나는 언제 어디서나 무한한 관심을 받고 싶어. 나는 무시당하지 않기 위해서라면 무엇이든 할 거야. 나는 특별한 사람이라는 말을 끊임없이 들어야만 내가 중요한 사람이라는 것을 믿을 수 있어. 그리고 나는 다른 사람들이 계속해서 내가 중요하다고 증명해줄 때만 내가 그들에게 중요한 존재라고 느낄 수 있어."

사람마다 행동을 해석하는 방식은 다르다. 우리가 연극성 인격장애가 있는 파트너에게 우리 나름대로 많은 관심을 기울인다고 해도 그 파트너가 반드시 그렇게 받아들이고 자신의 욕구가 충족되었다고 생각하지 않을 수도 있다. 그래서 우리는 무엇을 할 수 있는 여지가 거의 없다.

물론 연극성 인격장애가 있는 사람은 우리가 매우 긍정적이고 매력적으로 여길 만한 전략을 만들어내기도 한다. 이들은 매우 사교적이고 외향적이며 감정 표현이 풍부하다. 특히 매우 매력적으로 보이거나 성적 매력을 발산하기도 한다. 아주 유쾌하고 스몰 토크에 능하며 플러팅할 때 매력적이고 재치 있는 모습을 보인다. 이들은 매우 긍정적인 모습으로 자신을 표현한다.

하지만 어떤 때는 단지 긍정적인 관심만 원하는 것이 아니라 부정적인 관심이라도 받기만 하면 되는 경우도 있다. 아무런 관심을 못 받는 것보다는 부정적인 관심이라도 받는 것이 낫다고 생각하는 것이다. 이들은 다양한 방법으로 주의를 끌고 관심을 받으려고 노력한다. 파티에서 섹시한 춤을 추거나 직장에서는 계단에서 넘어지는 시늉을 하기도 한다. 어떤 이들은 사람들의 마음을 사로잡는 인상적이거나 충격적인 이야기를 들려주기도 하고 또 어떤 이들은 과도한 음주와 같은 부적절한 행동으로 눈에 띄려고 애쓴다.

연극성 인격장애가 있는 사람들은 혼자 있는 것을 힘들어하는 경우가 많고, 끊임없이 변화를 필요로 하며, 항상 인정을 갈구한다. 이들은 징징거리거나 통제하는 등의 조작 기술을 사용하여 피해자 행세를 한다. 그럴 때 이들은 신체적 또는 감정적 거리를 유지하지 않고 선을 넘어버리는 경우가 많다. 또 질투하는 행동은 매우 흔하다. 예를 들어, 파트너가 다른 사람과 대화만 해도 이를 자신이 중요하지 않다는 신호로 해석한다. 연구에 따르면 연극성 인격장애가 있는 사람은 파트너에게 만족하지 못하고 외도하는 경향이 더 높다고 한다. 정신적으로 독이 되는 이런 행동으로 인해 주변 사람들은 물론 자기 자신에게도 아주 일상적인 상황조차 도전이 되어버린다. 이들은 원칙적으로 어렸을 때 받지 못한 것을 갈구한다. 바로 애정 어린 관심, 정서적 친밀감, 사랑받을 가치가 있고 소중한 존재라는 느낌이다.

× **무의식적인 조작** ×

인격장애가 있는 사람들은 자동적으로 그리고 무의식적으로 조작하는 행동을 보인다. 이들은 자기 행동 방식을 알아차리지 못하고 그렇게 함으로써 자신의 트라우마를 보호한다. 조작이 매우 뚜렷하게 드러나도 이들은 자신이 조작한다고 여기지 않으며 절대로 그렇게 보이기를 원하지 않는다.

사랑하는 관계에서
찬사와 신뢰를 갈망하며

연극성 인격장애가 있는 사람들은 섹스파트너조차도 자신의 정체성을 강화하고 자존감을 높이기 위한 수단으로 이용한다. 그래서 성적으로 유혹하는 행동들이 자주 나타난다. 이는 칭찬을 기대하며 의도적으로 도발적인 모습을 보인다는 것을 의미한다. 관계에서 성적인 요소가 과도하게 강조되어서 지나치게 빈번한 플러팅 행동으로 나타나고, 실제로 성적인 의도를 가지고 유혹하는 경우가 많다.

그리고 상대를 정복한 후에는 보통 현실 자각이 뒤따른다. 연극성 인격장애가 있는 사람은 자신에 대한 평가가 자신의 인격이 아니라 자신의 외모나 성적 매력에 근거한다고 생각한다. 이들은 관계에서 완벽을 추구하고 로맨틱한 사랑에 대한 환상을 붙잡는다. 이것은 타협이 거의 이루어지지 않으며 파트너가 그들 내면의 이상형과 일치해야 한다는 것을 의미한다. 그래서 파트너를 선택할 때 외모, 경제력, 사회적 지위와 같은 특성들이 우선순위를 차지한다. 그야말로 자신이 사랑에 빠질 만한 왕자님이나 공주님을 찾는 것이다.

현실에는 이들이 상상하는 종류의 관계란 존재하지 않는다. 그래서 이들은 환상을 붙잡고 계속해서 완벽한 파트너를 찾으려 한다. 그렇다고 해서 이들이 관계를 아예 맺지 못한다는 뜻은 아니다. 안정적이고 지속적인 관계를 위해 이들은 신뢰할 수 있는 확실한 파트너를 선택하는 경우가 많다. 이들에게 신뢰성은 매우 중요하기 때문이다. 이들은 관계에서 높은 수준의 보살핌과 찬사를 요구한다. 하지만 반대로 파트너에게 그와 같은 방식의 애정을 주지는 않는다. 그러다 파트너가 갑자기 애정을 주는 것을 거부하면, 연극성 인격장애가 있는 사람은 조작적인 전략으로 대응하는 경우가 많다.

아나는 장난기 넘치고 유쾌하고 에로틱하게 행동하며 마르크의 요구에 잘 맞춰준다. 그런데 결혼 생활이 20년이 지나면서 마르크는 아나에게 너무 익숙해져서 더 이상 예전처럼 아나의 행동에 강한 애정과 관심으로 반응하지 않는다. 이런 상황에서 아나는 관계의 접근 방식을 바꿔야 한다고 생각한다. 이제부터는 마르크의 관심을 끌기 위해서 부정적인 전략을 사용한다. "나는 심장이 아프니까 제발 나를 흥분시키는 행동 좀 하지 마" 또는 "당신이 나를 무시하지 않았다면 내가 이렇게 아프지도 않았을 거야" 같은 말을 하는 것이다.

이런 경우에 관심에 대한 욕구는 충족되지만 자신이 중요한 존재임을 확인받고 싶은 욕구는 안타깝게도 동시에 충족되지 않는다.

두 사람이 만약 헤어지게 되면 두 사람의 관계는 신뢰성이 없거나 불안정한 관계로 간주된다. 이 사례의 경우 아나가 어린 시절부터 가지고 있던 오래된 가정들이 입증되는 것이다.

연극성 인격장애가 있는 사람과의 안정적인 관계가 더욱 어려운 이유는, 이들이 자신의 감정을 잘 통제하기가 어렵기 때문이다. 즉, 연극성 인격장애가 있는 사람들은 사랑에 빠진 초기에는 파트너에게 압도적인 찬사를 보내고 강력하게 이상화한다. 그러나 파트너가 기대에 부응하지 못한다는 것을 깨달으면 이런 감정들은 빠르게 사라져버린다.

연극성 인격장애가 있는 사람의
성공과 실패

실제 임상에서는 연극성 인격장애가 있지만 성공한 사람과 실패한 사람을 구분한다. 성공한 사람들은 자기 행동을 통해 주목받고, 진지하게 받아들여지고 존중받으며, 목표를 달성하고 자신의 욕구를 충족시킨다. 연극성 인격장애가 있는 사람들은 긍정적 조작 전략과 부정적 조작 전략을 모두 가지고 있으며 이를 상황에 따라 유연하게 사용할 수 있다. 처음 관계를 시작하는 단계에서는 관심을 끌기 위해 주로 긍정적인 전략을 사용한다. 예를 들어 매력적인 외모, 눈에 띄는 행동, 유쾌한 태도, 사람들을 사로잡는 긍정적인 분위기, 매혹적인 플러팅 등이 있다. 그러나 긍정적인 전략이 더 이상 통하지 않고 주변 사람들이 이미 그 전략에 익숙해져서 더 이상 처음처럼 관심을 가져주고 강하게 반응하지 않으면 공황, 불안, 우울증 또는 편두통과 같은 증상이 자주 나타난다. 이런 순간에는 도움과 보살핌을 요구하기 위한 전략들을 사용한다. 그러면서 다른 사람들에게 혼자서는 잘 해내지 못한다는 느낌을 전달한다.

연극성 인격장애가 있지만 실패한 사람은 이런 집중적인 노력에도 불구하고 더 이상 주목받는 데 성공하지 못하고 자신의 보상 목표를 달성할 수 없는 사람을 말한다. 이는 흔히 나이 든 사람들에게서 관찰할 수 있는데, 이들의 전략이 갑자기 문화적으로 부적절해 보이고 외부로부터의 인정이나 거부가 이루어지지 않을 때 나타난다. 이들의 경우에는 부정적인 전략이 더 지배적인 경우가 많다. 이들은 긍정적인 전략은 거의 가지고 있지 않고 이를 효과적으로 사용할 수 있는 상태도 아니다.

극적인 상황에서 균형으로
- 연극성 인격장애가 있는 사람과 잘 지내는 방법

만약 당신이 직장이나 가족 또는 연인 관계 등에서 연극성 인격장애가 있는 사람과 엮여 있다면, 그 사람의 특정 행동 패턴이 매우 뚜렷하게 나타날 수 있다는 점을 인지하는 것이 중요하다.

때로 당신은 자신이 무엇을 잘못했는지 이해하지 못하는 경우가 많을 것이다. 그리고 그 사람의 높은 민감성과 충동성 때문에 의사소통에 어려움이 있을 수 있다. 또한 그 사람이 다른 사람에게 거는 높은 기대치도 문제가 될 수 있다. 예를 들어, 말하지 않아도 파트너가 자신의 욕구를 알아서 이해해주기를 기대하는 것이다. 연극성 인격장애가 있는 사람은 갈등을 대개 직접적이고 공개적으로 드러내는데, 갈등을 두려워하지 않기 때문이다. 그래서 분노, 모욕, 상처로 이어질 수 있다.

연극성 인격장애가 있는 사람과의 관계에 긍정적인 영향을 미치고 싶다면, 주의해야 할 것이 있다. 이들이 관계 내에서 충분한 관심과 존중을 받고 있는지 그리고 자기 삶에서 중요한 역할을 하고 있다고 느끼는지 깊이 살펴봐야 한다. 동시에 당신도 마찬가지로 당신과 당신의 욕구에 대한 충분한 존중을 요구해야 한다! 만약 당신이 설정한 경계를 넘었다는 생각이

들면 당신은 상대방의 요구에만 주의를 기울일 것이 아니라 상대방도 다가와서 갈등을 해결하는 데 자신의 몫을 다하도록 요구해야 한다. 자기 자신을 돌보는 것이 중요하다.

하지만 모든 갈등이 중립적으로 해결될 수 있는 것은 아니라는 점을 명심해야 한다. 상대방이 징징거리거나 불평하는 경우, 부정적으로 반응하지 않고 그 뒤에 숨어 있는 감정을 진지하게 받아들이고 그 사람이 요구하는 관심을 보여주는 것이 중요하다. 동시에 연극성 인격장애가 있는 사람의 문제를 단순히 긍정해서는 안 되며, 인생에서 문제에 직면하는 것은 괜찮고 지극히 정상적인 일이라는 것을 그에게 보여줘야 한다.

상대방을 존중하는 태도로 대하는 것은 흥분을 피하는 것만큼이나 중요하다. 또한 관계를 위태롭게 하는 대신, 함께 해결책을 찾는 데 집중해야 한다. 이때 당신을 위한 해결책도 함께 있어야 한다. 초점이 연극성 인격장애가 있는 사람에게만 집중되어서는 안 된다. 그가 소외감을 느끼지 않도록 충분한 대화 시간을 갖는 것이 좋으며, 그 대화를 통해서 당신도 힘을 얻을 수 있다.

결론을 말하자면, 갈등 상황에서는 주의 깊게 경청하고 관심을 보이며 함께 해결책을 찾기 위해 노력해야 한다. 그러나 당신이 말을 끝까지 할 수 있게 해주고 주의 깊게 들어줄 것을 상대방에게 요구해야 한다. 이때 조종당하지 않도록 주의하고, 상대방이 당신을 조종하려고 시도한다는 생각이 들면 명확하게 의사를 전달해야 한다. 그리고 대립은 가능하면 피해야 한다. 대신 인내심을 가지고 상황이 진정될 때까지 기다리는 것이 좋다. 침착함을 유지하고 상대방의 극적인 행동에 휘말리지 않는 것이 중요하다.

반사회성 인격장애:
관계는 목적을 위한 수단

반사회적 성향을 가진 사람들은 사회적 규칙을 거의 따르지 않는다. 거리낌이 없고 양심의 가책을 거의 느끼지 않으며 착취적이고 교묘하게 조작적인 행동을 하는 경우가 많다. 무엇보다 자신의 이익이 최우선 관심사이기 때문이다. 하지만 그렇다고 해서 아직 인격장애라고 할 수는 없다. 비슷한 행동을 하는 다른 사람들과 비교했을 때 반사회성 인격장애 Antisocial Personality Disorder가 있는 사람들은 확실히 자기 의심을 덜 하고 비판을 신경 쓰지 않는다. 이들은 관계를 자신의 이익을 증진하기 위한 수단으로 여기기 때문에 관계를 쉽게 끝낼 수 있다. 이들은 감정을 거의 드러내지 않지만, 처음에는 매우 매력적이고 공감 능력이 좋은 것 같은 인상을 줄 수 있다.

중요한 것은 반사회성 인격장애는 전문가의 도움이 필요하다는 점이다. 당사자는 치료를 통해 부족한 감정이입 능력을 보완하고 사회적으로 책임감 있는 행동을 발달시킬 수 있다. 그러나 당사자가 전문가의 도움을 받도록 설득하는 것이 어려운 경우가 많다. 자신에게 문제가 있다는 사실을 인식하지 않기 때문이다. 드물게는 당사자 자신과 타인에 대한 위험을 줄이기 위해서 법원에서 치료를 명령하는 경우도 있다. 이러한

✕ 반사회성 인격장애의 증상 ✕

인격장애의 기준을 충족하는 경우(120쪽 참조), 다음 특성 또는 행동 중 적어도 세 가지가 나타나야 한다.

- 타인의 감정에 대한 냉담과 무관심
- 명확하고 지속적인 무책임한 태도 그리고 사회적 규범, 규칙 및 의무에 대한 무시
- 관계를 시작하는 데에는 문제가 없지만 지속적인 관계를 유지할 수 없음
- 좌절에 대한 매우 낮은 인내력과 공격적인 행동 및 폭력적인 행동에 대한 낮은 임계치
- 죄책감 결여 또는 부정적인 경험, 특히 처벌을 통해 배우는 것이 불가능함
- 사회와 갈등을 빚었을 때 다른 사람을 탓하거나 자기 행동에 대해 그럴듯하게 합리화하는 뚜렷한 경향

인격장애는 유전적 특성일 수도 있지만 불우한 어린 시절에서 기인하기도 한다. 어린 시절 타인의 감정을 고려하는 법을 배우지 않으면 청소년기에 반사회적 행동을 보일 수 있으며 다른 사람에게 상처를 주거나 규칙을 무시하는 등의 행동이 나타난다.

반사회성 인격장애가 있는 사람은 공감과 동정심이 부족한 모습을 자주 보인다. 예를 들어, 다른 사람에게 미칠 영향을 고려하지 않은 채 모욕적이고 상처를 주는 발언을 서슴없이 하곤 한다.

함께 일하는 동료가 알렉스에게 자신이 마라톤을 위한 훈련을 하고 있다고 열정적으로 이야기한다. 그런데 알렉스는 긍정적인 표현이나 칭찬 대신에 무시하는 말투로 반응한다. "마라톤? 그래서 뭐? 그건 그냥 달리기일 뿐이잖아. 왜 그런 일에 그렇게 많은 시간을 낭비하는지 모르겠네. 인생에는 더 중요한 일들이 많잖아."

이 말은 알렉스의 공감 능력 결여와 함께, 동료의 즐거움과 성취를 인정해줄 능력이 없다는 것을 보여준다. 다른 사람의 감정에 대한 그의 무관심과 모욕적인 발언은 반사회성 인격장애의 증상이 있다는 징후다. 무시하는 태도는 직장에서 사회적 거리감과 갈등을 유발할 수 있다. 이들은 일반적으로 다른 사람의 감정이나 관점에서 생각하는 것에 거의 관심이 없다. 이들은 감정이 없거나, 타인의 문제와 걱정에 무관심해 보일 수 있다.

마르크는 팀 프로젝트를 진행 중인데, 동료인 리사가 개인적인 문제로 어려움을 겪고 있다. 리사는 최근에 스트레스를 많이 받고 있으며 업무 부담 때문에 힘들다고 팀원들에게 알린다. 마르크는 공감을 표시하거나 리사의 감정에 최소한의 관심을 보이는 대신에 무정하게 반응한다. "글쎄, 스트레스를 안 받는 사람이 어디 있어. 인생이 다 그렇지 뭐. 그냥 네가 좀 더 열심히 노력하고 징징거리지 말고 그냥 받아들이든지 해야지."

이 사례에서 마르크는 리사의 감정과 관점에 대한 이해나 관심이 전혀 없다는 것을 보여준다. 반사회적인 성향의 사람들은 다른 사람에게 미치는 영향은 고려하지 않고 경멸하거나 비하하거나 심지어 상처를 주는 말을 할 때가 있다. 이러한 말은 모욕, 조롱, 괴롭힘의 의도로 나타날 수 있다.

자라는 정기적으로 직장 동료들과 함께 점심 모임을 갖는다. 어느 날 크리스가 요즘 개인적인 문제로 스트레스를 많이 받고 있다고 털어놓는다. 자라는 공감이나 지지를 표하는 대신 무시하는 듯한 발언을 한다. "그렇게 약하게 굴지 마, 크리스. 인생은 원래 힘든 것이고 우리 모두가 각자 감당해야 하는 거야. 별거 아닌 일로 호들갑 떨지 마."

반사회성 인격장애가 있는 사람은 자신의 욕구를 충족시키기 위해 다른 사람들을 조종한다. 그러면서도 후회의 기색은 거의 또는 전혀 보이지 않는다. 거짓말, 속임수, 타인의 권리를 침해하는 행동을 하면서도 양심의 가책을 느끼지 않는다.

아민은 재무를 공동으로 관리하는 회사의 직원이다. 어느 날 아민은 경제적으로 어려워지자 회사의 공동 재무 시스템을 자신에게 유리하게 이용하기로 결심한다. 어떤 후회나 양심의 가책도 없이 아민은 추가 자금을 자신의 계좌로 송금하기 위해 재무 기록을 조작한다. 다른 팀 구성원이 이 사실을 알게 되고 아민에게 따져 묻자, 아민은 책임을 지려는 의지는 보이지 않고 자기 잘못을 부인한다.

반사회성 인격장애가 있는 사람들은 종종 눈에 띄게 매력적이어서 다른 사람을 속이고 조종하는 것이 가능한 경우가 많다. 매우 설득력 있고 카리스마가 넘쳐 보여서 이들의 진짜 행동을 명확하게 알아차리기 어렵다. 이들은 공감 능력과 사회적 책임감이 부족하기 때문에 안정적이고 건강한 인간관계를 유지하는 데 어려움을 겪는다. 이들의 자기중심적이고 조작적인 성향이 갈등과 이별을 초래할 수 있다. 이들에게 인간관계란 무엇보다 자신의 이익을 증진하기 위한 도구에 불과하다. 충성심이나 진정한 유대감은 동기가 되지 못한다. 더 이상 이득이 없다고 판단되는 경우 관계는 예고 없이 끝나버릴 수 있다.

조시는 동료 및 친구들과 피상적인 관계를 유지하는데, 처음에는 인상적이고 눈에 띄는 매력으로 어필하는 경우가 많다. 겉으로 드러나는 친절함과 카리스마 넘치는 태도로 조시는 다른 사람들의 신뢰를 얻는 데 성공한다. 이러한 관계에서 조시는 주변 사람들을 능숙하게 활용하여 정보를 얻고 개인적인 이득을 취한다. 그녀는 사람들을 매우 교묘하게 조종하며 직업적으로든 개인적으로든 자신의 목적을 위해 다른 사람을 서슴없이 이용한다. 조시는 자신의 사회적 능력을 발휘하여 진정한 감정적 유대감을 형성하거나 충성심을 보이지 않고도 목표를 달성한다. 조시는 이러한 관계에서 더 이상 이익을 얻지 못하거나, 다른 곳에서 자신의 이익을 충족할 수 있다고 판단되면 동료와 친구를 가차 없이 버린다. 이전에 관계를 맺었던 사람들에 대해 후회의 기색이나 다른 어떤 감정적인 반응도 보이지 않는다.

× × ×

반사회성 인격장애와 자기애성 인격장애는 무엇이 다를까?

　반사회성 인격장애와 자기애성 인격장애는 여러 가지 행동 방식과 특정 사안들을 감정적으로 평가하는 방식에서 차이를 보인다. 반사회성 인격장애가 있는 사람은 도덕적 감수성이 부족한 것을 관찰할 수 있다. 이들은 죄책감이나 양심의 가책 때문이 아니라 자신이 발각될 위험이 있을 경우에만 다른 사람에게 해를 끼치는 행동을 중지한다. 반사회적인 사람은 자신의 이익을 극대화하기 위해 자기 의심 따위는 제쳐둔다. 이에 반해 나르시시스트는 강한 자신감에도 불구하고 자기 의심으로 괴로워하는 경우가 많다.
　반사회성 인격장애가 있는 사람은 타인에 대한 공감이 제한적이고 자기에게 유리하다고 판단할 때까지만 감정을 속인다. 나르시시스트의 경우에는 공감 능력이 어느 정도 있을 수 있지만, 이들의 행동은 자신의 욕구에 의해 크게 좌우된다.

두 인격장애의 큰 차이점 중 하나는, 반사회성 인격장애가 있는 사람은 나르시시스트보다 더 충동적이고 기꺼이 위험을 감수할 의지가 있다는 것이다. 이들은 자신과 타인에게 부정적인 결과를 초래할 수 있는 행동을 생각 없이 성급하게 저지르는 경향이 있다. 이와 반대로 나르시시스트는 자신의 긍정적인 이미지를 유지하고 목표를 달성하기 위해 극도로 신중하고 계산적인 행동을 보인다.

또 다른 차이점은 사회적 인정에 대한 욕구에 있다. 반사회성 인격장애가 있는 사람은 다른 사람과의 관계를 크게 신경 쓰지 않는다. 이와 반대로 나르시시스트는 사회적 상황에서 인기를 얻기 위해 자신의 표면적인 매력을 사용한다. 그러면서 때때로 다른 사람들의 요구에 맞춰주기도 한다. 이들은 명성과 지위에 커다란 가치를 부여하고 다른 사람들로부터 존경과 인정을 받기 위해 노력한다.

관계에서 나타나는
보상 행동

반사회성 인격장애가 있는 사람은 친구 관계, 연인 관계 그리고 직장 내 관계에서 다양한 유형의 보상 행동을 보인다. 이들은 매우 매력적이고 교묘하며 자신의 목적을 위해 다른 사람에게 정신적으로 독이 되는 전략을 사용한다. 이들은 자신이 원하는 것을 얻기 위해서라면 거짓말을 하거나 속임수를 쓰거나 유혹하는 것을 주저하지 않는다. 이런 행동은 자신의 인격 장애를 숨기거나 자신의 욕구를 충족시키기 위해 사용된다.

또한 이들은 결과를 생각하지 않고 충동적으로 행동하고 다른 사람들을 위험한 상황에 끌어들이기도 한다. 이는 관계에서 갈등과 스트레스로 이어질 수 있다. 또한 관계에서 통제권을 쥐고 주변 사람들을 지배해 자신의 상대를 고립시키려고 한다. 이들은 친구, 파트너, 가족 구성원의 감정과 욕구에 공감이나 연민을 보이지 않는다. 특히 아이처럼 보호가 필요한 존재를 정서적으로 방임하는 일도 드물지 않다. 이들은 성급하게 잘못을 다른 사람에게 미루는 경향이 있다. 이들은 무책임한 생활 방식을 영위하는 경우가 많은데, 이는 재정적 안정이나 관계의 안정성에 부정적인 영향을 미친다. 그 결과 연인 관계 또는 친구 관계에서 심각한 재정적 문제나 다양한 형태의 불안정이 발생할 수 있다.

반사회성 인격장애가 있는 사람을 대할 때

공감 능력에 어려움이 있는 사람과의 관계에서는 무엇이 수용 가능한 행동인지에 대한 명확한 경계를 설정하고, 양쪽 모두 그 경계를 존중할 것을 분명히 해야 한다. 이들과의 관계는 심리적으로 매우 힘들기 때문에 스스로 자신의 정서적·신체적 건강을 돌보는 것(자기 돌봄)이 중요하다. 친구, 가족 또는 자조 모임에서 지지를 구하는 것도 도움이 될 수 있다. 그리고 자신의 안전이 항상 최우선 순위가 되어야 한다.

경계성 인격장애:
감정적 혼란과 충동성

경계성 인격장애(Borderline Personality Disorder 또는 정서 불안 인격장애Emotionally Unstable Personality Disorder)가 있는 사람은 두 가지 유형으로 나눌 수 있다.

- 경계성 유형
- 충동성 유형

경계성 유형에 속하는 사람은 감정의 기복이 심하고, 충동적으로 행동하며 인간관계에서 친밀감과 거리를 조절하는 데 어려움을 겪는다. 이들은 끊임없는 감정적 혼란에 휩싸여 있어서 자기 신뢰에도 좋지 않은 영향을 미친다. 그래서 자신뿐만 아니라 타인을 잘 신뢰하지 못한다. 그밖에 자신의 판단, 생각, 감정을 자주 불신한다. 높은 민감성, 강한 불신 그리고 뚜렷한 감정은 파트너가 이해하기 힘들 수 있다.

충동성 유형은 정서적으로 불안정하고 충동 조절 능력이 부족하다는 특징이 있다. 특히 비판을 받으면 폭력적이거나 위협적으로 행동하기도 한다. 이러한 행동은 다른 사람을 향하기도 하지만 물건을 파손하는 형태로 나타나기도 한다.

경계성 유형의 경우에는 인격장애를 판단하는 일반적인 기준(120쪽 참조) 외에 정체성 장애가 더해진다. 정체성 장애는 불안정한 자아상과 목표를 설정하고 달성하는 데 어려움을 겪는 것으로 나타난다. 경계성 유형에 속하는 사람은 감정적으로 강렬하지만 불안정한 관계를 맺는 경우가 많다. 그래서 자살 시도, 자해 행동, 정서적 붕괴와 같은 위기가 반복적으로 발생할 수 있다. 이러한 위기는 명확하게 인식할 만한 이유 없이 발생하는 경우도 많다.

상담 치료 과정에서 자주 드러나는 사실은, 이 두 가지 유형에 속하는 사람 모두 어린 시절에 부모가 무관심하거나 예측할 수 없는 행동을 보인 경우가 많다는 점이다. 이것은 관계 영역에서 심각한 트라우마를 일으켰다고 볼 수 있다. 부모가 자녀를 심하게 무시하거나 방임하는 일이 적지 않았으며, 그로 인해 자녀가 스스로를 하찮은 존재라고 느끼게 되었다. 또한 정서적·신체적 학대가 발생한 경우도 있다. 아이들은 무엇이든 혼자 알아서 해야 했으며 자주 방치되었다. 또한 아이에게 한쪽 부모나 형제를 돌보는 추가적인 부담이 가해졌을 수도 있다. 경계성 유형에 속하는 사람의 부모도 정신적인 문제가 있었던 경우가 많아서, 자녀가 부모를 예측할 수 없고 매우 감정적이고 공격적인 사람으로 인식했을 것이다. 이렇게 부정적인 영향을 받은 아이들은 '나는 귀찮은 존재이며 다른 사람에게 짐이야' 또는 '나는 다른 사람과 함께 있을 가치가 없어' 같은 신념을 갖는다. 아이들은 자신의 경계가 존중받지 못한다는 것을 배웠고 자신을 보호하는 법도 알지 못한 채 자랐다.

이런 아이들이 성장하여 부정적인 신념을 유지하면, 인간관계에서 자신의 경계를 존중하거나 인지하지 못하는 경향이 있다. 그래서 자신의 성적인 경계를 침해받는 상황이 자주 발생한다. 이들은 관계에서 인정, 신뢰, 연대감과 같은 긍정적인 신호를 갈망한다. 누군가로부터 이러한 신호를 받게 되면 확인에 대한 욕구가 너무 크기 때문에 자신도 모르게 그 사람에게 강하게 끌린다.

하지만 여기에 함정이 있다. 앞에서 살펴본 바와 같이 이들은 자신과 자신의 관계에 대해 극도로 부정적인 신념을 내면화한다. 이들은 자신이 사랑받을 만한 자격이 없다고 생각한다. 자신이 다른 사람에게 짐이 된다고 생각한다. 그래서 건강한 경계를 잘 설정하지 못한다. 그리고 자신의 경계가 침해당했을 때 너무 늦게 알아차린다.

이 모든 것은 대개 극단적인 관계의 문제로 나타난다. 당사자는 다른 사람을 신뢰하는 데 어려움을 겪고, 이들의 파트너는 강렬한 친밀감과 갑작스러운 거리두기 사이의 행동 변화 때문에 이들을 예측하기 어렵다. 이들은 관심이 부족해 보이는 미미한 징후나 비판에도 아주 민감하게 반응한다. 그러면서 이를 자신이 사랑받을 자격이 없다는 부정적인 신념의 증거로 받아들인다. 관계에서 휴식기를 가지고 상대방과 어느 정도 거리가 생기면 당사자는 친밀감에 대한 강한 갈망을 경험하고, 때로는 그 갈망을 강렬한 성적인 방식으로 표출한다.

이렇게 오락가락하는 행동 때문에 이들의 파트너는 매우 혼란스러울 수 있다. 당사자는 스스로 자신의 정체성을 명확하게 알지 못하는 경우가 많다. 예를 들어 자신의 욕구와 필요가 무엇인지, 자신이 진정 누구인지 알지 못한다. 관계에서 이들은 대개 파트너에게 맞춰주고 그들의 취미와 사고방식을 받아들인다. 관계가 끝나면 이들은 상실감을 느끼고 더 이상 자신이 무엇을 원하는지, 파트너 없이 본래 자신이 누구인지 알지 못한다.

× **경계성 인격장애의 증상** ×

먼저 인격장애를 진단하는 일반적인 기준(120쪽 참조)을 충족해야 한다. 경계성 인격장애는 ICD-10에 따라 두 가지 하위 유형으로 구성된다(ICD-10, F60.4). 충동성 유형의 경우 다음 행동 중 최소 세 가지가 해당되어야 하는데, 그중 두 번째 항목이 반드시 포함되어 있어야 한다.

- 결과를 예상하거나 고려하지 않고 행동하는 뚜렷한 경향
- 자신의 충동적인 행동이 제지되거나 질책받으면 다른 사람과 다투고 갈등을 일으키는 뚜렷한 경향
- 분노를 폭발시키거나 폭력을 행사하는 경향이 있으며 이를 통제할 수 없음
- 즉각적인 보상을 받지 못하는 행동을 지속하기 어려워함
- 불안정하고 변덕스러운 기분

경계성 유형의 경우, 위의 충동성 기준 중 세 가지를 충족하고 다음 항목 중 두 가지를 추가로 충족해야 한다.

- 자아상, 목표, 내적 선호(성적인 취향 포함)와 관련된 장애와 불안정
- 강렬하지만 불안정한 관계를 맺는 경향이 있어서 종종 감정적 위기를 초래함
- 버림받지 않기 위한 과도한 노력
- 반복적인 위협이나 자해 행위
- 지속적인 내면의 공허함

최근에 수지는 경계성 인격장애 진단을 받았다. 수지는 불안정한 가정환경에서 자랐다. 어머니가 파트너를 자주 바꾸면

서 수지는 정서적 혼란을 겪고 양아버지들로부터 신체적 위협과 학대까지 당했다. 이는 어린 수지의 마음에 지속적인 영향을 미쳤다. 안정감을 누려야 할 환경에서 오히려 불안과 공포를 경험했다. 그런데 수지의 어머니가 수지의 트라우마에 대처하는 방식은 고통을 더욱 악화시켰다. 어머니는 수지를 보호하지는 못할망정 학대를 당한 책임을 수지에게 돌렸다. 그녀는 수지에게 비난을 퍼붓고 가족 안에서 일어나는 모든 문제의 원흉으로 수지를 지목했다. 이러한 비난은 수지의 정서 불안을 가중시켰을 뿐만 아니라 언젠가부터 트라우마적 경험에 대해 스스로를 탓하기에 이르렀다.

수지는 현재 모리츠와 연애 중인데, 극심한 감정의 기복이 나타나곤 한다. 친밀한 순간에는 모리츠와 깊은 유대감을 느끼고 강렬한 사랑의 감정을 느낀다. 그러나 이러한 순간은 갑작스러운 기분 변화와 함께 급격하게 바뀐다. 조금만 불확실하거나 거절에 대한 두려움이 생기면 수지는 격렬한 감정 폭발로 반응한다. 그녀는 SNS를 포함한 모든 채널에서 모리츠를 완전히 차단하거나, 과도한 약물 남용이나 과속 운전 같은 위험한 행동을 보인다. 모리츠와 헤어질지도 모른다는 두려움 때문에 모리츠와의 친밀감을 유지하기 위해 점점 더 절망적인 행동을 취한다. 모리츠가 개인적인 경계에 관해 이야기하거나 관계를 성찰해보려고 시도하지만 수지의 강한 감정 반응 때문에 불가능해진다.

또한 수지는 직장에서 안정적인 관계를 유지하는 데 어려움을 겪는다. 그녀의 감정 기복과 거절에 대한 두려움은 인간관계에서 부적절한 행동으로 이어지곤 한다. 수지는 좌절에 대한 내성이 낮다 보니 직장에서 의견 차이가 있을 때 격렬한 감정 폭발로 반응하는 경향이 있어서, 갈등이 자주 발생한다. 이는 동료 및 상사와의 관계에서 긴장감으로 이어진다.

연인 관계에서의
도전과 기회

SNS에서 경계성 인격장애와 연애에 관한 게시물을 보면, 경계성 인격장애가 있는 사람은 근본적으로 관계 맺기가 불가능하다는 인상을 받게 된다. 하지만 반드시 그런 것은 아니다. 경계성 인격장애가 있는 사람도 지속적이고 행복한 연인 관계를 유지하는 데 필요한 전제조건과 능력을 갖추고 있다. 하지만 이들의 파트너가 인격장애가 있는 사람의 성향을 잘 알고 이들의 특별한 욕구를 알아차려 적절하게 반응하는 것이 중요하다. 이때 이들의 파트너는 자기 자신을 소진해버리거나 자신의 경계를 무시해서는 안 된다.

경계성 인격장애가 있는 사람은 알다시피 독립성과 친밀감에 대한 욕구 사이에서 적절한 균형을 잡기 어려워한다. 버림받는 것에 대한 두려움 때문에 안정적인 관계를 맺기가 힘들고, 파트너가 너무 가까이 다가오는 것을 허용하지 않는다. 그만큼 상처받는 것에 대한 두려움이 크다. 바로 이런 상처를 피하고자 어떤 이들은 매우 의식적으로 파트너와 함께 보내는 시간과 감정을 조절한다. 또한 일부는 자기 직업적 성장에 집중하면서 애초에 관계에 너무 큰 비중을 두지 않는다.

×××

경계성 인격장애가 있는 사람은 의식적으로 또는 무의식적으로 특정 기준에 따라 파트너를 선택한다. 그래서 세 가지 유형의 파트너를 흔히 볼 수 있다.

- 첫 번째 유형의 파트너는 이들과 비슷한 성격 특성을 가지고 있다. 둘 다 같은 사회적 환경에서 자랐거나 비슷한 가정환경에서 자랐을 수 있다. 예를 들어 빈곤, 스트레스, 과도한 요구가 있는 환경을 말한다. 이들은 관계 초기에 서로에게 매우 특별한 존재라는 느낌을 심어주기 때문에 파트너는 이를 긍정적으로 받아들인다. 그러나 이들은 이

런 관계에서 안정감을 찾지 못한다. 두 사람의 성격과 행동이 서로를 거울처럼 비춰주기 때문이다.

- 두 번째 유형은 가해자 같은 사람이라고 할 수 있다. 경계성 인격장애가 있는 사람이 과거의 트라우마적 경험에 반복적으로 노출하게 만드는 파트너를 또다시 선택한다. 과거에 아버지와 힘든 관계를 맺었던 사람이 무의식적으로 아버지와 비슷한 행동 패턴을 보이는 파트너를 선택하는 것이다. 이들은 보살핌과 사랑이란 필연적으로 학대 경험과 관련이 있다는 신념을 가지고 있어서, 어린 시절과 유사한 상황을 반복적으로 끌어들인다. 이러한 관계는 신체적·정신적 폭력으로 이어지는 경우가 많으며 당사자는 피해자의 역할에 빠지게 된다. 이들은 수치심과 죄책감으로 스스로 이런 상황에서 벗어나지 못해서, 자해 행동이나 자살 시도가 증가한다.

- 세 번째 유형은 정서적으로 안정적인 파트너다. 이런 파트너는 한결같은 성격 특성으로 관계에 안정감을 줄 수 있다. 이런 파트너는 자기 자신을 책임지고 자신의 감정과 욕구를 조심스럽게 다루며, 특히 감정 기복이 심한 경계성 인격장애가 있는 상대와 명확한 경계를 설정하며

갈등 해결 능력이 뛰어나다. 또한 비판과 실수를 받아들일 수 있고, 명확한 우선순위를 설정하고, 공감 능력이 뛰어나며, 의사소통을 중요하게 생각한다. 경계성 인격장애가 있는 상대의 충동적인 감정 폭발을 개인적으로 마음속에 담아두지 않기 때문에 당사자는 계속해서 스스로 책임을 지게 된다. 이는 안정된 성격과 독립성을 지키는 데 도움이 되지만, 경계성 인격장애가 있는 사람은 이런 파트너를 그다지 매력적으로 받아들이지 않는 경우가 많다.

모든 관계의 시작 단계에서는 파트너의 부정적인 특성은 눈에 잘 들어오지 않고, 완전히 이상화된다. 경계성 인격장애가 있는 사람에게 파트너는 구원자로 보인다. 이들은 파트너의 소원을 들어주지만 파트너도 마찬가지로 이들의 소원을 들어주기를 기대한다. 미래에 대한 환상은 현실성 여부를 따지지 않은 채 빠르게 펼쳐진다.

그러나 연인 관계에 일상이 자리 잡기 시작하면 여러 문제가 나타나기 시작한다. 처음에 파트너를 급격히 이상화했던 것처럼, 이제는 갑자기 파트너를 깎아내릴 수 있다. 실수들이 눈에 들어오기 시작하고, 파트너가 더 이상 그렇게 완벽해 보이지 않는다. 잘못된 단어 하나만으로도 극적인 갈등 상황이

벌어질 수 있다. 이들은 자신의 파트너가 생각했던 것과 다르다는 것을 알아차리게 되면 감정 기복과 충동적이고 예측 불가능한 행동을 보여준다. 이때 내면의 긴장과 공허함이 밀려온다. 극도의 감정적인 상황에서 언어 폭력, 모욕 또는 자해와 같은 파괴적인 행동으로 반응하기도 한다.

여기에, 관계가 더 깊어질수록 다툼을 유발하지 않기 위해 회피하는 주제들이 많아진다. 그러다 이별로 이어지기도 하는데, 위기 이후에 다시 감정의 절정기를 맞이하기도 한다. 파트너가 다시 돌아와서 관계를 맺게 되면 사랑과 증오 사이를 오가는 감정의 반복이 시작된다. 이상화와 깎아내리기 그리고 밀착과 거리두기의 순환은 며칠 또는 몇 주에 걸쳐 지속될 수 있다.

이해와 평온
- 좋은 관계를 유지하는 방법

경계성 인격장애가 있는 사람은 현재 관계의 패턴이 이전의 관계 패턴과 크게 다르지 않기를 기대한다. 이런 현상은 심리학에서 정신 역동 이론Psychodynamics의 방어기제 중에서 투사에 해당한다.

사브리나는 자신이 어린 시절부터 겪은 두려움과 불안감을 무의식적으로 남자친구인 벤에게 투사해, 그가 바람을 피우고 있다고 반복적으로 의심한다. 그런데 사브리나가 벤을 계속해서 압박하다 보면 벤이 실제로 바람을 피우게 될 수 있다(그러면 사브리나는 자신의 예상을 더욱 확신하게 된다).

벤의 입장에서는 사브리나를 속이거나 떠나고 싶지 않다는 의사를 명확하고 분명하게 전달하는 것이 중요하다. 이때 솔직한 대화를 나누는 것이 요령이다. 두 사람이 서로의 생각과 감정을 지지하고 이해하는 방식으로 공유하는 것이 중요하다. 그래야 관계의 역학을 개선할 수 있다.

정서적으로 불안정한 성향이 있는 사람의 파트너는 이해심을 보여주고, 관계 내에서 명확한 의사소통을 중요하게 여기며 상대방의 결점이나 약점을 지적하지 않고 건강한 경계를 설정하는 것이 좋다. 커플 상담 치료는 관계를 강화하는 데 도움이 될 수 있다.

파트너와 마음을 열고 솔직하게 대화를 나누고 그 사람의 증상에 대해 알아두는 것이 좋다. 파트너의 인격장애를 이해한다면 그를 더 잘 지지해줄 수 있고 자신도 더 잘 돌볼 수 있다. 이들의 자해 행동에 협박당하지 말고 자신이 설정한 경계를 양보해서는 안 된다. 단호하고 친절하게 상대에게 조종당하지 않을 것임을 분명히 하자.

  만약 상대가 조작을 시도하면 솔직함, 협상 및 타협을 기반으로 하는 대안적인 해결책을 제시해보자. 조작 시도는 당신 개인을 겨냥한 것이 아니며, 즉 당신을 해치려는 의도가 아니라 관계의 안정성을 시험하기 위한 것임을 기억하자. 자기 경계를 존중하고 조작 시도에 충동적으로 반응하거나 감정적으로 대응하지 않도록 한다. 그리고 기분이 상하거나 갈등이 열띤 토론으로 이어지지 않도록 해야 한다. 감정이 가라앉을 때까지 기다렸다가 갈등을 해결하자.

  그런 다음에 평온한 분위기에서, 각자가 이 관계에서 필요로 하고 원하는 것이 무엇인지 자세히 대화를 나누어볼 수 있다. 항상 파트너의 경계를 존중하고 관계의 투명성과 이해를 위해 노력하자. 그러면서 자신의 관심사도 균형 있게 주장해야 한다. 또한 어떤 특정 상황이 격화되는 이유를 이해하는 것이 중요하다.

> ### × 도움이 되는 코드 ×
>
> 우리가 줄 수 있는 한 가지 팁은 코드 시스템을 도입하는 것이다. 이를 통해 두 사람은 현재 상대의 기분이 얼마나 좋거나 나쁜지, 다음에 대화를 계속하는 것이 더 좋을지 눈치챌 수 있게 된다. 이 코드의 방식은 각자 정해볼 수 있다. 특정한 옷일 수도 있고, 특정한 수신호일 수도 있으며 그림이나 코드 단어를 통해서 지금 어떤 감정인지를 서로에게 전달할 수 있다.
>
> 코드 시스템의 구체적인 예를 들어보자면, 당신이 어떤 특정한 색을 언급함으로써 파트너에게 당신의 감정 상태를 알리는 것이다. 가령 빨간색은 당신이 '지금 너무 힘들거나 기분이 안 좋아서 휴식이 필요하므로 대화를 나중에 계속하고 싶다'는 의미로 사용할 수 있다.

3부

독이 되는 사람들에게 대항할 면역

1장

정신적 면역력 높이기

실수로부터 배우는 기술

결정을 내리는 것은 삶의 일부이며, 누구나 때때로 잘못된 선택을 했거나 올바른 길을 가지 못했다는 느낌을 경험해봤을 것이다. 삶의 모든 영역에서, 친구 관계나 연인 관계에서도 잘못된 길을 택할 가능성이 있다. 잘못된 사람을 신뢰하면 실망, 갈등, 심지어 감정적 상처까지 입을 수 있다. 인간관계에서의 잘못된 결정은 우리를 평생 따라다니며 그와 관련된 분노는 우리에게 생각보다 더 큰 피해를 주기도 한다.

친구 관계나 연인 관계에서 잘못된 결정을 내리는 이유는 다양하다. 개인적인 불안감, 자기 인식 부족 또는 외부의 영향 때문일 수 있다. 어떤 이유에서든 모든 결정에는 맥락이 있다는 것을 이해하는 것이 중요하다. 돌이켜보면 잘못된 결정으로 보일지라도 말이다. 여러 지인이 공통적으로 조작하는 행동을 한다고 비난한 친구를 두둔했을 때, 당신은 최선을 다해 양심에 따라 행동한 것일 수 있다. 아니면 특정한 상황 때문에 바람기가 다분한 사람과 연애를 시작하기로 결정했을 수도 있다.

나중에는 잘못된 선택 자체만이 아니라 그 이유와 결과를 성찰하는 것도 중요하다. 그리고 후회라는 감정에 너무 깊게 빠져서는 안 된다. 이러한 부정적인 경험은 개인적인 발전에 중요한 교훈이 될 수 있으며 우리가 앞으로 결정을 내릴 때 더 신중하게 생각할 수 있도록 도와준다. 심리학자들은 심지어 **나쁜 결정**이라는 것은 없다고 강조하기도 한다.

그런데 후회와 함께 나타나는 부정적인 감정은 정서적 스트레스를 증가시키고 면역 체계를 약화시킬 수 있다. 연구에 따르면 후회는 신경을 곤두서게 할 뿐만 아니라 인생의 많은 시간과 에너지도 소모시킨다고 한다. 따라서 후회하는 감정에 계속해서 머물러 있지 말고 실수로부터 배우는 것이 바로 기술이다. 어떤 결정을 내리고 그 결정으로부터 배우면서 인간은 성숙해간다. 긍정적 경험뿐만 아니라 부정적 경험을 통해서도 배우는 것이다. 방향을 바꾸고 삶을 더 의식적으로 살아나가는 것에 너무 늦은 때란 없다.

심리학 연구 결과에 따르면 우리의 정신은 자연적으로 일종의 보호막을 가지고 있다. 즉 잘못된 결정과 실패에 대처할 수 있도록 **정신적 면역 체계**를 갖추고 있다. 체내 면역 체계는 신체적 질병으로부터 우리를 보호하는 반면, 정신적 면역 체계는 정신 건강을 유지하고 강화하는 역할을 한다. 즉 스트레스, 도전, 감정적 상황에 대처하는 능력이 중요하다.

정신적 면역 체계는 다양한 심리적 작용 요인의 조합으로 구성된다. 이는 회복탄력성이라고도 하는 우리의 심리적 저항력에 영향을 미친다. 눈에 보이지는 않지만 정신 건강의 강력한 보호자 역할을 하는 것이다. 이런 보호막은 우리가 실패로부터 회복하고, 실수를 통해 배우고, 결국에는 좌절된 상황을 극복하고 더 강해지도록 도와준다. 우리의 체내 면역 체계가 병원균에 대한 항체를 만들어내는 것처럼, 우리의 정신도 살아가면서 감정적 스트레스에 대한 저항력을 키워주는 심리적 방어 메커니즘을 만들어낸다.

회복탄력성이라는 주제에 관한 가장 유명한 연구 중 하나는 심리학자 에미 워너Emmy Werner가 진행한 연구다. 워너는 하와이 카우아이섬의 800명이 넘는 어린이를 대상으로 40년에 걸쳐 연구를 진행했다. 연구 결과에 따르면 스트레스가 특히 심한 환경에 노출된 어린이 중 3분의 1 정도는 불안정한 생활 환경에도 불구하고 행복한 성인으로 성장했다. 이것이 가능했던 이유는 주 양육자와의 안전한 애착 형성 같은 소위 **보호 요**

인이 있었기 때문이다. 이러한 보호 요인은 이 아이들의 심리적 저항력 즉, 회복탄력성을 발달시켰다.

이 사례에서 볼 수 있듯이 특히 스트레스가 심한 상황에서도 필요한 자원을 활용한다면 일종의 **심리적 보호막**을 발달시키는 것이 가능하다. 우리는 당신이 그렇게 할 수 있도록 방법을 알려주고자 한다. 비록 지금까지 당신이 그렇게 굳건한 사람은 아니었다고 해도 말이다. 요즘은 뇌가 변화하는 능력인 신경가소성Neuroplasticity에 대해 많이 알려져 있다. 우리의 맥락에서 이를 적용해보면, 더 예민한 기질을 가진 사람도 **재프로그래밍**과 훈련을 통해 저항력을 높일 수 있다.

심리적 저항력

　　왜 어떤 사람은 스트레스와 인생의 어려움을 다른 사람보다 더 잘 극복할까? 보이지 않는 보호막은 우리의 정신 건강에 어떻게 영향을 미치는 것일까? 이와 관련해서 바로 앞에서 이미 언급한 회복탄력성이라는 개념이 등장한다. 이 용어는 원래 물리학에서 유래되었으며 어떤 재료에 압축력이나 인장력이 작용한 후에 본래의 모양으로 돌아오는 성질을 말한다. 물론 이런 종류의 저항력이 없는 재료도 있다. 이런 재료는 비슷한 기계적 부하를 가했을 때 변형되거나 파손된다.

　　마찬가지로 우리 인간도 심리적 저항력 측면에서 사람마다 큰 차이를 보인다. 유전적으로 타고나는 것이라니, 언뜻 보기에는 실망스러울 수 있지만 사실 좋은 소식도 있다! 우리가 **자연적으로** 어느 정도의 회복탄력성을 가지고 태어나는지 결정하는 유전적 소인 외에도, 우리에게는 자기 자신을 변화시킬 수 있는 능력이 있다. 우리는 의식적으로 우리의 생각과 행동에 영향을 미칠 수 있다. 회복탄력성을 적극적으로 개발하고 강화할 수 있으며, 여기에 도움이 되는 다양한 요인이 있다.

우리의 심리적 저항력은 운동을 해서 의도적으로 키울 수 있는 근육과 같다. 우리의 정신적 면역 체계를 강화하고 보호한다면 인생의 많은 폭풍우를 더 잘 견딜 수 있게 된다. 다시는 어려움을 겪지 않거나 다시는 좌절도, 낙담도 하지 않게 된다는 뜻은 아니다. 하지만 우리는 모든 경험으로부터 배우고 발전할 수 있다. 당신은 심리적 저항력에 관련해서는 무력하지 않다. 당신은 적극적으로 무언가를 할 수 있다! 사람들이 스트레스에 대처하는 방식은 개인적인 전략, 다른 사람의 지원, 학습된 능력에 따라 크게 달라진다. 이에 대한 주도권은 당신의 손에 있다.

회복탄력성의 측면

장기적으로 보면 인생에 어려움이 닥쳤을 때 어느 정도의 유연성과 수용력을 가지고 대처하는 것이 중요하다. 특히 회복탄력성이 높다고 여겨지는 사람들은 과거에 큰 어려움을 성공적으로 극복한 경험이 있다. 이들은 다른 사람과 차별화되는 내면의 힘을 가지고 있다. 또한 회복탄력성이 좋은 사람들은 대개 낙관적이고, 편안하며, 유머러스하고, 신뢰감을 주며 자신감이 있다. 그런데 이런 회복탄력성의 본질은 정확히 무엇이며, 어떻게 우리의 정신 건강뿐만 아니라 신체 건강에도 영향을 미치는 것일까? 정신적 면역 체계는 다음의 세 가지 중요한 측면을 통해 작동한다.

- 저항력
- 재생력
- 재구성력

이 세 가지 요소는 사람의 회복탄력성을 이루는 견고한 조직을 형성한다.

저항력
- 어려운 시기를 의연하게 견디는 힘

저항력은 어려운 상황을 견디는 힘을 의미한다. 마치 튼튼한 기초처럼, 저항력은 삶이 힘들어질 때도 강인함을 유지할 수 있게 해준다. 그러기 위해서는 새로운 것을 받아들이려는 의지, 경험을 통해 배우고 발전하는 능력이 필요하다. 우리는 무너지지 않고 극단적인 상황을 이겨내고 효과적으로 문제에 직면할 수 있다. 지진이나 홍수 같은 자연재해로 집을 잃은 사람들을 생각해보면 된다. 그들은 포기하는 대신에 서로를 돕고 가진 것을 나누고 함께 새로운 미래를 만들어나간다. 회복탄력성의 맥락에서 저항력은 삶의 어려움에 맞서는 우리 정신의 면역학적 방어와 같다.

우리 몸이 병원체에 대항하는 방어 체계를 구축하는 것과 마찬가지로, 정신 또한 우리에게 영향을 미치는 감정적 스트레스 요인에 대한 저항력을 만들어낸다. 신생아의 면역 체계가 점차 환경에 적응하고 강해지는 것과 마찬가지로, 인간의 정신도 살아가면서 심리적 저항력을 발달시킨다. 이런 능력은 경험, 자기에 대한 성찰, 자기 효능감을 통해 성장한다.

어떤 청소년이 지금까지 부모에게 자신의 감정을 솔직하게 표현하는 것을 주저하고 어려워했다고 가정해보자. 이 청소년은 자기 성찰의 시간을 가진 후, 자신의 두려움을 직시하고 부모와 진지한 대화를 나누기로 결심한다. 이런 대화를 할 생각만 해도 처음에는 불안감이 엄습하고 극복할 수 없을 것만 같았지만, 대화는 잘 풀렸다. 아이의 솔직한 고백에 부모가 긍정적으로 반응하며 지지해주자 부모와의 유대감이 강화되었을 뿐만 아니라, 자존감과 인간관계에 대한 신뢰에 큰 도움이 되었다. 몸의 면역 체계가 병원체와의 접촉을 통해 더 강해지는 것처럼 심리적 저항력도 인생의 도전에 맞섬으로써 강해진다. 이는 사람이 경험을 통해 배우고, 인생의 폭풍우에 맞서고, 결국 더 강해지는 지속적인 과정이다.

회복탄력성에 관한 연구 결과는 심리적 저항력을 키우는 다양한 전략과 기술들을 제시한다. 예를 들어, 긍정적인 사고 패턴을 기르고 스트레스 대처 능력을 향상시키는 것이다.

재생력
- 회복하는 힘

회복탄력성의 두 번째 측면은 재생력, 즉 스트레스를 받은 후 회복하는 능력이다. 재생력은 우리를 뒤흔드는 것으로부터 더 강해져서 나아가도록 한다. 심리학에서는 알로스타시스Allostasis라는 개념을 사용하는데, 알로스타시스는 새로운 조건에 적응하는 인간 유기체의 놀라운 능력을 말한다. 알로스타시스는 우리의 몸이 균형을 유지하도록 함으로써 우리가 끊임없이 변화하는 세상에서 생존하고 번성할 수 있게 해준다. 알로스타시스는 우리 몸의 안정 관리자 역할을 하는 항상성과 긴밀하게 작동한다. 항상성은 체온, 혈압, 혈당 수치와 같은 중요한 신체 기능들이 안전한 범위 내에서 유지되도록 한다. 이러한 과정이 안정적으로 진행되면 우리는 평안하고 건강하다고 느낀다.

그러나 알로스타시스라는 개념은 신체적 과정뿐만 아니라 정신적 맥락에서도 중요한 의미가 있다. 우리의 정신과 감정 역시 적응의 달인이다. 우리가 일적으로 압박을 받거나 관계에서 갈등을 겪는 등 스트레스 요인에 직면했을 때 우리의 정신적 메커니즘은 이를 처리하기 위해 자원을 방출한다. 삶이 우리에게 도전을 던져줄 때 열어볼 수 있는 내면의 도구 상자라고 할 수 있다. 이 도구 상자 안에는 우리가 스트레스를 극복하고 감정적 균형을 유지하게 도와주는 전략과 능력들이 들어있다. 바로 알로스타시스가 작동하는 것이다. 인생의 난관에도 불구하고 안정을 유지하기 위해, 주어진 상황에 유연하게 적응하는 능력이다.

그러나 알로스타시스가 장기간에 걸쳐 활성화되면 알로스타틱 부하Allostatic Load가 발생할 수 있다. 당신이 마라톤 선수라고 해보자. 알로스타시스는 단기적으로 당신의 에너지원을 활성화시키고, 도전 과제를 극복할 수 있도록 수행 능력을 향상시킨다. 이것은 물론 마라톤을 위해서 아주 좋은 일이다. 그런데 당신은 지금 충분히 회복할 시간도 없이 날마다 마라톤을 뛰고 있다. 그러면 당신의 몸에 언젠가 피로 징후가 나타날 것이고, 바로 똑같은 일이 알로스타틱 부하에서 나타난다고 볼 수 있다.

이것은 구체적으로 당신에게 어떤 의미가 있는 것일까? 당신의 몸은 항상 전속력으로 달릴 수 없으며 매일 같은 스트레스 요인에 맞서 싸울 수 없다. 반드시 중간중간 몸이 충분히 회복되어야 한다. 자신의 욕구에 귀를 기울이고 휴식을 취하며 스트레스를 줄이는 것이 중요하다. 그러기 위해서 정기적으로 명상, 요가 또는 호흡운동과 같이 이완할 방법들을 찾아 시도해볼 수 있다. 우리 몸이 신체적 그리고 정신적 손상을 복구하고 회복하려면 이런 휴식 시간이 꼭 필요하다.

재구성력
- 자아를 변화시키는 힘

회복탄력성의 세 번째 측면은 재구성력이다. 이것은 적응하고 새롭게 형성하는 능력을 말한다. 마치 바람에 휘어지지만 부러지지 않는 유연한 나뭇가지처럼, 재구성력은 변화를 기회로 볼 수 있게 한다.

수년간 고용 관계에 있다가 갑자기 해고당한 사람은 변화에 낙담하거나 아니면 이를 개인적인 성장과 전문성 계발의 기회로 받아들일 수 있다. 어쩌면 적응력을 발휘해 새로운 방향을 설정하고 자신의 직업적 미래를 새롭게 설계할 수도 있다.

적응 능력은 정신적 면역 체계에 힘을 불어넣는 핵심적인 자질이다. 본질적으로 인생에는 언제나 변화가 있기 마련이다. 당신의 삶에 변화가 생기면 당신의 사고방식과 행동 방식도 그에 맞게 적응해야 한다. 변화에 대해 열린 자세를 유지하고 새로운 상황에 유연하게 반응하는 것이 중요하다. 당신이 특정 상황에 어떻게 반응하는지, 당신의 행동이 어떤 결과를 초래하는지 정기적으로 생각해봄으로써 자신의 반응을 더 잘 이해하고 적응하는 방법을 배울 수 있다.

정신적 강인함은
개인마다 다르다

우리의 정신적 면역 체계는 우리의 심리적 저항력을 강화하는 보이지 않는 갑옷이라고 생각하면 된다. 이런 정신적 강인함은 우리 각자가 다른 것만큼 개인마다 다르고, 시간이 지남에 따라 변화하며 다양한 요인들의 영향을 받는다. 이것은 개인적인 경험, 현재 삶의 환경, 우리의 다양한 생각과 감정들의 다채로운 혼합이라고 할 수 있다. 어디에 있든 빛을 향해 몸을 돌리는 식물처럼, 우리 또한 삶의 다양한 측면에 적응하고 해결책을 찾고 도전에 대처하는 능력을 갖추고 있다. 그 결과 우리는 살아남을 가능성을 확보하고, 우리를 둘러싼 주변 환경이 변화할 때 번성할 기회를 얻게 된다.

회복탄력성이 우리의 신체적, 정신적 건강에 미치는 영향

회복탄력성이 좋은 사람들을 자세히 살펴보면 평온함, 낙천성, 유머 같은 주목할 만한 특징 외에 신체적으로도 건강해 보인다. 회복탄력성의 세 가지 측면인 저항력, 재생력, 재구성력은 신체의 스트레스 반응에 긍정적인 영향을 미친다. 가령 혈중 스트레스 호르몬과 염증 수치가 낮은 것은 강한 저항력을 보여주는 측면이다.

그런데 왜 어떤 사람은 다른 사람보다 스트레스에 더 잘 대처할까? 핵심 요인 중 하나는 신경가소성 때문이다. 즉 적응하고 변화할 수 있는 뇌의 능력이다. 회복탄력성이 좋은 사람들은 신경가소성이 높은 것을 볼 수 있다. 이들의 뇌가 새로운 경험과 도전에 더 잘 반응할 수 있는 상태라는 것을 의미한다.

당신이 도전적인 상황에 직면했다고 상상해보자. 당신의 몸은 코르티솔과 아드레날린과 같은 스트레스 호르몬을 분출하면서 반응한다. 회복탄력성이 높은 사람이라면 이런 스트레스 반응이 효율적으로 조절되어, 스트레스 상황이 지나자마자 호르몬 수치가 빠르게 정상으로 돌아온다. 이렇게 효율적인 조절과 재구성은 정신 건강뿐만 아니라 신체 건강에도 영향을 미친다. 만성적인 스트레스는 신체의 염증을 증가시킬 수 있으며, 이는 심혈관 질환에서부터 자가면역질환에 이르기까지 다양한 건강 문제를 일으킬 수 있다.

만약 당신이 회복탄력성을 강화하고 싶다면 일상의 스트레스와 도전에 더 유연하게 반응할 수 있도록 뇌를 훈련시켜야 한다. 이러한 과정은 스트레스 극복과 감정 조절을 담당하는 신경세포의 연결과 구조에 긍정적인 변화를 불러올 수 있다.

> × **정신 질환** ×
>
> 정신 질환은 다양한 요인이 복합적으로 상호작용하는 과정에서 발생한다. 생물학적, 심리적, 사회적 영향이 결정적인 역할을 한다. 취약성-스트레스 모델에 따르면 현재 겪고 있는 스트레스 또는 만성적 스트레스, 신경생물학적 또는 정신적 변화 같은 다른 영향 요인들과 상호작용하면서 발생한다. 이는 개인의 기질적 특성, 즉 취약성을 배경으로 발생한다.

정신적 면역 체계를
강화하는 통합성

파토제네시스Pathogenesis(병인론)가 질병이 어떻게 발생하는가에 관한 것이라면 살루토제네시스Salutogenesis(건강생성론)는 우리를 건강하고 행복하게 만드는 것이 무엇인지 이해하는 것과 관련이 있다. 살루토제네시스는 아론 안토노프스키Aaron Antonovsky 박사가 만든 개념으로, 사람들이 인생의 사건과 스트레스 상황을 어떻게 이해하고 대처하며 의미 있는 것으로 경험하는지 설명한다. 즉 살루토제네시스는 자신을 둘러싼 세상을 이해할 수 있고 새로운 도전에 대처할 수 있다는 믿음이 있으며 자기 삶의 의미와 중요성을 인식할 수 있다는 것을 의미한다. 이런 것들은 통합성Sense of Coherence이라는 개념으로 요약

된다. 아론 안토노프스키에 따르면, 통합성 경험이 강한 사람일수록 정신적으로 더 건강하다. 따라서 강한 통합성 경험은 정신적 면역 체계를 강화하는 효과가 있다. 이런 경험이 없거나 약하면 발달장애나 정신 질환으로 이어질 수 있으며 정신적 면역 체계를 공격할 수 있다.

인생은 수많은 작은 조각들로 이루어진 거대한 퍼즐과 같다. 모든 경험, 모든 관계, 모든 도전은 각각 하나의 퍼즐 조각이다. 통합성 경험은 개별 조각들을 퍼즐의 형태로 조립하는 것을 말한다. 당신은 조각을 하나씩 집어들고 전체적인 그림이 만들어지도록 퍼즐을 맞춘다. 당신에게 의미가 있고 아름답고 자랑스러워지는 그림을 만들어가는 것이다. 이런 퍼즐은 당신에게 '이해 가능'하고 '관리 가능'하다.

여기서 '이해 가능'하다는 것은 퍼즐의 여러 조각이 어떻게 서로 맞춰지는지 이해할 수 있다는 뜻이다. 당신은 퍼즐 조각들 사이의 연관성과 역학을 인식하고 당신의 삶이 어떻게 이런 독특한 형태를 띠게 되었는지 이해한다.

'관리 가능'하다는 것은 전체적인 그림을 만들기 위해서 퍼즐 조각을 집어들고, 돌려보고 바꿀 수 있는 능력을 말한다. 당신은 삶을 올바른 방향으로 이끄는 도전을 해낼 능력과 그에 필요한 도구들을 가지고 있다. 이제 당신이 완성한 퍼즐을 바라보면서 이것이 그냥 조각들을 무작위로 쌓아놓은 무더기가 아니라 당신의 개인적인 이야기를 담고 있는 그림이라는 것을 깨달았다면, 그 안에서 의미와 가치도 찾은 것이다. 동시에 강한 통합성은 살루토제네시스의 이정표로서 우리 삶에서 의미와 이해를 찾는 데 도움이 된다.

2장

자기 보호 강화하기:
심리적 저항력을 키우는 방법

내면적으로 강해지기:
우리가 저항력에 미치는 영향

때때로 우리는 우리를 해치는 복잡한 관계에서 스스로를 분리해야 한다. 부정적인 상황에서 벗어나기로 결정하는 것은 우리의 성장과 정신적 행복을 위해 중요하다. 의식적인 분리라는 이 중요한 단계를 함께 밟아보자. 이것은 단지 외부로부터의 보호를 찾는 것이 아니라 내면적으로도 강해지는 것을 의미한다. 당신에게는 나쁜 영향에서 벗어나 더 강한 저항력을 갖추고 새로운 시작을 감행할 기회가 있다.

이 장에서는 당신이 무엇을 느끼는지, 당신에게 무엇이 필요한지 등 당신 자신에 대해서 많이 생각해보고 스스로의 강점과 약점을 받아들이는 법을 배우게 된다. 이를 통해 자신감을 찾고 당신이 무엇을 성취할 수 있을지도 보여준다. 한편, 주변에 당신을 지지해주는 사람들을 두는 것도 중요하다. 친구, 가족 또는 전문적으로 도움을 주는 사람들은 당신이 자유로워지는 데 큰 역할을 한다. 자기 경험과 감정에 관해 이야기하면 내면이 더 강해진다. 이별의 단계에서도 심리적 저항력과 정신적 면역력을 강화하기 위해서는 마음 챙김과 스트레스 관리가 도움이 된다. 의식적으로 현재에 집중해서 생활함으로써 부정적인 생각을 극복할 수 있다. 명상이나 차분한 호흡과 같은 기법이 스트레스를 줄이고 균형을 되찾는 데 특히 도움이 된다.

연인, 좋은 친구, 가족 등과의 이별을 어려운 시간으로만 여길 것이 아니라 개인적인 성장의 기회로 삼아야 한다. 명확한 목표를 설정하고 직장에서든 사생활에서든 자신의 성장을 위해 노력해야 한다. 그러면 더 강해져서 위기에서 빠져나올 수 있게 된다. 의식적인 거절과 자신의 욕구를 방어하는 것은 자신을 더 존중하는 방법일 뿐만 아니라 독이 되는 영향력을 무해하게 만드는 데도 도움이 된다. 당신의 인생에서 더 깊은 의미를 찾아보고 스스로의 진정한 가치를 인식하고 개인적인 목표를 위해 노력하자. 이것은 긍정적인 관점을 발달시키고, 심리적 저항력이 강해지게 해준다. 이렇게 해서 위기를 기회로 볼 수 있게 된다. 회복탄력성을 발달시키기 위해서는 시간과 인내가 필요하다. 충분히 시간을 가지고 자기 자신에게 인내심을 가져야 한다. 이 여정은 당신을 더 강하고 회복력이 좋은 사람으로 만들어줄 것이다.

이별이
유일한 탈출구인 경우

대부분의 경우, 이별은 하나의 과정이며 때로는 자기 자신을 다시 찾고 자신을 위한 최선의 선택을 할 수 있는 유일한 탈출구이기도 하다. 이 과정은 상당한 감정적·정신적 노력을 요구하는 경우가 많다. 이미 관계에서 쌓아온 습관만으로도 이별은 큰 도전이 되어버린다. 여기에 이별을 고통스럽게 느끼게 하는 몸의 특정 화학적 반응들이 나타날 수 있다. 게다가 아이가 있으면 이별은 더더욱 어려워진다. 경제적인 이유나 권력관계가 균형을 이루지 못하는 것도 이별을 힘들게 한다. 이러한 경우에는 이별을 위해 많은 시간이 필요하다.

독이 되는 사람과 함께 있으면 적어도 애정과 그리움에 대한 욕구가 일시적으로나마 채워진다. 그래서 자존감이 잠깐 다시 높아질 수 있다. 이러한 역학은 힘겨운 관계에서 벗어나기를 더 어렵게 만든다.

힘겨운 관계를 고수하며 그냥 머무르는 이유는 연인 관계, 친구 관계, 가족 관계 또는 직장 관계 등 관계 유형에 따라 달라진다.

- 사랑과 애정에 대한 그리움
- 혼자가 되는 것에 대한 두려움, 외로움에서 벗어나고 싶은 욕구
- 일시적으로 느낀 공동체 의식
- 열망의 대상이 되고 싶은 소망
- 인정받고 싶은 소망
- 정신적 독을 품은 사람을 변화시킬 수 있다는 확신
- 주목받고 관심받고 싶은 욕구
- 관계에서 또다시 실패하는 것에 대한 두려움
- 이별로 인해 가족 전체가 해체될지도 모른다는 두려움
- 공통의 친구와 지인 관계
- 경제적 및 직업적 측면(일자리 상실에 대한 두려움, 빈곤에 대한 두려움)

이것은 우리가 독이 되는 관계를 유지하는 이유 중 일부에 불과하다. 훨씬 더 많은 이유가 있는데 그 이유들은 매우 개별적이기 때문이다. 위의 목록 중에 당신에게 해당하는 이유가

있는가? 아니면 당신의 경우에는 다른 이유가 있는가?

 이별, 특히 파트너와의 이별은 경제적인 문제로 이어질 수 있다. 자신의 경제적 독립을 지키거나 다시 회복하는 것이 중요하다. 이는 본인 명의의 계좌를 개설하고, 재정적 수단을 마련하고 자립할 수 있는 조치를 취하는 것을 의미할 수 있다. 정신적으로 독이 되는 부모의 집에서 마침내 벗어나 독립하고 싶을 때도 마찬가지다.

 공동 계좌, 공동 대출 또는 공동 담보와 같이 공동으로 책임져야 하는 부분들은 사전에 명확하게 정리해야 한다. 이렇게 경제적으로 얽혀 있는 부분들을 해결하는 것은 상당히 복잡할 수 있다. 명확한 합의가 어려운 경우가 많지만 향후 재정적 문제를 피하려면 반드시 필요하다. 이 문제와 관련해서 금융 전문가나 변호사의 조언이 도움이 될 수 있다. 독립성을 유지하거나 독립성을 회복하기 위해서는 자신의 은행 계좌 보유 상태를 확인하고 수입과 지출을 기록해 간단한 재정 계획을 세우는 등 자신의 재정에 대해 스스로 결정하는 것이 중요하다.

 또한 직업적으로 더 성장하기 위해서 노력하고, 긴급 상황에 대비하여 든든한 비상금을 마련해놓고, 파트너 관계에서 공정한 경제적 합의를 해두는 것이 중요하다. 스스로 노후 준비를 해두는 것도 반드시 염두에 두어야 한다. 노후의 확실한 경제적 안정을 위해서 개인연금 계획이나 다른 방법들을 고려

3부. 독이 되는 사람들에게 대항할 면역

해야 한다.

개인적인 목표를 설정할 때와 마찬가지로 재정적인 목표를 설정하는 것도 중요하다. 현실적이고 달성 가능한 자산 목표를 설정하면 당신이 헤매지 않고 미래로 나아가는 데 도움이 되며, 이별에 대한 (경제적) 공포가 사라질 수 있다. 금전적 독립은 또한 자존감도 높여줄 수 있다. 전체적으로, 파트너 관계에서 이별을 할 때(또는 부모 집에서 독립할 때) 재정적 측면을 해결하는 것은 이별을 심리적으로 정리하는 것만큼이나 중요하다.

헤어질까 말까?
당신의 관계 점검하기

다음 연습을 통해서 현재 당신의 관계에서 이별을 고려해야 하는지, 아니면 반드시 이별해야 하는지, 또는 해결할 수 있는 다른 대안이 있는지 파악해볼 수 있다. 편의상 우리는 주로 연인 관계, 친구 관계, 가족 관계에 초점을 두고 설명할 것이다.

직업적 관계에서 사표를 내는 것은 개인적인 관계보다 더 복잡한 경우가 많다. 감정적인 측면 외에 법적, 재정적 측면도 고려해야 하기 때문이다. 사표를 낼까 고민하기 전에 우선 대안적인 해결책을 생각해봐야 한다. 내부 부서 이동, 업무 분담 조정 또는 직장 내 관계 재구성의 가능성 등을 고려해볼 수 있다. 상사나 동료와 마음을 열고 솔직한 대화를 통해 갈등을 해결하고 오해를 푸는 것도 도움이 될 수 있다.

하지만 직장을 그만두는 것을 피할 수 없다면 그 절차를 공정하고 정중하게 진행하는 것이 중요하다. 관련 노동법 및 계약 조건과 합리적인 통지 기간 그리고 필요한 경우 퇴직금 지급 규정을 준수해야 한다. 오해를 피하고 원활한 절차를 진행

× **연습: 헤어져야 할까 아니면 관계를 회복할 수 있을까?** ×

- 현재 당신의 관계가 가지는 의미는 무엇이라고 생각하는가?
  예: 상호 지지 및 보살핌, 감정적 및 사회적 욕구의 충족, 함께하는 미래 구축, 공동 목표 실현, 공동 관심사 추구 등
- 현재 이별 또는 관계 단절을 해야 하는 이유는 무엇인가?
- 성공적인 관계를 위해 당신과 상대방이 각각 기여하는 부분은 무엇인가?
- 가장 친한 친구나 가족은 현재 당신의 관계가 가지는 의미를 무엇이라고 말하는가?
- 관계의 질이나 유대감이 다시 높아졌다는 것을 무엇을 보고 알 수 있는가?
- 더 의미 있는 관계를 만들기 위해 상대방이 해야 할 일은 무엇이라고 생각하는가?
- 상대방이 이를 실제로 실천에 옮길 가능성이 얼마나 된다고 생각하는가?

하기 위해서는 투명한 의사소통 역시 중요하다.

어떤 관계가 당신에게 얼마나 가치 있고 유익한지는 공동의 목표와 가치관 같은 여러 가지 요인에 달려 있다. 만약 당신이 이별이나 관계 단절을 생각 중이라면 갈등과 지지 부족의 징후가 있는지 살펴보자. 성공적인 관계를 위해서는 두 사람이 적극적으로 관계에 기여하고 싶어해야 한다. 친한 친구들이나 친지들의 의견을 들어보는 것이 관계의 질을 현실적으로 평가하는 데 도움이 될 수 있다. 두 사람의 사이가 좋아지면 일반적으로 당신이 관계 내에서 느끼는 행복감도 올라간다. 관계 개선을 위해 가장 중요한 것은 명확한 의사소통이다. 그리고 무엇보다 무언가를 바꾸고자 하는 두 사람의 의지가 있어야 한다. 관계를 유지할지 아니면 끝낼지 여부는 자신에게 가장 최선이 무엇인지 우선적으로 고려해서 결정해야 한다.

가족 내에서 일어나는 관계 단절의 사례를 살펴보자.

릴리는 어려운 환경에서 자랐고, 소원했던 아버지와는 매우 복잡한 관계를 유지했다. 릴리의 친밀감과 인정에 대한 욕구는 번번이 실망으로 돌아갔다. 마지막으로 자신의 감정을 아버지에게 털어놓으려고 시도한 후, 자신과 아들을 보호하기 위해 아버지와의 관계를 끊기로 결심했다. 그녀는 연락을 끊겠다는 결심과 그렇게 결정한 이유를 분명하게 적은 편지를 아버지에게 보냈다. 이렇게 하는 것이 감정적으로 몹시 힘들었지만 그녀는 약간의 안도감과 자유를 느꼈다. 이제는 상담 치료사의 도움으로 어린 시절 아버지에게 받지 못했던 사랑을 스스로에게 주고, 과거의 부정적인 생각과 신념을 극복하기 위해 노력하고 있다.

헤어질 준비

역기능적인 관계에서 벗어나거나 정신적 독을 품은 사람과 헤어지는 것은 신중하게 준비해야 하며 감정적으로 힘든 도전이다. 다가오는 변화를 성공적으로 극복하려면 계획을 잘 세워야 한다. 어려운 시기를 잘 헤쳐 나가기 위해 여러 생활 영역에서 명심해야 할 몇 가지 사항이 있다.

- 당신에게 정서적 지지를 해줄 수 있는 친구나 가족 또는 전문적으로 교육받은 상담사의 도움을 받는다. 누구에게 얘기를 털어놓을지 미리 정해두고 이별 과정 동안 도움을 받을 수 있는 네트워크를 구축하자. 이 과정에서 또다

시 독이 되는 사람에게 의존하지 않도록 주의해야 한다.
- 고용주에게 다가오는 삶의 변화에 대해 미리 알리자(이사, 이혼…). 이별 절차에 도움이 되는 유연 근무제 가능 여부 또는 직장에서의 또 다른 지원 가능성도 미리 확인해 두자.
- 앞에서 언급했듯이 재정적 변화에 미리 대비하는 것이 중요하다. 재정 상황을 명확하게 파악하고 중요한 문서들은 안전하게 보관하자. 필요한 경우 재무 전문가와 상담한다.
- 함께 자녀를 낳은 파트너와의 이별이 예정되어 있다면 양육권에 관한 법률 자문을 구하자. 특히 자녀가 당신의 파트너와 함께 있으면 위험하다고 판단해서 자녀에 대한 단독 양육권을 신청하려는 경우에 그렇다. 자녀의 정서적 지원을 위한 계획을 세우고 가족 상담 센터에도 도움을 청하자.
- 예정된 이별이 공간과의 이별도 동반하는 경우, 이별 후에 주거 상황이 어떻게 될지 미리 생각해보자. 임차 계약이나 부동산 소유권에 관한 문제들은 미리 정리해두자.
- 이별이 항상 순조롭게 진행되는 것은 아니다. 특히 독이 되고 선을 넘는 사람들과 얽혔을 경우 당신의 권리를 알아보고 정당하게 주장할 수 있도록 변호사와 상담하자.

혼인관계증명서, 유언장, 보험 증서 등과 같은 중요한 문서들을 언제든 필요할 때 바로 찾을 수 있게 잘 보관하자.
- 이별하는 과정은 지치기 쉽고 고통스러우며, 감정적으로 많은 스트레스가 될 수 있다. 적절한 도움을 줄 수 있는 사람을 찾는 것도 좋은 방법이다.

레오니는 케빈과 3년 동안 사귀어왔다. 둘의 관계는 다툼과 그의 극심한 질투로 점점 힘들어졌지만, 그와 헤어질 생각은 해본 적이 없었다. 그런데 점점 더 지치고 소진되자 마침내 레오니는 상담 치료사에게 도움을 구했고, 자신의 어린 시절과 자신의 행동 패턴을 되돌아보기 시작했다. 그러면서 자기도 다툼 후에 상대방을 무시하는 등 관계에서 독이 되는 행동을 보였다는 사실과 자기 자신을 위해서라도 용서하는 것이 중요하다는 사실을 깨달았다.

하지만 그녀의 노력에도 갈등 해결 방식에는 큰 변화가 없었다. 그녀의 상담 치료사는 커플 치료, 이별 또는 철저한 수용을 제안했다. 레오니는 케빈이 자신을 주변 사람들로부터 완전히 고립시켜서 그에게 감정적으로 의존하고 있다고 느꼈고 압도당한 기분이었다. 그래서 레오니는 커플 상담 치료를 받기로 결심했지만 케빈은 치료에 참여하기를 꺼리며 매우 냉담한 반응을 보였다. 커플 상담 치료는 두 사람이 자신의 부분들을 인식하고 관계에 대해 건설적으로 생각해보게 해주었다. 그 결과는 놀랍게도 두 사람의 이별이었다. 때로는 상담 치료의 가장 좋은 결과가 이별이며, 레오니에게는 다시 숨을 쉬고 오래된 상처를 치유하는 해방의 결정적 한 방이었다.

자신의 자원
찾아보기

독이 되는 관계에서 벗어나기 위한 발걸음은 힘들고 고통스럽지만 자기 자신에게로 향하는 치유 여정의 시작을 의미한다. 지배적인 통제 행동, 감정적 조작, 반복적인 트라우마 등 독이 되는 역학은 당신의 행복에 엄청난 영향을 미친다. 많은 경우, 헤어지고 떠나기로 하는 결정은 고통스러운 의존성에 가로막힌다. 혼자 되는 것에 대한 두려움, 익숙한 것들, 함께 사는 집, 심지어 함께 낳은 아이들을 잃는 것에 대한 걱정 그리고 미래에 대한 불확실성 때문에 많은 사람들이 관계를 그냥 유지한다. 실제로 유익하거나 즐거움을 주기보다는 더 많은 해를 끼치고 파괴하는 관계라고 할지라도 말이다.

대개 이별의 결정에는 슬픔, 상실감, 죄책감이 동반된다. 이별이 주는 고통은 실제적이고 깊을 수 있다. 하지만 독이 되는 관계의 어둠 속에서 이별을 결심하는 것은 자기를 사랑하고 자기를 존중하는 행위가 될 수 있다. 이런 결심은 독이 되는 역학으로부터의 해방을 가능하게 할 뿐만 아니라 내적 성장과 자아의 재발견을 향한 문을 열어준다. 우리가 가지고 있는 자원을 다시 활성화함으로써 우리는 살아남을 수 있을 뿐만 아니라 경험을 통해 더 강하고 더 자각적인 존재로 거듭날 수 있다.

> ✕ **연습: 내가 가진 자원은 무엇인가?** ✕
>
> - 나의 사회적 환경에 있는 사람들 중에서 이런 어려운 시기에 조언과 지원을 해주며 나를 도와줄 수 있는 사람은 누구인가?
> - 나의 감정을 공유할 때 안전하고 지지받는다고 느끼게 해주는 가족, 친구 또는 가까운 사람이 있는가?
> - 나의 사회적 환경에 내가 현재 관계를 해결하고 새로운 관점을 찾도록 도와줄 수 있는 사람이 있는가?
> - 전문가의 도움을 받기 위해서 내가 이용할 수 있는 외부 지원 방법은 무엇인가?
> - 나의 역기능적 관계를 해결하는 데 도움을 받을 수 있는 상담소, 치료사 또는 자조 모임이 있는가?
> - 재활 프로그램이 신체적·정신적으로 회복하고 삶의 질을 개선하고자 하는 나에게 적절한 도움이 되는가?
> - 나의 건강과 아이들의 건강을 위해서 모자 치료 또는 부자 치료를 받는 것이 나에게 의미 있는 선택인가?
> - 독이 되는 관계로부터 거리를 두고, 자원을 다시 발견하고, 더 강해져서 돌아오기 위해 휴식기를 갖는 것이 현명한 선택인가?

그러나 치유는 선형적인 과정이 아니며 상당한 시간이 필요하다. 이때 당신의 자원이 치유의 열쇠가 된다. 이는 진정성과 자신에 대한 사랑으로 가득한 새로운 삶의 단계를 시작할 수 있게 도와준다. 왼쪽 연습을 통해 이별할 때 당신을 지지해줄 개인적 자원을 찾을 수 있다.

자녀
그리고 양육권

삶의 동반자와 이별할 때 함께 낳은 자녀가 있는 경우, 일반적으로 양육권 분쟁은 피할 수 없다. 이런 경우 자녀의 복지를 가장 우선적으로 고려해야 한다. 부모 사이에 솔직하고 서로 존중하는 대화뿐만 아니라 (자녀가 충분히 성장한 경우) 자녀와의 소통도 중요하다. 자녀의 욕구를 이해하고 함께 해결책을 찾기 위해서 노력해야 한다. 가능하면 먼저 중립적인 중재자의 도움을 받아 법정 밖에서 갈등을 해결해야 한다. 이때 주된 목표는 자녀의 행복에 가장 도움이 되는 양육권에 관한 합의를 함께 이끌어내는 것이다. 필요한 경우 아동 심리학자나 가족 상담 치료사가 도움을 제공할 수 있다.

법정 밖에서 합의에 도달할 수 없는 경우 변호사의 상담이 필요하다. 변호사는 당신의 권리에 대한 정보를 알려주고 법적 절차를 밟는 데 도움을 줄 수 있다. 항상 자녀에게 최선의 이익이 되는 결정을 내리는 데 초점을 맞춰야 한다. 양육권과 관련해서 모든 행동(의사소통, 논쟁, 위협…)들을 정확하게 문서화하는 것이 중요하다.

안나는 파울과 헤어진 후 두 아이를 홀로 키우며 힘든 시간을 겪고 있었다. 관계를 끝내는 과정은 결코 순탄하지 않았고, 파울은 안나를 압박하기 위해 다양한 수법을 사용했다. 파울은 "난 자살할 거야", "내가 아이들을 데려갈 거야" 같은 말을 수시로 하며 안나를 불안하게 만들었다. 함께 살고 있던 집에서 안나를 내쫓겠다고 위협하기도 했다. 안나는 상황을 진정해보려고 애썼지만 결국에는 파울에게 휘말리고 말았다. 안나가 아무리 노력해도 파울은 절대 만족하지 않았다. 그는 항상 불평거리를 찾아내어 근거 없는 비난을 퍼부었다. 파울은 약속을 무시하고 마음이 내킬 때만 아이들을 데리러 왔다. 파울의 행동에 안나는 안정감을 갖기 어려웠고, 스트레스가 안나를 한계까지 몰아붙였다.

안나는 이별 과정을 다 끝낸 후 돌이켜서 생각해보다가 몇몇 부분에서 다르게 행동했어야 했다는 것을 깨달았다. 파울의 조작에 휘말리는 대신, 처음부터 명확한 경계를 설정하고 그의 감정적 협박으로부터 자신을 보호했어야 했다. 그리고 더 일찍 관계 기관의 도움을 받았어야 했다. 이렇게 어려운 이별 상황에서는 자신의 정신적, 감정적 건강을 보호하는 것이 최우선 순위가 되어야 한다. 파울의 협박을 받아들이는 대신, 안나는 적절한 시기에 전문가의 도움을 구하고 부적절한 행동으로부터 자신과 자녀를 보호하는 조치를 명확히 취했어야 했다.

초기에 전문가의 도움을 받아 명확한 경계를 설정하고 독이 되는 조작에 휘말리지 않는 것이 중요하다. 자신과 자녀의 안정을 도모하기 위해서는 분명한 방침을 세우고 자신과 가족을 최대한 보호할 수 있는 조치를 취하겠다는 의지가 필요하다. 이때 매우 이기적이고 자기중심적인 사람과 소통해야 한다면, 다음과 같은 조언이 도움이 될 수 있다.

- **인신공격은 피하자**: 비폭력적인 의사소통을 실천하고 상대방을 인격적으로 공격하거나 깎아내리지 않도록 한다. 모든 말을 '나(I)-메시지'로 전달하는 것이 도움이 된다. 비판은 민감한 반응을 불러일으킬 수 있고 공격이나 방어기제로 이어질 수 있다. 예를 들면 이런 식으로 말하는 것이다. "나는 네가 일을 제시간에 완료하지 않은 것을 알게 됐어. 앞으로는 그러지 않도록 더 나은 계획을 함께

고민해보는 것이 좋겠어. 나는 우리 모두에게 도움이 되는 해결책을 함께 찾을 수 있을 거라고 확신해."

- **상대의 행동을 바꿀 수 없다는 사실을 인정하자**: 상대방의 행동을 바꾸려고 애쓰는 것은 좌절감만 안겨주고 상황을 오히려 악화시킨다는 사실을 명심해야 한다. 상대방에게 변화하고 싶은 마음이 없으면 당신이 상대방에게 모든 에너지를 쏟아부어도 아무것도 얻지 못한다. 당신에게는 오직 자기 자신에 대한 권한만 있을 뿐, 관계를 맺고 있는 파트너의 욕구에 대한 권한은 없다. 근본적으로 상대의 행동을 바꿀 수 없다는 사실을 받아들여야 한다.

- **명확한 경계를 설정하자**: 명확한 경계를 정의하고(173쪽 참조) 그 누구도 당신의 개인적인 경계를 넘지 않도록 한다. 이는 분명한 공간적 분리와 자녀들과의 접촉 시간을 합의했는데도 정신적 독을 품은 파트너가 합의된 사항을 지키지 않을 때도 적용된다. 당신이 설정한 경계가 일관되게 지켜지도록 해야 한다.

- **시도 때도 없이 정당화하지 말자**: 자신의 의견과 결정을 무조건적으로 정당화하거나 사과하는 것을 피하자. 정신

적 독을 품은 사람은 교묘한 조작 기술을 통해 이미 당신을 충분히 불안정하게 만들었을 것이다. 이제 자기 효능감을 되찾아야 할 때다.

- **도발에 맞서 침착함을 유지하자**: 도발적인 상황에서 평정심을 유지해야 한다. 특히 양육권 문제가 얽혀 있다면 더욱 그렇다. 도발의 목적은 당신의 감정적인 반응을 이끌어내는 것이며, 감정적으로 대응하면 당신에게 불리하게 작용할 수 있다. 그 순간 평정심을 유지한다면 정신적 독을 품은 사람은 질투, 분노, 좌절감으로 길길이 날뛸 것이고 당신은 천천히 그러나 확실하게 그의 수법에 맞설 수 있는 면역을 얻을 것이다.

- **파워게임에 휘말리지 말자**: 이제 피해자 역할에서 벗어나 더 이상 지배당하고 억압당하지 않을 때가 왔다. 그러니 자신의 목표와 원칙에 집중하고 파워게임에 휘말리지 않도록 한다. 위에서 언급한 조언들을 활용하면 온갖 종류의 위협에 대항할 수 있을 것이다.

온오프 관계
- 사랑, 불확실성 그리고 새로운 시작 사이

특히 힘든 관계에서 이별할 상황이 왔을 때 독이 되는 사람은 과도한 애정 공세(25쪽 '러브 바밍' 참조) 또는 장밋빛 미래 약속(30쪽 '퓨처 페이싱' 참조) 등 다양한 조작 기술을 사용해서 최종적인 이별을 막으려 한다. 그래서 관계에서 갑자기 모든 것이 원하던 대로 이루어지게 된다. 그렇다면 이제 헤어져야 할 이유가 없지 않을까?

이때 우리는 갑자기 완벽해진 (또는 완벽해 보이는) 관계에는 단 하나의 선택지, 즉 함께 계속 지내는 선택밖에는 없다고 생각하는 실수를 저지르기 쉽다. 상황은 다시 악화되거나 예전의 패턴으로 돌아갈 수 있는데, 많은 사람들은 관계를 끝낼 기회가 여전히 존재한다는 사실을 잊어버리곤 한다. 이럴 때 우리는 보통 매우 불안정한 경우가 많고 파트너는 이제 자신의 불안감을 보상하기 위해서 권력과 통제력을 행사한다.

이 관계를 돌파할 수 있는 열쇠는 이별 전에 자기 내면을 강화하고 자신감을 키우는 것이다. 여기에 자존감을 높여주고 감정적 자기 조절을 촉진하는 조치들이 결정적인 역할을 한다. 온오프 관계(계속 이별과 재회를 반복하는 관계)의 경우 평소보다 훨씬 더 많은 용기, 힘, 불굴의 의지가 필요하다. 그래야만 마침내 힘겨운 관계를 끊어낼 수 있다.

테레사는 전 파트너와 확실하게 이별했다고 말할 수 없는 관계였다. 두 사람은 끊임없이 헤어졌지만 실제로 헤어진 것처럼 보이지는 않았다. 총 일곱 번의 이별 시도가 있었고, 헤어졌다가 다시 만났다가를 계속 반복했다. 테레사의 파트너는 매번 헤어지려 할 때마다 돌아와서 사과하고 애정을 표현하며 그녀의 마음을 되돌리기 위해 할 수 있는 모든 것을 다했다. 테레사는 매일 꽃과 마음을 녹이는 메시지를 받았다. 갑자기 두 사람은 함께 터키에 있는 그의 부모님 댁으로 여행을 계획했고, 함께 사는 것에 대해 이야기했으며 테레사는 점점 더 그의 삶에 얽혀 들어가기 시작했다. 그는 갑자기 그녀가 그토록 원했던 사랑스럽고, 세심하고, 이해심 많고, 신뢰할 수 있고, 지지적인 파트너가 되어 있었다. 오랫동안 그러기를 간절히 바라며 노력했는데 이제야 비로소 현실이 되는 것 같았다.

하지만 안타깝게도 그것은 테레사의 착각이었고, 공허한 약속들만 남았다. 좋았던 단계는 금방 지나가고 그녀를 힘들게 했던 그의 모든 부정적인 행동들이 처음부터 다시 시작되었다. 테레사는 좀처럼 그에게서 벗어날 수 없었다. 그녀는 그에게 중독되어버렸다.

만약 테레사가 조작 기술이 어떻게 사람을 사로잡아서 꼼짝 못하게 하는지 미리 알았다면, 그녀는 아마 그렇게 자주 예전의 관계로 돌아가지는 않았을 것이다. 그녀는 외로움에 대한 자신의 두려움을 극복하고 나서야 비로소 헤어질 수 있었다. 그리고 친구들이 감정적 의존과 파트너에게 중독되었다는 느낌에서 벗어날 수 있도록 도움을 주었다. 테레사는 파트너의 사진을 전부 파기하고 전화번호를 새로 바꿨다. 그 후로도 의존감은 꽤 오랫동안 남아 있다가, 상담 치료를 시작하고 점점 약해지기 시작했다. 이제 테레사는 이별하기로 한 결정이 그녀의 인생 최고의 결정이었다고 말할 수 있게 되었다.

조작적이거나 폭력적인 관계에서
벗어나기 위한 체크리스트

이별을 철저하게 잘 준비하는 것이 중요하다. 예를 들어 법적으로 자녀에 대한 양육비를 계산할 때 특정 서류들이 필요한 경우가 많기 때문이다. 여성이든 남성이든 모두 파트너가 급여 명세서를 제출할 때까지 오랜 시간을 기다려야 하는 경우도 많다. 이 기간 동안에는 재정적으로 제약을 받게 될 수도 있어서 새집을 구하는 것이 더 어려워질 수 있다. 따라서 필요한 모든 서류를 제때 제출하는 것이 중요하다(그리고 파트너에게도 그렇게 해달라고 요청해야 한다). 그래야만 모든 절차가 원활하게 진행되고 재정적 안정성을 보장할 수 있다.

그다음 단계로 변호사에게 법률 자문을 구하기를 권한다. 자신의 상황을 제대로 파악하고 이별 후의 가능한 부양비를 계산하기 위해서다. 임박한 이별에 대해 복지국에 알리고 자녀와 관련된 조언을 구하는 것이 좋다. 그다음에는 이미 직업을 가지고 있는 상태가 아니라면 자신과 자녀 모두를 책임질 수 있는 직업을 찾아서 재정적으로 독립하는 것이 중요하다. 또한 새로운 집을 구하러 다니기에 적절한 시기이기도 하다.

이렇게 이별 준비를 할 때 독이 되는 파트너가 의심하면서 다시 친밀감과 애정을 쌓으려고 시도할 수 있다. 또는 도발적으로 행동하며 당신이 새로 획득한 힘을 무력화시키고 당신을 약화시킬 수도 있다. 이때 트라이앵귤레이션(52쪽 참조) 전략이 자주 사용되는데, 두 사람의 갈등에 새로운 파트너인 제삼자를 끌어들이는 것이다.

계획이 조기에 무산되지 않도록 신중하고 침착하게 진행하는 것이 중요하다. 흥분한 상태에서 계획 중인 내용을 상대방에게 발설하지 않도록 조심해야 한다. 상대방이 방해하거나 다른 협박 시도를 시작할 수 있기 때문이다. 당신의 결정을 상대방에게 알리기 전에 당신이 충분히 강해질 때까지, 새로운 집과 안정적인 일자리를 구할 때까지 기다려야 한다. 이런 과정을 비밀리에 진행할 수도 있는데, 빈집에 이별 편지를 남겨 파트너에게 이미 다 끝나버렸다는 사실을 알릴 수 있다. 또는 당신이 충분히 강해졌다고 느낀다면 상대방에게 직접 말하되, 그 즉시 함께 살고 있는 집에서 나와야 한다.

이별 후 초반에는 가족이나 친한 친구와 함께 지내는 것이 좋다. 상처를 주는 파트너로부터의 위협이나 위험에서 당신을 보호할 수 있기 때문이다. 친구가 없거나 가족과의 연락도 끊겼다면, 미리 지지해줄 수 있는 새로운 사람들을 찾는 것이 중요하다. 그들에게 당신의 계획을 알려주자. 비슷한 상황을 경험했던 사람들은 많다. 그들이 당신을 도와줄 것이다.

이별하기 전에 살림을 어떻게 나누고 아이들과 만나는 시간을 어떻게 정할지 합의해야 한다. 자녀가 어린 경우 불안감을 주지 않도록 이별 계획을 너무 일찍 공유하지는 않는 것이 좋다. 자녀가 상황을 이해할 수 있는 나이가 되었다면 자녀를 결정에 참여시킬 수 있다. 파트너의 이기적인 성향이 너무 강하지 않다면 차분한 대화를 나누고 함께 자녀들에게 이별을 알리는 것이 가능할 수 있다. 철저한 준비와 앞에서 언급한 사항들을 잘 고려한 후에 이별을 실행할 수 있다.

× 이별을 위한 체크리스트 ×

다음 항목들을 참고해서 당신에게 필요한 개인적인 이별 체크리스트를 만들어보자.

- 당신의(공동의) 세금 신고서 사본을 준비했는가?
- 지난 12개월 동안 파트너의 급여 명세서를 가지고 있는가?
- 혼인관계증명서를 가지고 있는가?
- 문자를 주고받은 내역 또는 재산 피해나 신체적 상해를 구체적으로 명시한 문서를 확보해두었는가?
- 자녀들의 출생증명서가 준비되어 있는가?
- 다른 중요한 문서들을 복사해두었는가?
- 이미 주거 문제에 대해 합의했는가?
- 재정적 합의는 검토했는가?
- 자녀들의 거주지에 관해 결정했는가?
- 자녀와 만나는 시간을 합리적으로 정했는가?
- 공동의 살림살이 분배에 대해 논의하고 계획했는가?

3장

독이 되는 사람들을 대하는
전략, 도구 및 연습

명확한 기준 설정

많은 관계에서 언젠가 결국 잘못된 길에 들어서는 때가 온다. 처음부터 그럴 수도 있고, 서서히 나타나는 독이 되는 습관 때문에 그렇게 될 수도 있다. 서로에 대한 존중이 사라지고 상대가 설정한 경계를 침범하고 서로의 관계가 일상의 부담이 되어버린다. 만약 당신의 상황이 여기에 해당된다면, 당신에게 용기를 북돋아주고 싶다. 어쩌면 당신의 관계를 개선할 방법이 아직 있을지도 모른다. 하지만 애정과 관용만으로는 충분하지 않으며 두 사람 모두 관계를 개선하고 소통 방식을 바꾸기 위해 노력할 준비가 되어 있어야 한다. 어쨌든 시도해볼 만한 가치는 충분하다.

그러기 위해서는 관계에 대한 자신의 관점, 욕구, 소망을 명확히 하고 개인적인 기준을 정의해야 한다. 이것이 안정적인 관계를 만드는 길을 열어줄 수 있다. 당신이 진정으로 원하는 것이 무엇인지 그리고 어느 정도까지 받아들일 수 있는지 스스로 인식함으로써 개인적인 여정을 위한 명확한 토대를 만들 수 있다. 다음에 이어지는 전략과 도구는 관계의 질을 개선하는 데 도움이 되며 가장 친한 친구나 이웃, 연인이나 배우자 등 어떤 관계든 상관없이 적용된다.

하지만 모든 노력에도 불구하고 더 이상 개선할 수 없는 관계도 있다. 역기능적인 관계와 독이 되는 사람들 때문에 우리는 소진되어 약해지고 상처를 받으며 저항력이 떨어진다. 이러한 관계에서 우리의 정서적 안정과 정신적 면역 체계가 심각하게 손상될 수 있다. 하지만 우리는 내면적으로 무장하고 저항력을 키우며 장기적으로 독이 되는 행동이 우리를 공격하지 못하게 막는 방법들을 배울 수 있다. 이번 장에서 소개하는 많은 전략, 도구 및 연습들도 당신의 정신적 면역 체계가 다시 제자리를 찾게끔 도움으로써, 장기적으로는 독이 되는 사람들에 대한 면역력을 키우게 해준다.

긍정적으로 위기에서 벗어나기

당신도 이미 짐작하고 있듯이 우리의 심리적 저항력은 기본적으로 주위 환경을 주의 깊게 인식하는 것과 밀접하게 관련되어 있다. 당신이 의식적이고 건설적으로 문제와 그 원인, 가능한 해결책을 다룬다면 자동으로 회복탄력성을 키울 수 있다(271쪽 참조). 이렇게 해서 심리적 저항력이 좋아지면 인생의 도전에 직면했을 때 이를 무시하거나 스스로 피해자 역할을 맡는 대신 도전에 더 신중하게 반응할 수 있게 된다.

여기서 한 가지 제안을 하고 싶다. 우리의 약점을 자책하기보다 한번쯤은 그 약점을 우리 자신의 소중한 단면으로 바라보면 어떨까? 우리가 독이 되는 관계에서 겪은 부정적인 경험 또는 위기 앞에서 무너지는 대신 긍정적으로 더 많은 가치를 이끌어내면 어떨까? 정신적 독을 품은 사람과 고통스러운 경험을 하게 된 것이 내 인생에 아주 조금이라도 유익한 점은 없는지 자문해보면 어떨까? (비록 처음에는 불가능하게 여겨지더라도 말이다.) 다음에 우리가 실수하거나 비판을 받거나 또다시 독이 되는 사람과 다른 관계를 맺게 되더라도 스스로 좋은 말을 해줘야 한다. "이것은 내가 진정성이 있고 언제든 내 삶을 적극적으로 만들어나갈 용기가 있다는 것을 보여주는 거야." 이렇게 했을 때 당신의 인식과 판단에 변화가 생기는 것을 느낄 수 있는가?

심지어 우리가 약점이라고 생각하는 것에도 긍정적인 측면이 있다. 예를 들어 산만하고 체계적이지 않은 사람은 높은 수준의 창의성과 감수성이 특징인 경우가 많다. 때로는 우리의 약점, 즉 우리가 가장 싫어하는 우리의 어떤 점이 주변 사람들에게 행복을 느끼게 해주기도 한다. 정신적 독을 품은 사람과 얽힌 경험이 있고 그로 인해 상처받은 적이 있는 사람은 비슷한 경험을 한 다른 사람들에게 특별히 더 공감할 수 있고 그들에게 도움과 지지를 줄 수 있다. 위기를 통해 배움을 얻고, 긍정적인 태도를 유지하고 자신의 약점 속에서도 강점을 발견하기 위해서는 이를 제대로 인식하는 것이 중요하다.

우리가 줄 수 있는
팁

만약 다음에 또 생각의 소용돌이에 빠지게 되면 위험 요소만 생각하지 말고 지금까지 당신이 내린 결정, 경험, 행동으로 얻은 장점들도 떠올려보자. 부정적인 측면에만 집중하는 대신, 잠시 멈추고 이미 당신의 인생에 찾아온 긍정적인 변화를 생각해보는 것이다. 당신이 좋아하는 것을 발견하고, 당신 편이 되어주는 사람들을 떠올려보고, 어떻게 살고 싶은지 생각해보자. 한번씩 시간을 내서 당신의 두려움과 걱정을 되돌아보고 그것을 현실과 비교해보자. 과거는 현재가 아니라는 점을 명심하자. 당신은 더 이상 어린아이가 아니며, 행동할 수 있는 역량을 갖췄고 자신의 욕구를 주장할 수 있다. 이것은 또한 당신의 주변인들에게 나르시시즘적 의사소통을 자제해달라고 표현할 수 있다는 것을 의미한다. 또는 당신이 해로운 관계의 구도에서 벗어날 수 있다는 것을 의미한다.

> **× 연습: 긍정적인 시각으로 바라보기 ×**

당신의 약점 목록을 작성해보고, 그에 상응하는 긍정적인 측면을 찾아보자. 다음은 몇 가지 예시다.

- 나는 매우 산만하다.
  → 나는 매우 창의적이다.
- 나는 매우 내향적이다.
  → 나는 다른 사람의 말을 잘 들어줄 수 있다.
- 나는 너무 예민하다.
  → 나는 다른 사람의 감정에 공감할 수 있다.

이렇게 하는 것이 어렵다면, 나와 똑같은 약점이 있는 낯선 사람을 상정하고 그 사람의 장점은 무엇일지 생각해보자.

- 매우 외향적이고 시끄러운 낯선 사람은 대규모 인원을 잘 통솔하고 즐겁게 해줄 수 있다.

철저한 수용:
어떤 사람들은 변하지 않는다

회복탄력성이 뛰어난 사람은 인생의 불운, 역경, 좌절 그리고 도전을 받아들일 능력이 있다. 이들은 불리한 상황을 항상 피해 가거나 완전히 제거할 수는 없다는 사실을 인식하고 받아들이며 강점과 약점을 가지고 있는 자신을 그대로 수용할 수 있다. 여기에는 자신이 영향을 미치거나 바꿀 수 없는 불쾌한 상황이나 독이 되는 사람들을 받아들이는 것도 포함된다.

당신에게 용기를 북돋아주고 독이 되는 관계에서 벗어나는 것에 대한 두려움을 줄이기 위해 다음과 같은 생각이 도움이 될 수 있다. 만약 아주 사소한 의견 차이로 관계가 끝날 수 있다면 상대와의 정서적 유대가 당신이 생각했던 것만큼 강하고 친밀했는지에 대한 의문이 생긴다. 당신은 사소한 말다툼에도 부적절하고 충동적으로 반응하는 사람과 어떤 친밀감을 쌓고 싶은 것인가? 정신적 독을 품은 사람과 그의 건강하지 않은 행동 패턴에 관해 대화를 나누는 것은 당신이 현실을 직시하게 만드는 경험이 될 수 있다. 이들은 당신을 조종하고 자신의 역할을 부인하기 때문이다. 정신적으로 독이 되는 사람들은 자기 행동에 대한 책임을 부인하거나 가령 자신이 나르시시스트라는 사실에 자부심을 느끼기도 한다는 것을 알아야 한다. 이들이 통찰력과 이해력을 보여줄 가능성은 거의 없다.

우리가 줄 수 있는 팁

어떤 사람들은 어떻게 해도 자기 자신이나 자기 행동 방식을 바꾸지 않는다. 당신이 아무리 간절히 원한다고 해도 말이다. 여기에 로마 제국 시대 스토아학파 철학자 에픽테토스가 말한 철저한 수용이라는 개념이 등장한다. 철저한 수용은 자기 마음에 들든 들지 않든 상관없이 무언가를 받아들이는 것을 의미한다. 그러나 독이 되는 관계라는 맥락에서 철저한 수용이 당신이 다른 사람의 독이 되는 행동을 그냥 받아들이고 수용해야 한다는 뜻은 절대 아니다. 다만 정신적 독성으로부터 당신의 정신적 면역 체계를 보호하려면, 독이 되는 사람이 자기 행동을 바꾸지 않을 것이라는 사실을 받아들여야 한다. 이들은 자기 자신을 위해서도, 다른 누구를 위해서도 바뀌지 않는다. 어쩌면 당신은 독이 되는 관계를 맺으면서 당신의 파트너가 행동을 바꾸도록 노력했거나 여전히 노력하고 있을 수도 있다. 그 사람은 절대 변하지 않을 가능성이 높으며, 특히 당신을 위해서 변할 리는 절대 없다는 사실을 받아들여야만 면역력이 생길 수 있다. 따라서 상대방의 행동을 바꾸거나 구원하려는 시도를 내려놓고, 그 사람을 있는 그대로 받아들이고 그 사람과 내면의 평화를 이루는 것이 철저한 수용으로 가는 발걸음이다.

✕ 연습: 바꿀 것인가, 받아들일 것인가? ✕

정신적 독을 품은 사람과의 관계에서 현재 당신을 힘들게 하거나 당신의 마음에 걸리는 행동 방식은 무엇인가? 당신이 실제로 그 상황이나 사람에게 영향을 미칠 수 있는지, 아니면 그 상황이 당신의 소중한 에너지를 고갈시키고 있지는 않은지 잘 생각해보아야 한다. 그 사람의 행동 방식, 특징, 성격을 계속 받아들이기로 결정했다면 종이에 다음 문장을 적고, 잘 보이는 곳에 붙여두자.

"나는 (이 상황/이 사람)을 있는 그대로 받아들인다."

피해자 역할에서 벗어나 자기 효능감 키우기

당신은 인생의 역경에 어떻게 대처하는가? 크고 작은 어려움과 사람들과의 갈등을 어떻게 해결하는가? 자기 연민에 빠지거나 무기력해지거나 피해자의 역할을 고수하는가? 잘 발달된 심리적 보호막을 가지고 있는 사람은 자신의 능력으로 도전을 성공적으로 극복할 수 있다고 굳게 믿는다. 이를 자기 효능 기대 Self-Efficacy Expectation라고 한다. 자기 효능감을 경험하는 것은 바다에서 자기 배를 성공적으로 조종하는 것과 같다. 방향타를 손에 단단히 잡고 인생이라는 물길을 항해하며 가끔 파도나 돌풍이 몰아쳐도 자신이 나아갈 길의 방향을 스스로 결정할 수 있다는 확신이 강해진다.

어린 시절에는 모두 편견 없이 활동력이 넘치고 영감을 가지고 세상을 탐구하려는 창의적인 예술가와 같다. 하지만 우리는 주 양육자를 통해 점점 더 많은 제한과 금지 사항, 때로는 심지어 신체적·심리적 폭력까지 경험하게 된다. 가정, 학교, 보육시설, 스포츠 클럽에서의 경험 또는 영화나 뉴스를 통해서 우리는 침착하게 행동하고, 적응하고, 참고 견뎌야 한다는 것을 배웠을 것이다. 때로는 두려움이나 긍정적인 롤모델의 부재에 영향을 받았을 수도 있다.

100쪽에서 언급한 드라마 삼각형(가해자-피해자-구원자)은 우리의 자아상을 형성하는 데 영향을 미치고 많은 상황에서 우리 자신을 피해자로 여기게 만든다. 우리는 상황을 바꾸지 못하는 자신의 무능력에 대한 이유를 찾으려고 한다. 경제적 제약, 가족 상황, 실패한 인간관계, 직업적 어려움, 성적 부진, 학습된 무기력 등 말이다. 이런 해로운 자기 수용과 피해자 역할을 고수함으로써 우리는 삶에 대한 통제권을 다른 사람에게 넘겨주게 된다.

피해자 역할은 우리가 삶의 어려움을 불평하고 다른 사람들의 연민을 불러일으키는 것을 가능하게 한다. 이렇게 하면 우리는 스스로 변할 필요 없이 타인의 이해와 호의를 얻는다. 반면에 미지의 세계로 발걸음을 내딛는 것은 불확실성과 두려움을 동반하지만, 오래된 습관의 안락함보다 훨씬 더 강하다.

우리가 줄 수 있는 팁

당신은 인생의 갈림길에서 자신을 위한 결정을 내려야 한다. 당신에게는 타인의 기대에 의구심을 품고 자기 자신만의 길을 선택할 자유가 있다는 사실을 기억하자. 당신이 언제 피해자의 역할을 고수하는지 알아차리는 법을 배워야 한다. 어떤 경로와 어떤 상황이 당신에게 이런 수동적인 입장을 취하게 만드는가? 지금 당장 당신 눈에 보이지는 않더라도 당신에게는 항상 대체 가능한 행동들이 있다. 이러한 깨달음을 바탕으로 자신만의 지도를 만들어보자. 당신이 특정 결정을 내리는 이유를 알려주는 내면의 내비게이션이 될 것이다.

> ✕ 연습: 해야 한다 or 하고 싶다 ✕
>
> 1. 실제로는 하고 싶지 않은 일을 하는 이유를 스스로 물어보자.
> 2. "나는 …해야 한다"라는 문장을 "나는 …하고 싶다"라는 문장으로 바꿔보자.
>   예: "나는 운동을 해야 한다. 그렇지 않으면 나의 파트너가 나를 매력적이지 않다고 생각하기 때문이다." → "나는 운동을 하고 싶다. 왜냐하면 나는 가벼운 몸으로 좋은 기분을 느끼고 싶기 때문이다."

피해자 역할에서 벗어나는 5단계

우리가 때때로 무력하고 불행하다고 느끼는 것은 정상이기는 하지만, 매번 스스로 피해자를 고수하는 패턴에서 벗어날 수 있도록 여기에서는 간단한 단계별 방법을 알려주려고 한다. 이렇게 해서 다시 자신의 강점과 자기 결정을 신뢰하는 것을 배울 수 있다.

① 자신의 위치를 파악하자

피해자의 역할에서 벗어나려면 현재 자신의 상황을 제대로 인식하는 것이 중요하다. 환상이 사라지고 현실을 직시할 때 비로소 변화가 시작된다. 당신이 어떠한 외부 상황이나 사람을 만날 때 가장 불만족스러운지 떠올려보자. 비가 오는 날씨, 상사의 부당한 대우, 불공정한 시험 조건, 어려운 경제적 상황, 파트너의 관심 부족 등. 당신은 인정과 확인을 받기 위해서 다른 사람에게 얼마나 자주 불만을 표출하는가?

② 당신이 얼마나 많은 권한을 포기하고 있는지 생각해보자

당신의 기분을 실제로 통제하고 있는 사람은 누구인지 한번 곰곰이 생각해보자. 쇼핑할 때 당신 앞에서 새치기를 한 여성이 실제로 당신의 그날 하루의 질을 결정하는가? 당신을 꾸짖은 할머니가 저녁 내내 당신의 기분에 영향을 미쳤는가? 당신은 정말로 당신의 감정과 삶에 대한 권한을 가지고 있는가? 아니면 당신은 이런 권한을 기꺼이 다른 사람들에게 넘겨주는가? 잊지 말아야 할 것이 있다. 자신을 피해자의 역할에 머물러 있게 두는 것은 의식적인 결정이다. 마트에서 새치기한 여성이 나보다 나의 감정에 더 큰 영향을 미치도록 허용할 수는 없지 않은가!

③ 관점을 바꿔보자

독이 되는 사람(또는 우리가 독이 된다고 여기는 사람)이 우리를 나쁘게 대하거나 우리가 원하는 방식으로 대해주지 않을 때 상대방의 관점에서 상황을 바라보는 것이 도움이 될 수 있다. 마트에서 새치기를 한 여성은 개를 차에 두고 와서 최대한 빨리 쇼핑을 마치고 차로 돌아가야 했기 때문일 수도 있다. 직장 상사가 마침 개인적인 걱정거리가 있어서 당신이 원하는 만큼의 고마움을 표현하지 못했을 수도 있다. 어떤 상황을 새로운 시각으로 보면, 무력감을 덜 느끼고 부정적인 감정을 줄이며 피해자 역할에서 벗어나는 데 도움이 된다.

④ 새로운 해결책을 찾아보자

항상 외부 상황에 휘둘리고 이리저리 떠밀려 다니는 대신에 적극적으로 가능한 해결책을 찾아보자. 일부 상황들은 당신의 생각을 바꾸는 것만으로도 달라진다. 당신의 삶에는 여전히 부당한 대우를 받고 있다고 느끼는 상황들이 있을 것이다. 그것에 대해 화를 내고 하루 종일 피해자 역할에 머무르는 대신에 모든 일을 다른 관점에서 바라보고 그냥 털어버리자. 더 이상 이런 일이 당신에게 너무 가까이 다가오는 것을 허용하지 않겠다고 결심하자. 의사소통이 최선의 해결책인 경우도 많다. 할머니와 명확한 대화를 나눠보면 어떨까? 직장 상사에게 당신의 요구 사항을 이야기해볼 수도 있다. 직장 상사는 자신의 불공정한 행동을 미처 인지하지 못하고 있는 것은 아닐까?

⑤ 받아들이거나 헤어지자

정신적 면역 체계를 항상 건강하게 유지하려면 더 이상 회복할 수 없는 상황들이 있다는 것을 인식해야 한다. 그러나 이를 철저히 수용할지 아니면 완전히 벗어날지는 전적으로 당신의 권한이다. 새로운 직장을 구해보는 것은 어떨까? 많은 방법이 있지만 회복탄력성이 좋아지려면 자기 삶에 책임을 지고 실행에 옮겨야 한다.

책임감 갖기

심리적 저항력이 높은 사람은 자신의 생각과 감정과 행동에 책임감을 갖는다. 만약 당신이 뛰어난 회복탄력성의 소유자가 아니라면 경계를 넘은 행동에 대해 아마도 다음과 같은 질문을 스스로에게 던질 것이다. '그 사람은 나를 왜 그렇게 대우하지? 내가 뭘 잘못했나…?' 우리의 심리적 보호막은 우리가 정신적 독을 품은 사람에게 좋지 않은 대우를 받고 있는 이유를 설명할 수 없으면 엄청난 고통을 겪는다. 이유를 찾으려는 시도는 헛수고로 끝나는 경우가 많으며, 우리의 마음을 피폐하게 만들고 자존감을 더욱 떨어뜨린다. 정신적 독을 품은 사람의 반응 방식은 필연적으로 우리에게 불확실한 것으로 남을 수밖에 없기 때문이다.

　이런 불확실성을 대면하는 것이 우리 자신과 내면의 힘을 결속하기 위해 매우 중요하다. 자기 자신과의 결속은 파트너, 부모, 형제자매, 자녀, 동료, 동급생과의 긍정적인 관계의 기초가 된다. 당신이 맺고 있는 관계에 책임감을 가지고, 초점을 정신적 독을 품은 사람이 아니라 자신에게로 옮겨야 한다. 자기 자신과 자신의 책임에 대해 늘 기억해야 한다.

우리가 줄 수 있는
팁

　때때로 우리는 관계를 지키기 위해 또는 다른 사람을 행복하게 하려고 자기 자신을 잃어버린다. 그럴 때 우리는 무의식적으로 우리의 행복에 대한 책임을 타인에게 넘겨주게 된다. 다음 질문과 연습을 통해 자기 자신을 되찾고 책임감을 가질 수 있도록 하자.

① 정신적 독을 품은 사람의 행동에 대해 곰곰이 생각해보자
　'나'를 괴롭히는 사람이 어떤 특정한 행동 패턴을 보이는지 또는 보이지 않는지 스스로에게 질문해보자. 상대방은 관계를

개선하기 위한 구체적인 조치를 취했는가? 아니면 당신과 눈높이를 맞추기 위한 적절한 조치를 취했는가? 당신의 행복과 상대방의 욕구 사이에서 건강한 균형을 잡기 위해 무엇을 할 수 있는지 스스로에게 질문해보자.

② 자신의 행동에 대한 책임을 지자

당신은 성인으로서 행동한 것 또는 행동하지 않은 것에 대한 책임이 오로지 나에게 있다는 사실을 명심해야 한다. 그리고 정신적 독을 품은 사람을 당신이 바꾸거나 구제할 수 없다는 것을 받아들여야 한다. 당신은 단지 그들이 스스로 변하고 싶어할 도움을 제공할 수 있을 뿐이다. 따라서 당신의 영향력의 한계를 인식하고, 다른 사람을 구하려다 자기 자신을 잃지 않기를 바란다. 어떻게 하면 자신에게 충실하면서도 동시에 다른 사람 곁에 있어줄 수 있을지 생각해보자. 현재 인간관계에서 당신의 생각, 감정 또는 행동에 대해 당신은 어떤 책임을 지고 있는가?

③ 자기 계발과 자기 강화에 집중하자

자기 자신을 소홀히 하지 않으면서도 정신적 독을 품은 사람을 어느 정도까지 지원할 마음의 준비가 되어 있는지 점검해보자. 이때 자신에 관한 책임을 그들에게 넘기지 않도록 주의하고, 독이 되는 패턴에서 벗어날 구체적인 조치를 취하자. 이때 스스로의 능력과 자원을 믿어야 한다. 당신의 능력을 어떻게 건설적인 방식으로 활용할 수 있을까? 당신 자신과 당신의 관계를 강화하고 동시에 당신의 정신적 건강을 보호하면서 말이다. 지금까지 상대방을 행복하게 해주기 위해 노력하면서 자기 감정과 욕구를 얼마나 소홀히 했는가?

이 세 단계를 실행하고 성찰함으로써 점차 독이 되는 사람이 벌이는 교묘한 수법에 면역이 생기고, 건강하고 긍정적인 자기 계발에 집중할 수 있게 될 것이다.

✕ 연습: 정신적 독을 품은 사람 그리고 당신 ✕

다음 질문에 솔직하게 답해보자.

- 당신이 더 선호하는 다른 일들이 있음에도 불구하고 독이 되는 사람과 시간을 보내고 있는가?
- 이 관계에서 사실 하고 싶지 않지만 애써 하고 있는 것이나 당신의 자원을 투자하고 있는 것은 무엇인가?
- 단지 독이 되는 사람의 반응이 두렵고 비난을 피하고자 어떤 행동들을 하고 있는가?
- 그 사람은 당신에게 어떤 존재이며, 당신의 시간과 삶의 에너지를 왜 그 사람에게 투자하고 있는가?
- 당신은 그 사람을 진실되고 열린 마음으로 대하며 상황을 솔직하게 되돌아볼 용기가 있는가?

미래 재구성하기

　　　　　회복탄력성이 좋은 사람들은 시선을 미래로 돌리면서 자신의 강점과 자원을 알게 된다. 이들은 과거에 머물러 있지 않고 미래를 위한 현실적인 목표를 설정한다. 당신의 치유에 대한 책임은 스스로 져야 한다. 단지 자녀의 행복을 위해서 당신이 참고 견뎌내고 싶은가? 부모님의 자부심이 되어주기 위해서 마지못해 직업교육 과정을 밟고 있는가? 이 직업은 정말로 당신의 삶을 충만하게 해주는가? 당신의 파트너를 사랑하는가 아니면 그냥 익숙해져서 함께 살고 있는가? 만약 당신이 독이 되는 관계에서 벗어나야 한다는 것을 깨달았는데 당신의 이성이 그냥 머물러 있으라고 한다면, 의도적으로 관점을 바꿔야 한다.

우리가 줄 수 있는 팁

자기 자신을 돌보기 시작하자! 당신이 맺고 있는 인간관계의 질을 점검하고 지식을 넓혀보자. (전문)서적을 읽고 다른 사람들과 네트워크를 형성하자. 다음 사항들을 생각해보자.

- 지금부터 어떤 자아상을 가꾸어가고 싶은가?
- 어떤 사람이 되고 싶은가?
- 만족스러운 삶을 살기 위해 어떤 첫걸음을 내디딜 수 있는가?
- 성숙하고 지지적인 인간관계에서 당신이 기대하는 전제조건은 무엇인가?
- 개인적으로 설정한 경계는 어디인가? 더 이상 용납하지 못하는 행동은 무엇인가?

조금 더 긍정적인 일상을 위한 간단한 마음 챙김

우리는 정글 같은 일상을 살아가면서 본질적인 것을 시야에서 놓치는 경우가 있다. 그것은 바로 나 자신이다. 당신은 어쩌면 더 행복해지려고 노력해봤지만, 그 모든 노력에도 불구하고 삶은 거의 나아지지 않았다는 사실을 확인했을 수도 있다. 인간관계도 그대로고 주변 환경과 주거 상황도 마찬가지로 그대로다. 그 이유는 아마도 외부 환경이 우리의 삶이 끝날 때까지 우리의 행복에 영향을 미친다는 잘못된 생각 때문일 수 있다. 우리는 더 좋은 직장, 나와 정반대인 배우자, 더 많은 돈, 더 큰 집이 우리를 행복하게 만들어줄 것이라 생각한다. 하지만 우리의 태도와 자아상이 변하지 않는 이상 같은 문제, 불안감, 두려움은 계속해서 나타나게 된다. 우리는 계속해서 우리에게 좋지 않은 사람들을 끌어당기고 좌절스러운 삶의 상황에 갇혀버리게 된다.

우리의 생각과 행동은 우리도 미처 알아차리기 전에 마치 자동조종장치처럼 작동한다. 심지어 계속해서 반복적으로 나타나는, 우리를 억누르는 감정들도 이런 식으로 작동한다. 이런 부정적인 생각의 고리에서 벗어나려면 의식적으로 무언가를 바꾸기로 결심해야 한다. 그리고 우리 주변에서 무슨 일이 일어나고 있는지 더 잘 알아차리는 연습을 해야 한다. 우리가 기분이 좋지 않은 이유를 이해하는 것도 중요하지만, 이해하는 것만으로는 장기적으로 기분이 나아지는 데 충분하지 않다. 우리는 적극적으로 새로운 습관을 익히고 훈련해서 옛 패턴을 깨트려야 한다.

마음 챙김은 괴로운 생각과 감정에서 벗어나고 사물과 현상을 다르게 볼 수 있도록 도와준다. 우리의 정신적 고통은 우리가 자신의 생각과 감정을 어떻게 바라보느냐에 따라 크게 달라진다. 우리는 우리의 지각에 영향을 미치는 법을 배울 수 있고 우리의 현실을 어떻게 이해하는지 의식할 수 있다. 이것은 새로운 관점을 받아들이는 데 도움이 된다.

이러한 깨달음은 우리의 초점을 우리 내면의 자원에 집중하도록 이끌어준다. 내면의 자원은 긍정적인 변화로 계속해서 나아가게 하는 열쇠다. 우리의 기분에 긍정적인 영향을 미칠 뿐만 아니라 근본적으로 더 조화롭고 만족스러운 삶을 만드는 데에도 기여하는 일상 속의 작은 변화들이 첫걸음이 된다.

예를 들어, 든든한 아침 식사는 하루를 편안하게 시작할 수 있게 해줄 뿐만 아니라 그날의 도전들을 이겨낼 만한 에너지를 공급해준다. 좋아하는 음악을 듣는 것은 즐거움을 줄 뿐만 아니라, 내면의 긍정적 감정을 일깨워준다. 좋은 책을 읽으면 영감을 얻거나 잠시나마 걱정에서 벗어날 수 있다. 그런데 이런 것들이 당신의 정신적 면역 체계를 강화시켜줄까? 그렇다! 이렇게 작지만 의미 있는 변화와 조정은 일상의 도전과 삶의 즐거운 순간 사이에서 적절한 균형을 찾는 데 도움을 준다. 당신의 행복과 즐거움을 증진시키는 것들을 의식적으로 일상에서 행함으로써 긍정적인 변화를 위한 지속적인 기반을 만들 수 있다.

우리가 일상생활을 구성하는 방식은 우리의 전반적인 삶의 질에 큰 영향을 미친다. 긍정적인 감정과 의식적인 자기 돌봄은 좋은 하루와 덜 즐거운 하루의 차이를 만든다. 그리고 그렇게 쌓인 날들이 행복한 삶과 덜 만족스러운 삶의 차이를 만든다. 자기 의심을 조장하고 스스로를 압박하라고 미혹하는 이 세상에서는 의식적으로 자기 돌봄과 마음 챙김을 위한 시간을 갖는 것이 중요하다.

자기 돌봄을 통해 우리는 내면의 자원을 재발견하고 강화할 수 있다. 여기에서는 충분한 수면을 취하고 건강한 식단을 섭취하는 것 같은 신체적 측면만 말하는 것이 아니다. 물론 이것도 매우 중요하지만, 여기에서 말하는 자원은 정신적 차원과 감정적 차원도 포함한다. 예를 들어, 일기 쓰기(351쪽 참조) 또는 명상(356쪽 참조)은 우리의 생각을 명확하게 정리하고 삶을 보다 긍정적인 시각으로 바라볼 수 있게 해준다. 자기를 잘 보살피는 또 다른 예는 매일의 루틴을 만들거나 새로운 의식을 만드는 것이다. 아침에 의식적으로 차분하게 차를 한잔하는

× **연습: 간단한 호흡** ×

지금 이 순간에 집중해보자.
지금 무엇을 하고 있는지, 기분이 어떠한지, 몸이 어떤 상태인지(긴장, 이완, 활력…) 느껴보자.
잠시 멈추고 똑바로 서서 눈을 감아보자. 그런 다음, 이 순간 몸에서 느껴지는 것을 의식적으로 감지하자.
머릿속에 어떤 생각들이 지나가고 있으며 매우 편안하다고 느껴지는 것은 무엇인가?
의식적으로 호흡에 집중해보자. 숨을 깊게 들이마시고 공기가 폐로 들어가는 것을 느껴보자. 그런 다음 주위를 둘러보고 마치 당신의 생각을 활짝 열듯이 주위를 둘러싸고 있는 모든 것들을 인지해보자. 아주 넓고 탁 트인 공간에 있을 때와 비슷한 기분이 들 것이다.

시간을 갖거나 하루 중 가끔씩 잠시 멈춰서 호흡운동을 하거나 잠자리에 들기 전에 긍정적인 사건을 떠올려보는 것이다. 이와 같이 사소하지만 규칙적인 행동은 우리의 기분과 일상에 대처하는 방식에 큰 영향을 미칠 수 있다.

마음 챙김을 실천할 수 있는 여러 가지 방법이 있다. 여기에 몇 가지 간단한 팁을 소개한다.

잠시 멈춰서 숨을 들이쉬고 내쉬는 당신의 호흡에 의식적으로 집중해보자. 내 몸 안의 호흡 흐름에 주의를 기울인다.

자신의 감각을 주의 깊게 관찰해보자. 주위에서 일어나는 일을 의식적으로 알아차릴 수 있도록 시간을 갖자. 주위 소리에 귀를 기울여보고, 피부로 온도를 느껴보고, 주위의 냄새를 맡아보고 당신이 먹고 마시는 것의 맛을 의식적으로 음미해보자.

지금 이 순간에 집중해보자. 생각이 과거나 미래로 흘러가지 않게 하자. 지금 일어나고 있는 일에 집중하고 지금 여기에 확고히 있어야 한다.

마음 챙김을 심화하는 구체적인 연습들을 해보자. 마음 챙김 걷기나 마음 챙김 식사와 같은 구체적인 연습을 활용해서 예리한 지각을 키우고 현재 자신의 존재를 강화하자.

당신의 몸에 집중하고 몸의 욕구에 주의를 기울이자. 당신의 몸에 필요한 것이 무엇인지 의식적으로 느껴보는 시간을 갖자. 규칙적인 운동일 수도 있고, 충분한 수면 아니면 건강한 영양 섭취일 수도 있다. 몸의 신호에 주의를 기울이면 신체적 건강과 정서적 평안을 더 잘 돌볼 수 있게 된다.

> **✕ 연습: 물건 인식하기 ✕**
>
> 편안하게 앉아서 눈을 감아보자. 주위에 있는 물건 하나를 선택한다. 펜이나 과일, 작은 장식물 같은 일상적인 것이면 된다.
> 10분 동안 이 물건에 완전히 집중해보자. 조심스럽게 만져보기 시작하면서 질감을 느끼고 모양을 살펴본다. 물건의 냄새를 맡아보고 맛을 느껴보고 입으로 표면을 탐색해보자.
> 이런 감각적 경험을 한 후에는 물건을 설명하는 시간을 가져본다. 물건의 색깔, 모양, 질감, 냄새, 맛에 주의를 기울인다.
> 이 연습을 진행하면서 어떤 물건에 대한 확고한 개념이 이미 머릿속에 자리 잡은 상태에서 물건의 구체적인 특성을 인지하는 것이 얼마나 어려운지 의식해보자. 마찬가지로 우리 이웃, 우리의 직장, 우리의 파트너, 심지어 자기 자신에 대해 이미 확고하게 자리 잡은 개념은 우리가 현실을 제대로 파악하는 데 방해가 될 수 있다. 이미 만들어진 개념은 현상과 우리가 그 현상을 인식하는 것 사이에 존재한다.

다음 연습은 직장에서의 짧은 휴식 시간에, 마트 계산대 대기 줄 앞에서, 횡단보도 앞에서 신호를 기다리는 시간에 충분히 해볼 수 있다.

× 연습: 시각 ×

편안한 마음으로 주변을 둘러보자. 가까운 곳과 먼 곳을 번갈아 바라보자. 색상, 패턴, 모양, 움직임에 주의를 기울여보자. 무엇이 보이는가? 두 번 또는 세 번은 봐야만 비로소 발견할 수 있는 것은 무엇인가? 당신의 주의를 사로잡는 것은 무엇인가?

× 연습: 청각 ×

소리가 어떻게 왔다가 사라지는지 자세하게 들어보자. 거리의 소음, 놀고 있는 아이들의 웃음소리, 음악, 냉장고의 윙윙거리는 소리, 그밖에 많은 소리가 있을 수 있다. 어디서 나는 소리인지 곧바로 찾으려고 하지 말자. 당신을 둘러싸고 있는 모든 소리에 귀를 열어두자.

× 연습: 후각 ×

의식적으로 주변의 다양한 냄새를 맡아보자. 어떤 냄새인지, 그 냄새가 당신에게 어떤 영향을 미치는지 느껴보자.

× 연습: 촉각 ×

손으로 다양한 재료를 느껴보자. 어떤 느낌인지 설명해보자. 청각과 시각 등 다른 감각도 활용해 살펴보자.

× 연습: 명상적 걷기 ×

천천히 그리고 마음을 집중해서 걷는다. 발밑의 땅을 느껴보자. 호흡에

> 주의를 기울이고 몸을 똑바로 세운다.
>
> ### × 연습: 자기 자신 느껴보기 ×
>
> 몸의 느낌을 감지해보자. 판단하지 말고 자신의 감정을 인식하자. 기분이 좋은지 아니면 신경에 거슬리는 것이 있는지 살펴보자.

내면의 힘의
원천 찾아보기

이제 외부 환경이 우리의 행복에 반드시 영향을 미치는 것은 아니며 내면의 변화가 더 효과적이라는 사실을 알게 되었으니, 이러한 내면의 자원을 어떻게 찾을 수 있을지 근본적인 질문이 생긴다. 물론 자기 자신을 알고 무엇이 진정으로 자신을 충만하게 하는지 알아내는 것이 결코 쉽지 않다는 사실을 이미 깨달았을 것이다. 이러한 맥락에서 다음 질문들은 조금 더 명확함이 필요할 때 도움이 될 수 있다.

핵심 질문은 이것이다. 무엇이 나를 진정으로 충만하게 하는가? 특히 행복했거나 성취감을 느꼈던 순간이나 활동을 말하는 것이다. 당신 내면의 행복감을 상승하게 한 것은 정확히 어떤 상황들이었는가?

자신의 강점과 재능을 분석해보는 것도 중요하다. 당신은 어떤 능력을 사용하기 좋아하는지, 어떤 활동이 당신에게 즐거움을 주는지 생각해보자. 당신 개인의 강점과 재능이 내적 충만함에 이르는 열쇠인 경우가 많다.

그다음으로는 당신에게 가장 중요한 가치에 대해 생각해보는 것이다. 당신의 행동을 이끄는 원칙은 무엇이며 이것이 당신의 결정에 어떤 영향을 미치는가? 당신이 중요시하는 가치를 파악하면 개인적 충만함에 이르는 명확한 길을 알게 된다.

자기 성찰은 자신의 가치를 스스로 인정하는 데 방해가 되는 요소들을 분석하는 것도 포함한다. 내면의 장애물을 파악하고 건강한 자기 인식을 높이기 위해서 이를 극복할 방법을 생각해보자. 무엇보다도 어떻게 하면 더 의식적으로 살아갈 수 있을지 생각해보는 것도 도움이 된다. 앞에서 설명한 것처럼 매일 마음 챙김 연습을 하거나 명상, 일기 쓰기 혹은 그저 주변을 의식적으로 경험함으로써 그렇게 할 수 있다. 이런 질문들은 자기 탐색의 출발점일 뿐만 아니라 자기 발견의 전 과정을 관통한다. 이런 질문을 스스로에게 던짐으로써 점차 내면의 자원을 알아차릴 수 있고, 자신의 힘으로 더 충만한 삶으로 가는 길을 열 수 있다.

✕ 연습: 내면의 잠재력 탐색하기 ✕

자신의 능력, 강점, 자원을 의식적으로 따져봄으로써 자신을 더 깊이 이해하고 정서적 행복을 증진하는 것이 목적이다. 우리가 가지고 있는 역량, 긍정적 자질, 취미, 개인적인 성공 및 사회적 지원 시스템에 대한 질문을 통해 우리 내면의 잠재력을 탐색할 수 있다. 또한 이미 입증된 스트레스 대처 전략, 긍정적인 사고 패턴 그리고 유익한 습관들을 찾아내어 자신의 행복을 증진시킬 수 있다.

- 내가 가지고 있는 능력이나 역량 중에 내 삶의 여러 영역에서 나에게 도움이 될 만한 것은 무엇인가?
- 나를 특징짓는 긍정적인 자질과 성격적 특성은 무엇인가?
- 어떤 취미 또는 활동이 나에게 즐거움을 주고 성취감을 느끼게 해주는가?
- 내가 극복해서 이루어낸 개인적인 성공이나 도전 중에서 자랑스럽게 생각하는 일은 무엇인가?
- 나의 사회적 환경 내에 있는 사람들 중에서 나를 지지해주고 이해를 해주는 사람은 누구인가?
- 과거에 사용해보고 효과가 있었던 스트레스 대처 전략이 있는가?
- 어려운 상황에 대처하는 데 도움이 되는 특정 신념이나 긍정적인 사고 패턴을 가지고 있는가?
- 내게 행복감을 주는 의식이나 습관은 무엇인가?
- 나의 자원을 확장하기 위해 어떤 학습 또는 자기 계발의 기회를 활용할 수 있는가?
- 나의 감정적 기반을 튼튼하게 다지기 위해서, 나의 관심사와 내가 열정적으로 좋아하는 일들을 나의 일상에 더 잘 적용할 수 있는 방법은 무엇인가?

우리 주위에 있는 사람들의 힘

사회적 교류는 우리의 행복과 정신 건강을 위해 매우 중요하다. 다른 사람들과 대화하고 함께 시간을 보내면 기분이 좋아질 뿐만 아니라 자기 자신에 대해서도 많이 배우게 된다. 친구, 가족 또는 동료들은 우리를 지지해주고 우리를 이해하고, 소속감을 느끼게 해줄 수 있다. 적어도 그들이 정신적 독을 품은 사람들이 아니라면 말이다.

당신이 현재 직장에서 스트레스를 많이 받고 있거나 전반적으로 매우 불안감을 느끼고 있다고 상상해보자. 이럴 때 친구나 가족과 이야기를 나누면 기분이 한결 나아질 뿐만 아니라 내가 무엇을 잘하고 내게 어떤 자원이 있는지 깨달을 수 있다.

당신이 맺고 있는 관계들은 스트레스와 문제들을 막아주는 보호막과 같다.

사회적 접촉이 많은 사람들이 더 행복하다는 사실을 보여주는 여러 연구가 있다. 다른 사람들과 함께 웃거나 경험을 공유하면 삶을 보다 긍정적으로 바라보게 된다. 또한 대화는 다른 사람들의 다양한 관점을 이해하고 다른 사람들로부터 배울 수 있게 해준다. 서로가 서로를 지지할 때 인생의 어려운 일에 대처하기가 더 쉬워진다. 스트레스가 일상이 되어버린 세상에서 우정과 관계의 힘은 다른 사람들과 좋은 시간을 보내는 것이 중요하다는 사실을 보여준다. 개인적으로 메시지를 주고받거나 함께하는 활동을 통해 쌓은 유대감은 인생의 오르막과 내리막을 극복하고 강인함을 유지할 수 있도록 도와주는 슈퍼히어로와 같다.

독이 되는 관계가 끝난 후에도 다른 사람들의 지지는 우리의 감정적 회복탄력성과 저항력을 강하게 만들어줄 수 있다. 때로는 사회적 환경이 우리가 독이 되는 영향력으로부터 벗어날 수 있도록 지원하고 격려해준다. 둘은 언제나 혼자보다 더 강하다.

> ✕ **혼자 있지 말자** ✕
>
> 인간관계와 동료애는 회복탄력성의 중요한 요소라는 사실을 잊지 말자. 당신이 진정으로 믿고 의지할 수 있는 애착 대상은 우리의 행복에 중요한 역할을 한다. 심지어 피상적인 상호작용조차도 일상생활에서 긍정적인 기분을 만드는 데 기여할 수 있다.

다음의 연습은 당신이 깊이 생각해보도록 유도하고 당신의 사회적 환경을 자세히 살펴볼 기회를 제공한다. 우리가 어떤 사람들에 둘러싸여 지낼지 의식적으로 결정하는 것이 왜 그렇게 중요한지 함께 알아보자. 그리고 이것이 우리의 행복, 발전, 우리 일상의 평안에 어떻게 지속적으로 영향을 미치는지 알아보자. 우리는 질문들을 통해 어떤 사람들이 당신을 지지하고, 도전하게 만들고, 격려하는지 그리고 어떤 사람들이 당신의 목표와 가치관에 부합하지 않은지 명확하게 구분할 수 있게 된다.

한 가지 당부하고 싶은 것은, 회복탄력성을 강화함으로써 우리가 얻을 수 있는 것들이 많지만 그렇다고 해서 회복탄력성을 우리의 모든 문제에 대한 해결책으로 바라보거나 심지어 독이 되는 행동 방식을 그냥 받아들이고 의문을 제기하지 않는 실수를 범해서는 안 된다. 문제가 있는 관계를 맺고 있다면 그 문제를 집중적으로 파헤치고, 해가 되는 행동을 분명히 언

연습: 당신에게 이로운 사람은 누구인가?

다음 질문에 대해 의식적으로 생각을 해보면 당신이 맺고 있는 사회적 관계를 깊이 통찰하게 되고, 진정성 있고 만족스러운 관계를 당신의 삶에 통합하는 길을 찾을 수 있을 것이다.

- 당신의 인생에서 어떤 사람들이 당신의 목표를 지지해주고 최선을 다하도록 격려해주는가?
- 긍정적인 에너지를 주고 도전에 맞설 수 있도록 동기부여를 해주는 사람은 누구인가?
- 당신의 개인적 발전에 영감을 주고 지지해주는 사람을 식별할 수 있는가?
- 친구나 가족 중에서 당신에게 관심을 기울여주고 당신의 욕구와 소망에 관심을 보이는 사람은 누구인가?
- 당신의 삶에 긍정적인 태도와 낙관적인 관점을 가져다주는 사람들이 있는가?
- 성장하고 배울 수 있는 지지적인 환경을 제공해주는 관계를 맺고 있는가?
- 특정 사람들과 함께 시간을 보낼 때 어떤 기분이 드는지 자기 자신을 관찰해보자. 당신을 미소 짓게 하는 사람은 누구이며, 불편하거나 스트레스를 주는 사람은 누구인가?
- 힘들 때 내 편이 되어주고 정서적 지지를 해준 사람은 누구인지 생각해보자.
- 당신의 삶에서 정기적으로 부정적인 스트레스나 불안감을 유발하는 관계가 있는지 곰곰이 생각해보자.
- 당신을 변화시키려고 하지 않고 당신의 가치관과 삶의 원칙을 지지해주는 사람은 누구인가?

급하고 자신의 관심사에 집중할 것을 권하고 싶다.

만약 당신의 인생에서 가장 중요한 사람들에게 오늘부터 마음을 더 열기 시작한다면 어떤 일이 일어날까? 가족, 학교, 직장에서 당신이 그토록 간절히 원했던 변화를 당신이 주도할 수 있다면 어떨까? 오늘부터 가까운 사람들이 당신에게 거는 기대에 신경 쓰는 대신 자신에게 충실할 수 있다면 어떨까?

일상에서
실천 가능한 습관

여기에서는 삶을 보다 의식적이고 목표 지향적으로 살아가는 데 도움이 되는 구체적인 방법들을 제시해보려고 한다. 대단히 복잡한 아이디어라기보다는 이미 많은 사람들에게 효과가 있었던 실용적인 방법들로, 독이 되는 관계에서뿐만 아니라 일상적인 상황에서도 유용하게 적용할 수 있다. 성공의 열쇠는 이런 방법들을 지속적으로 사용하고 모든 경험으로부터 배우려는 당신의 의지다. 연습을 통해 얻은 깨달음을 되돌아보고 이를 당신의 삶에 적용할 수 있는 방법을 찾는 시간을 갖자.

다음은 복잡한 해결책을 찾으려고 하기보다는 작고 구체

적인 단계를 밟아야 한다는 것을 보여준다. 자신을 발전시키는 일은 지속적인 과정이라는 사실을 기억해야 한다. 비록 작은 발걸음이라도 큰 효과를 발휘할 수 있다. 변화에 마음을 열고, 이런 연습을 당신의 일상에 녹여보자. 그러면 얼마 지나지 않아 자신의 긍정적인 변화를 느낄 수 있을 것이다. 예를 들어, 하루 중 단 7분만 명상을 해도 집중력이 향상되고 평안함을 찾을 수 있다는 사실이 입증된 것을 알고 있는가? 작고 규칙적이고 좋은 습관들은 실제로 당신의 삶에 엄청난 영향을 줄 수 있다. 여행을 떠날 준비가 되었는가? 그렇다면 함께 출발하자!

일일 저널링

일일 저널링Journaling(자신의 생각과 감정 위주로 써내려 가는 기록-옮긴이 주)과 일기 쓰기 또는 생각과 경험을 정리해두는 것에는 수많은 심리적 이점들이 있다. 자기 성찰을 돕고 자신의 생각과 감정을 의식할 수 있게 해준다. 또 자신의 감정을 더 잘 정리하고 트리거를 파악할 수 있게 된다. 그래서 감정이 쌓이지 않게 해, 감정이 어느 순간에 한꺼번에 터져 나오는 것을 방지할 수 있다.

> **× 트리거 ×**
>
> 강한 감정적 반응이나 기억을 불러일으킬 수 있는 특정 자극, 사건, 상황을 심리학에서는 트리거Trigger라고 부른다. 감정적 반응은 두려움과 분노, 기쁨에 이르기까지 다양하다. 트리거는 냄새, 소리, 그림과 같은 다양한 감각 자극이나 특정한 단어 또는 상황에 의해 촉발될 수 있다. 대부분의 경우 트리거는 외상 후 스트레스와 관련이 있으며 원하지 않은 심리적 또는 신체적 반응을 일으킬 수 있다.

저널링의 하위 형태로는 감사 일기가 있다. 매일 감사한 일 세 가지를 기록하는 것이다. 항상 거창한 것일 필요는 없고, 파란 하늘에 대한 감사만으로도 충분하다. 성공한 일과 긍정적인 경험을 감사 일기에 적고, 실수와 일상의 도전도 받아들이게 되면 자신감과 자기 수용에 매우 긍정적인 영향을 준다.

규칙적으로 글을 쓰면 더 창의적으로 사고하고 문제를 바라보는 새로운 관점을 찾는 데 도움이 된다. 또한 명확한 목표를 설정하고 개인적 성장에 동기부여가 되는 비전을 만드는 데에도 도움이 된다. 잠자리에 들기 전에 생각을 적어두는 습관은 수면의 질이 개선되는 효과도 불러온다. 마음을 안정시키고 더 나은 수면을 돕기 때문이다. 동시에 저널링은 현재 순간의 존재감을 강화하여 마음 챙김을 잘 할 수 있게 해준다.

치료 수단으로서의 일기 쓰기는 삶의 변화를 받아들이게 하고 적응과 개인적 성장을 위한 공간을 제공해준다. 일일 저널링은 전반적으로 당신의 정신 건강을 개선해주기도 한다. 불안과 우울증의 증상을 완화시키고 감정적 어려움을 처리할 수 있는 안전한 공간을 만들어준다. 따라서 일일 저널링은 단순한 습관이 아니라 정신 건강에 매우 긍정적인 영향을 미치는 강력한 실천이다.

× **연습: 저널링** ×

- 하루의 생각, 감정, 경험 등을 기록하는 일기를 써보자.
- 긍정적인 순간, 힘든 도전들 그리고 가능한 해결책을 되돌아보자.
- 내일을 위한 명확한 목표를 설정하고 이를 어떻게 달성하고 싶은지 기록해보자.

확언과
긍정적인 사고

확언은 긍정적인 태도를 향상시키고 자신감을 높여주고 잠재의식에 좋은 영향을 미치는 문장들이다. 자신에게 긍정적인 말을 크거나 작은 소리로 반복해서 말하거나 적어두면 생각과 행동에 더 나은 방향으로 영향을 미칠 수 있다. 자기 자신에 대한 긍정적인 말을 규칙적으로 하면 자신감을 높일 수 있다. 또한 긍정적 확언은 긍정적인 자아상 확립에도 도움이 된다. 긍정적인 측면에 집중하면 삶에 대한 낙관적인 시각을 강화할 수 있으며 긍정적인 결과를 얻을 수 있다는 확신을 높여준다. 그리고 긍정적 확언은 신경계를 안정시키기 때문에 스트레스를 감소시키는 효과가 있으며 도전에 적극적으로 대응할 수 있도록 해준다.

규칙적으로 자신을 사랑한다는 확언을 통해 자신에 대한 긍정적인 태도를 발달시킬 수 있고 자신의 약점을 더 잘 받아들일 수 있게 된다. 또한 확언을 활용해서 우리의 행동과 결정에 영향을 미치는 낙관적인 신념을 견고하게 할 수 있다. 긍정적인 결과를 상상하고 적절한 문장을 통해 내면화하면, 목표를 달성하고 장애물을 극복하는 우리의 능력에 대한 믿음을 강화하는 데 도움이 된다.

그밖에 확언은 우리의 심리적 저항력을 높여준다. 힘든 상황에서 부정적인 감정을 극복할 수 있도록 도와주기 때문이다. 또한 확언은 자기 동기부여의 원천으로, 개인의 강점을 상기시키고 낙관적이고 활기찬 사고방식의 발달을 돕는다. 만약 당신이 확언과 긍정적 사고를 의식적으로 적용하면 행복감을 지속적으로 강화하는 매우 강력한 전략을 사용하게 되는 것이다.

> **× 연습: 확언을 통해 더 강해지기 ×**
>
> - 나의 목표와 가치관에 맞는 긍정적인 확언 목록을 작성해보자. 예를 들어 "나는 나 자신의 최고 버전이다", "나는 긍정적인 사람들만 끌어당긴다" 또는 "나는 행복하고 건강하다" 등과 같은 문장들이다.
> - 이런 확언을 하루에 여러 번 거울 앞에서 큰 소리로 말해보면서 자신감을 키우자.

시각화

시각화는 목표를 실현하고 삶에 긍정적인 변화를 이끌어내는 또 다른 강력한 방법이다. 자리에 앉아 눈을 감고, 당신이 목표를 실현하는 모습을 상상해보자. 마침내 정신적 독을 품은 사람에게서 벗어나는 데 성공한다면 당신의 삶은 어떤 모습일까? 부모님과 다시 한 테이블에 앉을 수 있으려면 무엇이 달라져야 할까? 당신이 생각하는 완벽한 작업환경은 어떤 모습인가? 이 모든 것을 가능한 한 자세하게 상상해보자. 무엇이 보이는가? 어떤 냄새와 맛을 느끼는가? 당신은 어떤 옷을 입고 있는가? 여름인가? 봄 아니면 가을인가? 내면의 이미지를 더 자세하게 그려볼수록 당신의 잠재의식은 당신이 보는 현실을 더욱 확신하게 된다.

　이런 기법은 동기부여를 높여줄 뿐만 아니라 자기 효능감을 강화한다. 시각화 대신에 당신에게 긍정적인 자극을 주는 이미지를 인쇄하여, 비전 콜라주(목표와 꿈을 나타낸 그림이나 사진 모음-옮긴이 주) 같은 식으로 활용할 수도 있다.

명상

　명상은 마음을 진정시키고 내면의 평화를 찾게 해주는 아주 오래된 수련법이다. 힘든 시기에 기분이 나아지고 생각을 정리하는 데 도움이 된다. 또한 자신에 대해 더 깊이 생각하고 자신을 이해하고 자신의 강점과 약점을 더 잘 인식할 수 있게 된다.

　특히 스트레스가 심한 시기라면 일하는 도중에, 집에서, 산책하다가 단 5분의 명상만으로도 큰 효과를 볼 수 있다.

> **× 연습: 기본 명상 ×**
>
> ① 앉거나 누울 수 있는 조용하고 편안한 장소를 찾는다.
> ② 눈을 감고 몸을 이완한다.
> ③ 호흡에 집중해서 숨이 코로 들어오고 나가는 것을 느낀다.
> ④ 생각이 왔다가 사라지도록 내버려두고 생각에 휘말리지 않도록 한다.
> ⑤ 주의가 산만해지면 부드럽게 다시 호흡을 관찰하는 단계로 돌아간다.
> ⑥ 이런 상태를 몇 분간 유지한다.
> ⑦ 천천히 눈을 뜨고 평온하고 명료해진 마음을 일상으로 가져간다.

독이 되는 관계를 맺고 있는 사람에게 명상은 그런 관계가 일으키는 특정 문제들을 다루는 데 도움이 되고 치유가 되는 시간이다. 독이 되는 관계는 감정적으로 지치게 하고 자존감에 깊은 상처를 남기며, 정서적 평안에 부정적인 영향을 끼친다. 이러한 상황에서 명상은 감정의 균형을 찾고, 자기 돌봄을 실천하고 내면의 힘을 키울 수 있게 해준다. 다음에 소개하는 명상은 특히 독이 되는 관계에 있는 사람이 자신의 감정을 건강하게 다루는 방법을 계발하도록 돕는다.

✕ 연습: 마음 해독 ✕

독이 되는 관계에 있는 사람들을 위한 이 명상 지침은 자기 성찰, 자기 연민, 자기 강화의 기회를 제공한다. 이렇게 해서 자신의 욕구를 인식하고, 경계를 설정하고, 긍정적인 변화를 불러올 수 있다.

- 준비: 방해받지 않고 명상할 수 있는 조용하고 안전한 장소를 찾는다. 편안한 자세로 앉아서 눈을 감고 심호흡을 몇 번 하며 중심을 잡는다.
- 자기 성찰: 독이 되는 관계와 관련된 자신의 감정과 생각에 집중하자. 어떤 판단이나 자기비판 없이 자신이 무엇을 느끼는지 그리고 이 감정이 당신의 몸에서 어떻게 표현되는지 알아차리자.
- 자기 연민: 애정과 연민을 가지고 자기 자신에게 다가가자. 자신의 감정을 판단 없이 받아들이고, 독이 되는 관계에서 고통받는 것은 정상이라는 사실을 기억하자. 자기 자신에게 "내가 고통스러운 것은 괜찮아. 나 혼자만 이런 감정을 느끼는 것은 아니야"와 같이 공감해주는 말을 해보자.
- 부정적인 것들 놓아주기: 독이 되는 관계로 인한 모든 부정적인 감정과 생각을 가상의 풍선 안에 집어넣는다고 상상해보자. 깊게 숨을 들이마시고 내쉬면서 이 풍선을 부드럽게 놓아주고 날려 보내는 모습을 머릿속에 그려보자. 놓아주고 잠깐이라도 이러한 부담으로부터 자유로워지자.
- 자신의 욕구를 명확히 하기: 명상을 통해서 자신의 욕구와 경계를 탐색해보자. 안정, 사랑 그리고 존중받는다고 느끼려면 무엇이 필요한지 스스로에게 물어보자. 자신의 가치와 목표에 더 강하게 집중하자.
- 자신감 키우기: 나는 강하고, 자의식이 있는 사람이고, 나를 위한 건강한 결정을 내릴 수 있는 상태라는 것을 시각화하자. 독이 되는 관

> 계에서 벗어나 내면의 힘을 강화하고 자신감을 키우는 모습을 상상해보자.
> - 감사와 긍정: 독이 되는 관계를 제외한 내 삶과 다른 관계의 긍정적인 측면에 주의를 집중하자. 다른 사람에게서 받은 지지와 사랑, 그리고 더 건강한 미래에 대한 희망에 집중하자.

독이 되는 관계에서는 경계를 설정하는 것이
자존감을 지키는 방법이다

힘든 시기에 또는 특히 스트레스를 많이 받는 인간관계에서 무력감과 공허함을 느끼게 되는 경우가 있다. 문득 막다른 골목에 갇혀 있고 벗어날 방법이 없을 것 같은 느낌이 든다. 하지만 걱정할 필요는 없다. 이런 비참한 상황에서 벗어날 수 있는 길이 있다! 상황이나 주변 사람들에 대한 불평을 멈추고 더 이상 피해자 역할에 머물러 있지 않게 되면 자기 결정을 향한 중요한 발걸음을 내디딜 수 있다.

때때로 우리 인간은 불만족스러운 상태에 안주하며 그 상태가 너무 익숙해서 심지어 편안함을 느끼기도 한다. 어쩌면 당신의 몸과 영혼은 불행한 것이 정상이라고 이미 습득했거나, 무엇인가 압박감을 느낄 때만 안전하다고 느낄 수도 있다. 만약 당신의 삶을 새롭고 건강하게 재정비하고 싶다면 자신의 경계를 인식하고 그 경계를 제대로 설정하는 법을 배워야 한다. 이는 어떤 사람들 그리고 어떤 종류의 인간관계가 나에게 좋은지, 어떤 관계가 그렇지 않은지 알아야 한다는 것을 의미한다.

자신의 개인적 경계가 어디인지 깨닫고 그 경계를 존중해야 한다. 이것은 당신의 자존감을 위해 중요하기 때문이다. 이는 또한 당신의 정신 건강에 좋지 않거나 심지어 해를 끼치는 사람이나 상황으로부터 거리를 두어야 한다는 것을 의미한다. 자신의 소망과 욕구를 명료하고 분명하게 전달하고 옹호하는 방법을 배워야 한다는 뜻이기도 하다. 삶의 다양한 영역에서 명확한 경계를 설정해야만 독이 되는 사람들에 대한 면역력을 키울 수 있다.

그러기 위해서는 명확하고 분명하게 거절할 수 있는 힘을 키우고 당신의 개인적인 경계를 전달해야 한다. 이는 직업적, 개인적, 사회적 영역에 똑같이 적용된다. 부적절한 행동이나 우리를 향한 기대를 통해 우리의 경계를 침범하는 사람을 마주할 때가 있다. 이러한 상황을 알아차리고 정확하게 분석하는 것이 중요하다. 명확한 경계를 설정하지 않아서 당신의 기분과 자존감에 어떤 영향을 미쳤는가? 예를 들어, 누군가 당신이 실제로는 들어주고 싶지 않은 부탁을 해왔는데 예의상 또는 갈등이 두려워서 감히 거절하지 못하고 불쾌한 상황에 빠져버렸을 수 있다. 이러한 행동 패턴은 정신적 면역 체계에 부정적인 영향을 미치며 당신은 압도당하거나, 착취당하거나 불편함을 느낄 수 있다. 이럴 때 당신은 아마도 기분이 나빠지거나 심지어 또다시 자신을 지킬 용기를 내지 못했다고 자책하기도 한다.

자신의 욕구를 위해 목소리를 내고 정신적 독을 품은 사람들의 부적절한 행동으로부터 자신을 보호하는 것은 약점이 아니라 강점이다.

× 연습: 거절의 힘-주체적으로 경계 설정하기 ×

우선 당신이 맺고 있는 힘든 관계 내에서 당신이 가지고 있는 욕구와 경계에 대해 생각해보는 시간을 갖자. 어떤 상황에서 불편함을 느끼거나 경계를 침범당했다고 느끼는가? 이때 자기 신체 신호에 주의를 기울여보자. 기분이 좋지 않거나 특정 행동 방식이 당신을 불행하게 만든다면 의식적으로 몸을 느껴보고 이러한 신호를 진지하게 받아들여야 한다. 그런 다음 명확하게 거절하는 연습을 하자. 이것은 정중하지만 단호하게 거부 의사를 전달해야 한다는 것을 의미한다. 핑계를 대거나 사과하지 말고 진정성 있는 거절의 태도를 유지해야 한다.

기습적인 질문이나 갑작스러운 부탁을 받은 자리에서 그것을 감당할 능력이 있는지 스스로도 아직 잘 모르는 경우, 또는 선을 넘는 매우 개인적인 질문을 맞닥뜨린 경우 잠시 시간을 내어 이렇게 답해보자. "질문에 대해 잠깐 생각해보겠습니다. 두 시간 후에 알려드리겠습니다."

자신감과 자존감을 키우기 위해 노력하자(176쪽 참조). 자신의 욕구를 위해 목소리를 내도 괜찮다는 사실을 기억하자. 긍정적인 자기 대화를 연습하고 의식적으로 자신 있게 거절하는 자신의 모습을 상상해보자.

경계를 설정했다는 이유로 상대방이 화를 낸다면 침착함을 유지하고 당신의 안전에 주의해야 한다. 차분한 어조로, 당신의 감정을 명확하고 정중하게 표현하자. 상대방의 감정을 이해하지만 당신의 경계도 존중해야 한다는 점을 알려주자. 논쟁이나 공격적인 다툼에 휘말리지 않도록 조심하자. 상대방에게 다시 진정할 수 있는 시간적 여유를 주되, 계속해서 설정한 경계를 단호하게 지키자. 나중에 감정이 가라앉은 후에 다시 대화를 이어가는 것이 도움이 될 수 있다.

× **거절에 대한 보상** ×

당신이 거절하고 경계를 지키는 데 성공한 모든 상황에 대해 스스로 보상을 해주자. 이렇게 하면 자존감이 높아질 뿐만 아니라 계속해서 자기 자신을 옹호할 수 있는 동기부여가 된다.

마음 치유

상대방이 당신을 지지해주거나 이해해주지 않는 것 같은 관계를 맺고 있다면 자신에 대한 의심과 자신이 무가치하다는 느낌이 생길 수 있다. 독이 되는 사람의 행동이 아니라, 자신의 감정과 인지가 당신의 경험을 결정한다는 사실을 기억하자. 자기 자신을 다시 찾기 위해서는 자기 연민과 자기 수용이 매우 중요하다.

방해받지 않는 시간과 장소를 정해 의식적으로 자기 자신과 시간을 보내면서 억압된 감정들이 올라오는 것을 허용하자. 예를 들어 독이 되는 관계에 계속 머물게 하고 상대에게 의존하게 만든 과거의 고통스러운 감정과 마주하는 것을 의미한다. 우리는 이런 관계에서 스스로 벗어남으로써 자기 자신을 찾고 내면의 힘을 재발견할 기회를 얻는다. 내면의 모든 부분을 포함해서 자신을 있는 그대로 받아들임으로써, 자신과 깊은 유대감을 형성할 수 있고 다른 사람들과 더 건강한 관계를 만들어갈 수 있다. 자신을 소중히 여기지 않거나 자신을 충분히 존중하지 않으면 계속해서 자신에게 해가 되는 관계 또는 상황에 처해 있는 자기 자신을 발견하게 될 것이다. 당신은 사랑받고 존중받을 자격이 있다는 것, 그리고 스스로의 삶을 긍정적으로 변화시킬 수 있는 힘을 가지고 있다는 사실을 기억하자. 정신적 독을 품은 사람을 졸졸 쫓아다니는 것을 멈추고 자신을 사랑스럽게 돌보기 시작할 때 비로소 당신의 삶에 변화를 위한 문이 열리게 된다.

× 연습: 긍정적인 자기 대화를 통한 내면의 낙관주의 ×

방해받지 않는 조용하고 아늑한 곳에 앉아서 자기 자신에게 사랑, 공감, 지지를 표현하는 편지를 써보자.
우선 자신의 어떤 특징들을 소중히 여기는지 그리고 자신을 위해 존재하는 것이 왜 그렇게 중요한지 스스로에게 말하는 것부터 시작해보자. 다음 질문에 대해 생각해보자.

- 어떻게 하면 나 자신을 더 사랑스럽게 대할 수 있을까?
- 나 자신을 잘 돌보기 위해 내가 할 수 있는 일은 무엇일까?

아이디어를 모아보자. 작은 몸짓으로 자신에게 사랑을 표현할 수도 있고 긴장을 풀어주는 목욕, 자연 속에서 산책하기 또는 오디오북 듣기 등 일상에서 작은 마음 챙김을 실천할 수도 있다(335쪽 참조). 자신을 격려하고 지지하기 위해서 오직 긍정적이고 기운을 북돋우는 말만 사용하자. 자신이 소중한 존재이며 자신을 사랑하고 자신을 잘 돌볼 자격이 충분하다는 것을 반복해서 떠올려본다.
자신에 대한 사랑과 자기 돌봄에 대한 기억이 필요한 순간마다 찾아서 반복해서 읽어볼 수 있는 곳에 사랑의 편지를 보관하자.

영혼을 위한 해독
- 정신적 독을 품은 사람으로 인한 금단증상

정신적 독을 품은 관계에서 벗어나기 시작하면 그때부터 진정한 자신을 찾아가는 여정이 시작된다. 과거의 관계에서 비롯된 정리되지 않은 감정의 짐들이 여전히 내 안에 얼마나 많이 쌓여 있는지를 깨닫게 될 것이다. 심지어 당신이 관계에서 억눌러왔던 분노나 슬픔이 솟구치는 것을 느낄 수도 있다. 당신은 독이 되는 상대방을 잃을지도 모른다는 두려움 때문에 그동안 자신의 욕구를 얼마나 자주 뒷전으로 미뤄왔는지 마침내 명확하게 볼 수 있다. 있었던 모든 일을 그대로 받아들이고 이런 모든 감정들을 허용하는 것은 큰 도전이 될 수 있다. 마침내 내면적으로도 이 관계에서 벗어나겠다는 결단을 내릴 때 고통은 마치 실제 금단증상처럼 느껴질 수 있다. 내면을 깨끗이 정리하고 평온을 찾는 것이 중요하다. 자신의 감정을 알아차리고 판단 없이 받아들이기 위한 시간을 가져야 한다.

과거에서 벗어날 때 정신적으로 새로운 삶에 맞추는 것이 중요하다. 삶의 다양한 영역들을 앞으로 어떻게 만들어가고 싶은가? 당신에게 정말 중요한 것은 무엇인가? 연인, 친구, 가족, 직장 등에서 건강한 인간관계가 어떤 모습일지 생각해보자. 다른 사람의 어떤 특징과 자질을 존중하는지, 행복을 느끼려면 주위 환경이 어떠해야 하는지 생각해보자. 당신이 생각하는 이상적인 삶을 시각화해보고 그런 이상에 더 가까워지기 위해 어떤 조치를 취할 수 있는지 생각해보자. 자신에게 친절하고 공감하는 사람이 되고, 실수도 하고 그 실수에서 배울 수도 있도록 허용해주자.

모든 치유 과정은 시간이 걸리며 결국 자신을 재발견하고 자신의 욕구와 소망을 충족시키는 삶을 살아가는 것이 중요하다.

× 연습: 꿈에서 실행으로, 현실적인 목표 설정하기 ×

우선 당신의 삶에서 개선하거나 바꾸고 싶은 부분들과 관점들을 적어보자. 예를 들어 근무 시간 단축, 임금 인상 또는 일하는 시간과 여가 시간의 명확한 구분 등이 있을 수 있다. 모호한 표현은 피하고 당신이 기피하는 일 대신에 꼭 하고 싶은 일에 집중하자.
가능하면 'SMART'한 목표를 설정하자. 목표는 구체적이고 specific, 측정 가능하고 measurable, 달성 가능하며 achievable, 유의미하고 relevant, 시간적 관련성이 있어야 한다 time-related. 정신적 독을 품은 사람과의 관계에서 SMART한 목표를 설정하는 방법의 예시는 다음과 같다.

- S: 나는 정신적 독을 품은 파트너와의 관계를 끝내고 나의 정신 건강을 다시 최우선으로 생각하려고 한다.
- M: 나는 앞으로 3개월 이내에 필요한 조치를 할 것이다. 장기적으로 독이 되는 사람에게서 벗어날 수 있도록 집을 구하고, 살림살이를 나누고….

- A: 이별하는 과정에서 주변(친구, 가족, 상담 치료사)으로부터 필요한 정서적 지원을 받을 것이다.
- R: 이런 독이 되는 관계를 끝내면 나의 정서적 건강을 개선할 수 있고 마침내 긍정적인 변화와 건강한 관계를 위한 여지를 마련할 수 있다.
- T: 나는 앞으로 3개월 이내에 정신적 독을 품은 상대와의 이별을 이행하고, 올해 말까지 안정적인 감정 상태를 달성할 수 있도록 계획을 세우고 조치를 취할 것이다.

× **목표를 긍정적으로 표현하기** ×

긍정적으로 표현된 목표는 낙관적인 태도를 발전시키고 적극적으로 행동하게 만든다. 목표를 그 자체만 따로 떼어서 생각하지 말고 더 큰 맥락에서 바라봐야 한다. 인생은 예측 불가능하고, 예기치 않은 어려움이 발생할 수 있다. 당신의 목표를 조정할 준비가 되어 있어야 하고 경험을 통해 배워야 한다. 앞으로도 계속해서 목표가 당신의 욕구와 포부에 부합하도록, 목표를 정기적으로 검토하고 조정하자.

미래를 향한 시선 전환:
긍정적인 것은 붙잡고
독이 되는 것은 놓아주자

우리는 누구나 저마다의 짐을 짊어지고 살아가지만, 때로는 짐을 내려놓는 것이 중요하다. 우리가 질병, 트라우마, 상실 등으로 좌절을 겪은 과거를 바꿀 수는 없다. 다만 우리는 언제 과거를 놓아주고 미래에 더 초점을 맞출지 결정할 수 있다. 다시 말해 과도한 고민을 멈추고 우리 앞에 놓여 있는 미래에 집중할 수 있다.

무언가를 놓아주는 것은 언제나 하나의 과정이며 하룻밤 사이에 일어나지 않는다. 우리는 오래된 독이 되는 파트너 관계, 친구 관계, 행동 패턴 또는 사고 패턴을 놓아버리고 긍정적인 변화를 위한 공간을 만들고 싶지만 그리 쉽게 되지 않는다.

이럴 때는 잠시 멈추고 자기를 성찰하는 것이 중요하다. 내가 아직도 붙잡고 있는 것은 정확히 무엇인가? 여기에는 인간관계 외에도 감정, 취미, 사고 패턴, 좋은 신념과 나쁜 신념 등이 있다.

- 당신의 친구 관계는 어떤 좋은 특성이 있는가? 정신적 독을 품고 있다고 묘사할 만한 친구가 있는가?
- 당신의 인간관계에서 어떤 긍정적인 측면이 보이는가? 그런 관계의 부정적인 측면도 항상 고려해야 한다.
- 당신이 앞으로도 계속해서 가져가고 싶은 긍정적인 사고 패턴과 유익한 신념이 있는가? 반대로 더 이상 함께하고 싶지 않은 부정적인 사고 패턴과 독이 되는 신념도 분명히 있을 것이다.
- 당신은 어떤 감정을 더 자주 느끼고 싶고 어떤 감정을 줄이고 싶은가? 이때 독이 되는 사람들과의 갈등 상황도 떠올려보자.
- 당신에게 정말 만족감을 주고 앞으로도 계속해서 삶의 일부로 남아 있기를 바라는 취미가 있는가? 아니면 별로 원하지 않고 부담스러운데도 계속해서 하고 있는 일들이 있는가?

아직도 붙잡고 싶은 것이 무엇인지 스스로에게 물어보자. 좋은 장점들인가, 인간관계 또는 우정인가? 아마도 그럴 것이다. 그런데 혹시 정신적 독을 품은 사람들도 붙잡고 싶은가? 무언가 바꿀 용기가 있는가? 이 책에서 소개한 연습을 통해 상황을 더 명확하게 파악하고 놓아주는 과정을 시작할 수 있도록, 하나하나 다 기록해보자. 이때 시간제한을 엄격히 두지 않도록 한다. 당신이 내린 결정을 오늘 당장 실행에 옮겨야 하는 것은 아니다.

예를 들어, 아버지와의 관계를 끝내고 싶다고 적었다면 이때 자신의 감정을 느껴보자. 어떤 부정적인 감정들이 올라오는지 그리고 그 이유가 무엇인지 생각해보자. 어쩌면 "나는 상실이 두렵고 나를 있는 그대로 받아줄 사람을 다시는 만나지 못할까 봐 두렵다"와 같은 감정일 수 있다.

이런 과정을 내면의 자유와 긍정적인 변화를 향한 발걸음으로 삼아보자. 자신이 붙잡고 싶은 것이 무엇인지 명확히 파악해야 한다. 이것은 당신의 관계, 사고 패턴 및 감정을 더 자세히 살펴보는 자기 성찰을 향한 발걸음이다. 긍정적인 것을 붙잡는 것은 당신의 행복을 증진시키는 반면 독성을 알아차리는 것은 당신에게 놓아주는 과정을 시작할 기회를 제공한다.

우리가 무엇을 계속 붙잡고 싶어하는가에 대한 질문은 우리의 욕구

와 소망을 더 깊이 이해하게 해준다. 우리를 강화하거나 제한하는 신념에 대한 명확한 파악은 우리가 다음 발걸음을 내디딜 수 있도록 확실한 행동 방침을 제시해준다.

독이 되는 관계에 의문을 제기하거나, 부담스러운 사고 패턴을 깨뜨리거나, 더 만족스러운 취미를 찾는 것과 상관없이 놓아주는 길은 곧 성장의 길이기도 하다. 이 길에서 한 걸음 한 걸음 내디딜 때마다 자신의 진정한 욕구에 더 부합하는 삶에 가까워진다.

놓아주기
- 내면적 해방을 위한 단계별 가이드

감정적으로 얽혀 있는 사람들, 정신적 독을 품은 사람들 또는 장소를 구체적으로 어떻게 놓아줄 수 있을까? 힘겨운 사건에서 벗어나 어떻게 새로운 길을 걸어갈 수 있을까? 다음 다섯 단계가 성공으로 이끌어줄 것이다.

① 현실의 거울: 경험에서 지혜 얻기
현실에 맞서 끊임없이 싸우는 대신에 현실을 있는 그대로

인정하는 것에서부터 시작한다. 이미 일어난 일을 끊임없이 붙잡고 있으면 귀중한 에너지와 시간을 빼앗기고 정신적 면역 체계에 부담을 주게 된다. 따라서 과거 상황에 집착하지 말고 현재에 초점을 맞추는 것이 중요하다. 그때 이랬어야 했는데, 하는 생각에 골몰하는 대신 경험에서 배우고 그로 인해 자신에게 어떤 새로운 기회가 열렸는지 스스로에게 물어보는 것이 중요하다.

그러기 위해서 자신을 성찰해야 한다. 그 경험은 나에게 어떤 메시지를 주었는가? 그 결과 나에게 어떤 예상치 못한 길이 열렸는가? 앞으로 닥칠 도전에 대비해서 나는 무엇을 배웠는가?

② 놓아주기의 힘: 통제를 포기하고 수용하기

놓아준다는 것은 통제를 포기하고 있는 그대로를 받아들이는 것을 의미하기도 한다. 그래서 때때로 자신을 먼저 생각하고 긍정적인 변화를 가져오기 위해 당신이 변해야 할 필요가 있다. '어떻게' 놓아주고 싶은지뿐만 아니라 정확히 '무엇'을 놓아주고 싶은지 스스로에게 질문해보자. 이 과정에는 상대방을 변화시키려는 시도를 중단하는 것도 포함된다. 놓아주기를 하는 동안에는 그 상황에서의 자신의 감정과 생각을 되돌아보고 의식적으로 힘겨운 감정들로부터 벗어나는 것이 중요하다. 이미 일어난 일을 받아들이고 자신과 자신의 부분들을 되돌아봐야 한다.

③ 거리두기를 통한 자유: 나만의 공간 만들기

놓아주기에서 중요한 단계는 공간적으로 거리를 두고 무엇보다도 정신적으로 문제의 당사자에게서 벗어나거나 어떤 상황으로부터 거리를 두는 것이다(자세한 내용은 359쪽 참조). 그렇다고 해서 반드시 연락을 끊어야 한다는 의미는 아니다(특히 자녀에 대한 공동 양육권이 있는 경우). 이는 상대방을 위해 항상 곁에 있어야 하고, 상대방이 당신과 당신의 에너지에 대해 언제든 접근할 수 있게 해야 한다는 의무에서 벗어난다는 것을 의미한다.

④ 작별 인사: 놓아주기와 새로운 시작을 위한 의식

감정은 종종 갈등을 해결하고 내면의 평화를 찾는 데 방해가 된다. 이럴 때는 용서 의식이나 작별 의식이 놓아주는 과정을 조금 더 수월하게 해줄 수 있다. 예를 들어 독이 되는 상대방 또는 작별을 고하는 관계에게 편지를 쓸 수 있다. 편지를 보내든, 태우든 아니면 그냥 보관할지의 여부는 당신에게 달려 있다.

방법을 상상하기 어렵다면 다음의 작별 편지 예시를 참조해보자.

"○○에게

나는 우리 사이의 공간을 감사와 용서로 채우고 싶어요. 우리가 함께 보낸 시간은 나에게 나의 한계를 뛰어넘어 성장하는 법을 가르쳐주었어요. 우리가 함께 나누었던 경험들에 감사하는 마음을 전하며, 이제 그만 놓아주려고 해요. 이제 우리의 길은 갈라지더라도 우리의 추억은 계속되길 바라요. 오늘은 나를 위한 결정을 내리기로 했어요. 그동안 고마웠어요.

그럼 이만…."

⑤ 진정성 있는 이별

마지막으로 외부로부터의 확인을 갈망하지 말고 자신의 직관을 발전의 척도로 인정하는 것이 중요하다. 누구나 자신만의 방식으로 놓아주기를 하며 자신에게 충실해야 한다. 자신에게 맞는 방식으로 이런 과정을 마무리하고 과거를 어떻게 묻어둘지 생각해보는 것이 중요하다. 그러기 위해서는 많은 시간과 인내가 필요하다. 하지만 한 걸음 한 걸음 내디딜 때마다 내면의 평온에 더 가까이 다가갈 수 있다. 이것은 자기를 향한 사랑을 실천하는 행위로, 과거를 성공적으로 마무리하고 미래를 바라볼 수 있게 해준다.

우리가 영향을
미칠 수 있는 것

인생에서 우리가 영향을 미칠 수 있는 것들이 있는 반면에 우리가 통제할 수 없는 것들도 있다. 현실을 직시하고 우리가 영향을 미칠 수 있는 것과 없는 것이 무엇인지 깨닫는 것이 중요하다. 우리가 영향을 미칠 수 있는 것은 우리 자신의 반응과 우리가 설정하는 경계다. 당신은 "여기까지만, 더 이상은 안 돼!" 하고 스스로 결정할 수 있다. 또한 정신적으로 독이 되는 사람의 행동에 '어떻게' 반응할지 의식적으로 선택하는 것은 당신의 권한이다. 그들의 권력다툼과 조작 기술에 놀아날 것인가, 아니면 심리적 보호막을 펼치고 정신적으로 독이 되는 행동 방식에 등을 돌릴 것인가?

명확한 경계를 설정하고 우리의 욕구를 전달하는 것은 지속적으로 우리의 삶을 개선하기 위한 적극적인 조치다. 또한 자신의 부분들, 어린 시절의 경험, 사고 패턴, 신념 및 행동 방식을 재고하는 것은 당신 손에 달려 있다. 정신적으로 독이 되는 관계로부터 거리를 두기로 한 의식적인 결정은 당신의 삶의 질을 높이는 발걸음이다.

우리가 영향을
미칠 수 없는 것

　우리는 다른 사람의 행동이나 태도에 직접적인 영향을 미칠 수 없다. 사람은 누구나 자신의 행위와 행동에 전적인 책임을 진다. 때로 정신적 독을 품은 관계는 우리가 통제할 수 없는 상황과 관련되어 있기도 한다. 과거에 이미 일어난 일은 다시 되돌릴 수 없다. 그렇지만 그로 인한 결과를 어떻게 받아들이고 무엇을 배울지에 대해서는 당신이 영향을 미칠 수 있다.

　모든 것이 우리 손에 달려 있지 않다는 사실을 받아들이는 것이 중요하다.

　이러한 깨달음은 불필요한 압박감에서 우리를 해방시키고 우리가 적극적으로 만들어갈 수 있는 측면에 집중할 수 있게 해준다. 자신의 가능성과 한계를 인정하는 것은 건강한 자기 주도적인 삶과 충만한 삶으로 가는 한 걸음이다.

　우리는 과거를 바꿀 수 없다. 하지만 그 결과에 대처하는 방식에 영향을 미치고 그로부터 배울 수 있다.

건강한 자기 주도적인 삶과 충만한 삶으로 가는 결정적인 발걸음은 바로 자신의 가능성을 인정하는 것이다. 이는 개인적 성장의 토대를 형성한다. 감사하기와 저널링(351쪽 참조)은 그렇게 할 수 있도록 도와주는 귀중한 방법들이다. 이런 방법들은 우리의 영향력 밖에 있는 것들에 대한 우리의 반응을 조절하는 역할을 한다. 우리 삶의 긍정적인 측면에 집중함으로써 스트레스가 되는 상황들을 더 잘 극복할 수 있으며, 그 결과 불안감이 뚜렷하게 감소하고 스트레스에 대한 회복탄력성이 향상된다.

× **진정한 강점** ×

결국 진정한 힘은 우리가 통제할 수 있는 것에 집중하고 우리가 영향을 미칠 영역 바깥에 있는 것에 대해서는 유연하게 반응하는 것이라고 강조하고 싶다. 이러한 관점을 갖게 되면 인생의 불확실성 속에서도 우리는 내면의 평온과 충만한 삶으로 가는 길을 열 수 있다.

맺는 글

이 책을 다 읽고 난 지금, 당신의 기분은 어떠한가? 당신 자신이나 가까운 누군가의 모습이 떠오르지는 않았는가? 당신이 간과할 수 있었던 독성적인 행동이나 조작 기법이 있었는가? 이 책에 등장하는 사례들을 읽는 동안 머릿속에 어떤 생각이 떠올랐는가? 오랜 상처들이 다시 떠오르면서 그 속에서 몰랐던 내 모습이나 감정을 새롭게 마주하지 않았는가?

당신은 사회적 관계 속에서 다양한 성격의 사람들을 계속해서 만나게 될 것이다. 그중 일부는 대하기 어렵지만 그만큼 당신을 성장시키는 사람일 수도 있다. 하지만 정신적 독을 품은 사람들에게 대처하는 것이 왜 그렇게 중요할까? 핵심은 그 관계가 당신의 정신적·정서적 행복과 평안에 미치는 영향이다. 독이 되는 관계가 당신의 정신적 면역 체계를 공격해서 그에 맞설 **항체**를 만들어내느라 지속적으로 에너지를 소모해야 하는가? 아니면 관계와 소통이 당신을 풍요롭게 만들어서 당신의 심리적 저항력이 점점 더 강해지는가? 독이 되는 사람들에게 올바르게 대처하면 당신의 감정적 자원을 보존할 수 있을 뿐만 아니라 조화로운 환경을 만들어갈 수 있다.

기억하자. 정신적 독을 품은 사람들과의 관계는 나 자신으로부터 시작된다. 앞으로 어려운 상황에 어떻게 반응하고, 당신의 경계를 어떻게 보호하고 당신을 조종하려는 시도를 어떻게 차단할지 여부는 당신의 의식적인 선택에 달려 있다. 이렇게 내면을 보호하는 것은 약하다는 신호가 아니라 자신을 사랑하는 행위다.

우리는 당신이 자신을 향한 여정을 시작하고 마침내 당신이 진정으로 원하는 사람이 되고자 하는 결단을 내리는 데 이 책이 영감을 주었기를 바란다. 어쩌면 당신은 독이 되는 사람이 당신의 삶에 들어오기 전까지는 이미 그런 사람이었을지도 모른다. 우리가 알려준 내면을 깊이 탐색하는 방법을 통해 지금껏 당신이 생각했던 것보다 더 많은 모습들을 가지고 있다는 사실을 깨달았기를 바란다. 어쩌면 당신은 자신을 지키기 위해 세운 보호 장벽이 꽤 손상되었다는 사실을 깨달았을 수도 있다. 아니면 일부 독이 되는 관계에서 다른 사람들이 당신의 장벽 위에 그들의 기준이나 기대를 얹어왔다는 사실을 알게 됐을 수도 있다. 그렇다면 이제 그 장벽의 수리, 보수가 필요하다. 이제 새로운 시작을 할 때다. 당신이 독이 되는 사람들에 대한 면역을 갖추는 첫걸음이다.

이 책에서 알게 된 지식들이 당신이 관계를 맺고, 유대를 강화하고, 함께하는 삶의 여정을 존중, 이해, 공감으로 채워나가는 데 도움이 되기를 바란다. 그리고 이 책이 긍정적 변화를 위한 촉매제, 영감의 원천, 충만하고 자기 주도적인 삶으로 가는 길에 현명한 동반자가 되기를 바란다. 이 책에서 얻은 통찰이 우리 모두의 개인적 여정을 안내하고, 여전히 우리를 붙잡고 있는 것들로부터 자유로워질 수 있는 힘이 되어주기를 기대하며 글을 마친다.

감사의 글

이 책을 끝까지 읽어주신 독자 여러분에게 감사의 말씀을 드립니다. 독이 되는 관계의 심연과 인간관계의 역학을 관통하는 여정은 결코 쉽지 않지만 독자 여러분은 용기와 대담함, 결단력을 가지고 이런 중요한 주제들을 대면했습니다. 여러분의 신뢰에 감사드립니다.

항상 저희를 지지해주시고 믿어주신 모든 분들께도 감사드립니다. 특히 저희를 언제나 격려하고 지지해준 가족과 파트너, 친구들에게 감사의 말을 전합니다. 이분들이 없었다면 이 프로젝트는 불가능했을 것입니다.

또한 출판사 직원들과 프리랜서분들의 적극적인 도움이 없었다면 이 책은 세상에 나오지 못했을 것입니다. 감사합니다.

그리고 마지막으로, 저희 SNS 팔로워들에게 감사드립니다. 여러분의 지원과 참여는 말로 표현할 수 없을 만큼 큰 힘이 됩니다.

서서히 나에게 독이 되는 사람들

1판 1쇄 인쇄 2025년 10월 1일
1판 1쇄 발행 2025년 10월 20일

지은이 리사 이라니, 안나 에케르트
옮긴이 서유리

발행인 김태웅
책임편집 정상미
교정 송혜진
디자인 프롬디자인
마케팅 총괄 김철영
마케팅 서재욱, 오승수
온라인 마케팅 김도연
인터넷 관리 김상규
제작 현대순
총무 윤선미, 안서현, 지이슬
관리 김훈희, 이국희, 김승훈, 최국호

발행처 ㈜동양북스
등록 제2014-000055호
주소 서울시 마포구 동교로22길 14 (04030)
구입 문의 전화 (02)337-1737 **팩스** (02)334-6624
내용 문의 전화 (02)337-1739 **이메일** dymg98@naver.com
인스타그램 @shelter_dybook

ISBN 979-11-7210-137-4 03190

- 이 책은 저작권법에 의해 보호받는 저작물이므로 무단 전재와 무단 복제를 금합니다.
- 잘못된 책은 구입처에서 교환해드립니다.
- ㈜동양북스에서는 소중한 원고, 새로운 기획을 기다리고 있습니다.
  http://www.dongyangbooks.com